　　本书得到教育部人文社会科学重点研究基地重大项目 "长三角战略性新兴产业发展绩效评估与环境建设研究" （项目号：15JJD790016）资助。

战略性新兴产业发展及扶持政策绩效评估

长三角经济研究丛书

江静　陈柳　王宇／等著

后危机时代的这数十年来，战略性新兴产业应运成长和壮大，已被世界各国赋予引领新一轮科技革命和摆脱经济危机束缚的历史使命。战略性新兴产业已成为全球投资的主要行业，也是各国政府政策扶持的重点领域。

中国财经出版传媒集团

经济科学出版社

Economic Science Press

序

"十四五"时期我国供给侧结构性改革的重点,在以国内大循环为主体、国内国际双循环相互促进的新发展格局下,已经从"十三五"时期的去产能、去库存、去杠杆、降成本、补短板,全面转向重塑新的产业链。重塑产业链是包括产业基础能力提升、运行模式优化、产业链控制力增强和治理能力提升等在内的产业链现代化的过程,其丰富的内涵可以从发展战略性新兴产业、培育主导产业、产业组织机制、产业生态环境保护、产业安全五个角度进行理解。

产业链的现代化,其基础在于产业发展,而战略性新兴产业的发展则是其重要构成,这也是大部分地区的主导产业。

第一,发展战略性新兴产业,需要实现关键核心技术的重大突破。从发展战略性产业的角度看,重塑新的产业链就是要在现有的产业链中,逐步实现关键核心技术的重大突破,在关系国家安全的领域和环节建设自主可控、安全可靠的国内生产供应体系。因为只有在战略性新兴产业领域提升品牌影响力、注重自主技术研发,才能真正实现制造强国的目标。这就意味着,必须要坚持把创新驱动摆在社会主义现代化建设全局中的核心地位,把科技自立自强作为国家发展的战略支撑,在进一步实施高水平开放中面向世界科技前沿、经济主战场、国家重大需求、人民生命健康,以新型举国体制强化产学研政的协同、协调和协作,加快建设"科技—产业"协同强国。需要说明的是,新型举国体制并不等于国家计划体制,它强调的是强市场和强政府的有机结合,关键在于发挥市场决定性作用和更好发挥政府作用。政府对战略性产业的支持,实际上就是合理利用"有形之手"激励企业进入这些战略性产业部门。

第二,培育主导产业需要基于超大规模国内市场的动态比较优势。从培育主导产业的角度看,重塑新的产业链就是要在充分利用动态比较优势的基础上延伸产业链长板,巩固和提升优势产业的国际领先地位。一般认为,比较优势是专业化分工下提高劳动生产率的关键,是各国进行产业分工和国际贸易的基本原则。这种比较优势显然是新古典主义经济学中的静态、外生的比较优势,忽略了规模经济和内生增长特点。我国是发展中的大国，特别是在新发展阶段，比较优势已经转换到基于超大规模国内市场的动态比较优势，这是我国重塑新产业链的基本前提。这主要体现在三个方面：一是对于我国已经具有国际主导能力的优势产业，如高铁、电力装备、新能源、通信设备等，继续实施横向扩张、纵向延伸和精细化战略，提升全产业链的竞争优势；二是对于在我国经济腾飞中起到关键作用的传统产业，要加快利用信息网络技术、自动化技术进行大规模、深程度的技术改造和升级，为建设制造强国、质量强国、网络强国、数字中国奠定坚实的产业基础；三是对于在全球领先的"线上经济"领域，如线上办公、线上购物、线上教育、线上医疗等，要与线下实体经济互动融合，加快数字经济、数字社会、数字政府建设，推动产业数字化和数字产业化发展带动机遇下的转型升级。

重塑产业链，从产业链需求侧来看，超大规模内需是我国经济发展的新的比较优势，甚至是绝对优势；从产业链供给侧来看，新型举国体制下的国家创新战略是增加产业链完整性和安全性的重要支撑。目前，我国是全世界唯一拥有联合国产业分类（39 个工业大类、191 个中类和 525 个小类）中全部工业门类的国家，而且大规模生产供给体系可以有效分摊高额研发费用，这无疑为重塑新产业链和构建新发展格局提供了良好的产业基础。但国内产业链体系中许多关键性的核心技术存在"卡脖子"问题，一些重要元器件、零部件、原材料等都是被发达国家企业所控制，成为影响现代产业体系建设中的供给侧堵点。这些堵点实际上也是源于过去的产品市场、服务市场、要素市场在出口导向型的客场经济全球化中长期累积起来的重大结构性失衡，如低端产能过剩、现代生产性服务业发展滞后、要素市场存在严重扭曲等。在这种背景下，我国进行新产业链重塑，就是要尽快打通这些供给侧堵点，其基本思路在于深化供给侧结构性改革，积极运用市场经济全球化思维来推进新型举国体制下的国家创新战略，着力增加产业链的完整性和安全性。认为新型举国体制就是要搞"新计划经济"的观点，其实是一种偏见和误解。因为，就产业发展而言，新型举国体制实际上是要努力实现有效市场和有为政府的更好结合，即充分发挥市场在资源配置中的决定性作用，更好地发挥政府作用。特别是针对一些发展缓慢又面临外国断供的基础产业或关键技术，通过实施新型举国体制下的国家创新战略，促使企业、科研单位、大专院校等组建联合创新体，集中力量进行科研攻关和突破，就是实现科技自立自强的一条有效路径。而且，为了避免陷入"扩大内需陷阱"，也需要通过进一步深化供给侧结构性改革来提升供给侧对需求侧升级变动的适配性，使扩大内需建立在更高效的供给体系上。

重塑新的产业链，仅靠有效市场是不够的，还需要有为政府更好发挥作用。实际上，在我国社会主义市场经济条件下，有为政府是我国的制度优势。有为政府更好发挥作用，应着重体现在利用新型举国体制建设国家创新体系层面，通过创新驱动发展提升国内产业供给能力和质量，增强对需求规模扩大和结构升级的动态适配。重塑新的产业链就是为了实现科技自立自强，因而，产业链供给端的创新驱动发展显然是题中之义。正如习近平总书记在主持召开科学家座谈会时指出的，"必须坚持供给侧结构性改革这一主线，提高供给体系质量和水平，以新供给创造新需求，科技创新是关键"。

充分发挥政府在重塑新产业链中的作用，重点在于以下两个层面。

第一，推进产业链管理的"链长制"建设。将"链长"与产业链"链主"治理方式联系起来，发挥有效市场与有为政府更好结合的积极作用。产业链管理的"链长制"是在发展环境面临不确定性的情况下对产业管理制度的突破性创新，具有鲜明的中国特色。"链长制"在本质上不是提倡政府直接干预经济运行，而是要求发挥行政机制在产业链协调方面的有效作用。此次新冠肺炎疫情冲击造成了较为严重的产业链断供现象，使我们清晰地看到了产业链"链主"在协调不同生产工序和生产区段方面的明显不足。这其实就是典型的市场失灵现象，单靠"链主"治理方式是很难化解的，必须要与"链长制"结合起来。尤其是在涉及国家安全的产业领域和关键节点，"链主"治理和控制下的效率取向必然让位于安全价值取向，以确保在关键时刻和极端情况下可以做到自我循环，从而凸显出构建安全可控、自主可靠的国内生产供应体系的重要性。特别是，我国整体上仍然处在工业化中后期阶段，市场和技术的双重追赶是经济发展的典型特征，而一些基础产业和关键技术的产业链断供，无疑会打断我国的工业化进程。要改变这种不利局面，建设产业链管理的"链长制"且围绕"链主"促进产业链延伸和创新，就很可能是一种较为有效的途径。实际上，"链长"和"链主"治理的结合，也反映了竞争政策和产业政策之间的协调。前者规定了各市场主体（主要是企业）在新产业链重塑进程中的活动空间，可用于主导盈利性的市场和产业活动；后者规定了政府在新产业链重塑进程中的作为和有为，可用于主导市场调节失灵、具有外部性的产业活动。在构建新发展格局的实践中，应大幅减少产业政策的种类和数量，同时加大竞争政策的适用面和覆盖面，从而加快形成统一开放、竞争有序的全国大市场，并基于国内大市场建设现代产业体系。

第二，打造世界级产业链集群。要在区域产业集群的基础上打造若干世界级的产业链集群。在过去几十年中，产品生产环节在全世界范围内呈现点状分布、面上扩散的垂直分离态势。但近年来的全球化逆流对这种产品内分工体系造成了冲击，产品的生产环节将回缩集聚到一个区域性空间或区域产业集群中，从而全球产业链就会演变为全球产业链集群。例如，美国在新冠肺炎疫情中颁布的"国家紧急法案"就试图利用国家资源支持一些制造企业回归；其自贸区政策中的"原产地原则""毒丸计划"（股权摊薄反收购措施）也反映出美国将产业链布局在特定自贸区的意图。我国企业尤其是沿海地区企业通过嵌入全球价值链形成了一种"双重嵌入"模式，即企业嵌入地方产业集群又嵌入全球价值链。在广东、福建、浙江、江苏、山东等地，存在着大量这种双重嵌入的产业集群。现在的问题是，过去的这些产业集群是以出口导向为主的，当前不应该也不可能进行简单重复，而是应根据全球产业链的重组趋势，基于超大规模国内市场优势，在沿海有条件的地区积极发展高质量、高效率、高度自主可控的全球产业链集群，以增强本土产业的国际竞争力。未来可以在以下四个方面重点施策：一是以建设专业服务环境、扩大产业链招商等手段，实现"引资紧链"；二是以强化专利战略、增加研发投入等手段，实现"技术补链"；三是以改善收入分配、依托国内大循环等手段，实现"市场强链"；四是以鼓励并购重组、促进产业链协同等手段，实现"组织固链"。

南京大学商学院江静教授长期关注产业政策以及中国产业发展的问题。同时，作为国家重点高端智库培育单位——南京大学长江产业经济研究院的研究员，她长期聚焦国家战略需求，围绕相关主题开展大量研究，对中国制造业转型升级、服务业发展以及产业政策的作用等有着较为深刻的理解判断，而且在这一领域已取得了一系列研究成果并产生了一定社会影响。她和陈柳研究员、王宇副教授等合作的《战略性新兴产业发展及扶持政策绩效评估》，既是其主持的教育部人文社会科学重点研究基地重大项目（项目号：15JJD790016）的最终研究成果，也是其在产业政策和产业发展领域积极探索的集中呈现。该书试图运用规范的经济学分析方法，对产业政策支持战略性新兴产业发展问题进行系统和深入的研究，以期为中国产业政策的制定和实施提供科学的理论依据、路径选择和政策思路。

综观全书，本项研究的主要特色体现在以下三个方面。

第一，在研究视角方面，立足中国政府对产业发展进行多维度扶持这个制度背景，从政府补贴、补贴方式、税收优惠、政府规划、制度环境等层面系统性地对支持战略性新兴产业发展的"产业政策"进行多维度解读，从而勾勒了政府扶持产业发展政策的系统性分析框架。

第二，在研究内容方面，以战略性新兴产业发展现状分析为基础，梳理了国家、地区层面各级政府对战略性新兴产业的相关扶持政策，并对不同层面扶持政策的产业发展绩效进行了深度分析；此外还指出，衡量战略性新兴产业发展水平的重要标准是产业控制力，并对增强我国战略性新兴产业控制力以及战略性新兴产业安全问题进行了探讨。

第三，在研究方法方面，不仅运用数理模型来定性阐释政府补贴方式对战略性新兴产业和传统产业调整的影响、政府补贴门槛调整对战略性新兴产业发展的作用机制，同时还通过案例分析来佐证上述理论模型；采用国家和区域、上市企业等不同层面的统计资料、数据，运用现代计量方法进行实证分析，从而为中国产业政策促进战略性新兴产业发展的可行路径和实现机制提供了有力的经验证据。

该书对战略性新兴产业的扶持政策绩效问题做了较为全面而深刻的测度和解读，为纵深推进相关问题的研究提供了自己的独特视角和方法体系。我相信，该书的出版将激发更多研究者对这一系列问题的兴趣并从中汲取有益的启示，研究视野、思路及方法将进一步开阔和创新。我也期待在这一领域能有更多的高质量研究成果问世。

教育部首批文科长江学者特聘教授（经济学）
国家高端培育智库"长江产业经济研究院"院长

2021 年 7 月于南京大学

目

录

Contents

第1章 战略性新兴产业的界定及现有相关研究

第1节 战略性新兴产业的界定

关于战略性新兴产业的概念，目前国内外并没有统一的概念，在国外，多用 emerging industries or new industries 表示，意为"正在出现和将要出现的产业"，或新的"产业"。美国经济学家赫希曼（Hirschman，1958）提出了战略性产业这个概念，他认为，战略性产业就是主导产业，对国家经济的发展具有重要作用。蒂斯（Teece，1991）认为，战略性产业具备学习型经济、规模和范围经济、网络经济特征。布兰克（Blank，2008）认为，新兴产业处于初始发展阶段，存在大量不确定性因素，消费者对于新产品的需求以及潜在的市场容量和市场条件等都是不确定的，而且没有清晰的产业发展路径可供参考。凯斯汀等（Kesting et al.，2010）认为，新兴产业既有可能是完全新出现的产业，也有可能是面对行业变化，经过调整改变之后能够显著保持新增长的产业。

波特（Porter，1980）认为，新兴产业是新形成的或再形成的产业，来自技术创新、新消费者需求出现或其他经济社会变化，这是广义的理解。周叔莲、裴叔平（1984）认为，新兴产业是相对于传统产业而言的，其内容会不断发生变化，是指随着生物、信息、新能源、新材料等新技术出现而产生的产业部门。史忠良、何维达（2004）认为，新兴产业代表着新科学技术产业化水平且正处于产业生命周期过程形成期的产业，其范畴主要指产业结构转换的新方向、技术的新水平。郑江淮（2010）认为，新兴产业中的"新兴"包括了三个方面的含义，即时间维度上的新兴、技术维度上的新兴和市场成熟度上的新兴，他还进一步指出了战略性新兴产业的内涵，即必须有社会收益而并不简单体现为经济收益。另有学者认为，战略性新兴产业是指关系到国民经济社会发展和产业结构优化升级，具有全局性、长远性、导向性和动态性特征的新兴产业（林学军，2012）。周晶、何锦义（2011）在国民经济行业分类框架下，对战略性新兴产业进行了划分和界定，在此基础上利用2004年和2008年两次经济普查数据对其增加值进行核算，结果显示，2008年中国战略性新兴产业占GDP比重约为5.82%，其中，制造业占比为3.33%，服务业占比为2.49%。

我国采用了"战略性新兴产业"（strategic emerging industries）这一提法，国务院在2010年发布的《关于加快培育和发展战略性新兴产业的决定》中将其定义为"以重大需求和技术突破为基础，具有较大发展潜力的产业，是知识技术密集型产业，具有物质资源消耗少、综合效益好等特征的产业"，并且将新能源、新材料、新一代信息技术、新能源汽车、高端装备制造、节能环保、生物七大产业划分为战略性新兴产业。2016年12月29日，国务院发布的《"十三五"国家战略性新兴产业发展规划》将七大领域整合调整为五大板块八大领域，即保留了"十二五"时期划分的新一代信息技术和生物产业两个板块，将节能环保、新能源汽车和新能源三个产业合并为绿色低碳板块，将高端装备制造、新材料两大领域统一为高端装备与新材料板块，同时又新增一个数字创意板块。为了更好地对战略性新兴产业发展实行监督和考核评价，同时也为了增强社会资源对战略性新兴产业支持的有效性和针对性，国家发展改革委于2017年1月25日发布了《战略性新兴产业重点产品和服务指导目录》（2016版）（以下简称《目录》（2016版）），对各产业中的产品和服务进行了进一步细分。该《目录》（2016版）共包含九大产业，与2013版的七大产业相比，新增数字创意产业（包括数字文化创意装备、数字文化内容、设计服务等方向）和相关服务业。对原有的七大产业也进行了修订，如在"新一代信息技术产业"中增加了人工智能产业，并明确将从平台、硬件、软件和应用系统四个方面开展构建；在网络信息安全方面，不仅增加了基础服务和支撑类软件，还对自主控制提出了新的要求。

从目前现有的文献来看，国内对于战略性新兴产业的内涵还没有一个统一的定义，温家宝在发表《让科技引领中国可持续发展》的讲话时，指出"新兴科技和新兴产业的深度融合构成了战略性新兴产业的发展"。郑江淮（2010）认为，战略性新兴产业应该是面向未来的，具有高增长率，即未来有望对国民经济起主导和支柱作用，并且具备集聚经济、范围经济、规模经济等特征。林学军（2012）指出，战略性新兴产业应具有指向性、外部性、创新性、风险性、地域性等特点，具有 A（从发展期到成熟期，再到发展后期）、B（由发展期走向衰退消失）、C（从产业发现前期到发展期）、D（包括产业发现前期、发展期和发展后期三个阶段）四种产业发展类型。此外，宋河发等（2010）、蒋文能等（2013）、王新新（2011）、贺正楚和张蜜（2011）、朱迎春（2011）对战略性新兴产业内涵均有不同的表述（见表1-1）。

表1-1　　　　　　　战略性新兴产业内涵界定、特征及产业划分

文献	内涵	特征	产业划分
宋河发等（2010）	基于新兴技术发展起来的、具有高科技含量和良好市场前景的、具备成长为主导产业和支柱产业潜力的产业	促进产业结构升级的导向性、吸纳就业的依靠性、保障国家安全的战略性	生物新技术、新能源、海洋产业、新材料、空间产业、新医药、下一代信息网络、节能环保、高端装备制造、现代服务十大产业
万钢（2010）	未来具备成为一个国家支柱产业的可能性、在国民经济发展中处于重要战略地位的产业		新能源、电动汽车、智能网络、生物技术、新材料、先进制造等产业
蒋文能等（2013）	由新一轮科技革命激发的、由关键核心技术控制的、旨在持续改善人类生存质量、对经济社会发展和国家安全具有重要影响力的产业	科技含量高、不确定性高、融合创新强、战略导向性、公共性和外部性、演化成长性、辐射带动性	
王新新（2011）	由技术、人才、资金等生产要素聚集，对国家经济的长远发展具有支柱性和带动性的产业	创新性、高风险性、高投入性、高回报性、时间变化性、地域差别性	
贺正楚、张蜜（2011）	由新兴产业和新兴科技的融合发展起来的，对引导社会新需求、带动产业升级、促进经济发展方式转变具有重要作用的主导产业或支柱产业	产业倍增性、产业关联性、产业导向性和产业长远性	
朱迎春（2011）	战略性新兴产业是反映国家战略意图的新兴产业	准公共性、外部性、高风险性	

资料来源：根据相关文献整理。

此后，王开科（2013）根据不同国家（地区）技术地位的差异，对战略性新兴产业的发展类型进行了简单划分，主要有以下三类。（1）寻找产业发展方向和结构高级化的突破点，战略性新兴产业的孕育阶段，更多地表现为对传统产业的改造与提升，这一阶段产业发展的技术效率提升较快。（2）已明确产业发展方向，但缺少足够的原始创新能力，大多靠引进吸收先进技术来推动战略性新兴产业发展，不排除部分行业技术水平已接近领先水平，这一阶段更多地表现出产业发展的"追赶效应"，技术效率提升较慢。（3）整体上掌握核心技术能力、开展原始创新，战略性新兴产业发展是全球技术浪潮的引领者，伴随原始创新技术的转化程度提升，能够获取高技术效率和高增加值。在具体发展路径选择上，王开科（2013）以资源配置满足产业发展的差别化需要为准则，提出：当前阶段我国应实施"阶梯式"的战略性新兴产业推进策略，以优化市场调节和政府调节的相互作用为切入点，兼顾改造提升传统产业、引进吸收外来技术、开展原始技术创新三类活动的良性互动和协调发展。同时，要重点关注引进技术吸收过程中的再创新和传统产业改造升级过程中的技术跨越，实现不同"阶梯"层级间的有效衔接。

第2节　战略性新兴产业的相关研究

中国战略性新兴产业发展的理论与实践一直受到学术界的高度关注，目前研究主要集中在战略性新兴产业的发展路径和影响因素、与传统产业的关系、创新效率以及政府扶持政策等层面。

一、对战略性新兴产业发展路径和影响因素的研究

郭晓丹、刘海洋（2013）利用工业企业数据库的数据分析了中国战略性新兴产业本身的规模分布以及演进的特殊性，得出的结论是：中小企业构成战略性新兴产业发展的主体，但大企业比较强势，处于支配地位；企业规模分布呈现出先提高后停止状态，与传统产业有较大差异。

新兴产业发展到成熟阶段往往会经历震荡期（王少永等，2014），肖兴志等（2014）对中国战略性新兴产业企业生存状况的研究显示，该产业的发展情况不容乐观，企业的能力积累会显著影响其持续生存时间。发展新兴产业是金融危机后诸多国家的集体行动，历史经验也表明，每一次危机后都带来新兴产业的大发展。古兰沙（Gourinchas，2005）的研究表明，金融危机是战略性新兴产业发展的一个重要契机。佩雷斯（Perez，2009）认为，金融危机后，

经济发展必须回归实体经济，必须重新审视全球技术经济状况和产业结构，寻求新的战略性新兴产业作为未来经济发展的动力。霍国庆（2014）认为，战略性新兴产业属于战略产业演化过程中的初级阶段，战略性新兴产业在产业内外因素的推动下逐渐演化为主导产业，并提出了战略性新兴产业的识别方法。

部分学者研究战略性新兴产业（部分产业与高技术产业重合）发展过程中的制度因素。史丹、李晓斌（2004）将影响因素分为五大类，按照重要性依次为制度因素、市场因素、经济因素、技术因素和政策因素。每类因素又进行细分，其中，制度因素主要包括国家科技管理制度、产权制度、激励制度、企业制度、专利制度、市场制度；市场因素主要包括市场需求、资本市场、技术市场、人才市场等；政策因素主要包括鼓励创新与技术进步政策、科技投入政策、科技人才引进政策等。

二、对战略性新兴产业与传统产业之间的互动关系研究

在现代经济发展体系中，虽然产业发展存在不同阶段，由于技术与外部需求的变化决定了产业的更新替代，但是在一定时间和空间中，传统产业和新兴产业是相互依赖、相互交融、共同发展的。由于传统产业对于就业具有不可替代的重要作用，发展中国家不应过分追求新兴产业的高速发展，传统产业是发展高新技术产业的关键和基础（Porter，2014）。辜胜阻、李正友（2001）认为，我国高新技术的发展必须同时坚持高新技术产业化和传统产业高新化，在工业化未完成前需要将传统产业的高新化放在首位。孙军、高彦彦（2012）则认为，传统产业升级与新兴产业发展之间存在螺旋式的上升互动，政府对于新兴产业扶持政策的关键在于发挥比较优势。陆立军、于斌斌（2012）认为，传统产业与战略性新兴产业融合发展包含三个阶段，即相互相应阶段、协调发展阶段和分化替代阶段。王宇、刘志彪（2013）提出，政府应当从产品补贴转向研发补贴，通过利用新旧产业之间的双向技术溢出来实现战略性新兴产业的发展与传统产业的调整。王钊等（2020）基于2003～2016年省级面板数据，运用耦合协调度模型测算战略性新兴产业与传统产业耦合协调度，并将其作为两类产业协调发展的度量指标，从理论与实证两个方面分析两类产业协调发展对经济增长的影响。研究结果表明，我国战略性新兴产业与传统产业的耦合协调度呈上升趋势，但尚处于初级协调阶段，还未能实现阶段的跨越；两类产业的协调发展通过提高产业结构合理化与高级化水平两条渠道，进而提升经济增长动力；两类产业的协调发展在短期内对经济增长的"水平效应"具有负向影响，但对经济增长的"增长效应"与"绿色效应"产

生正向促进作用。

三、对战略性新兴产业技术创新行为模式和效率的分析

陆国庆（2011）的研究表明，无论从企业绩效还是市场绩效，战略性新兴产业上市公司明显优于非战略性新兴产业，这说明战略性新兴产业创新绩效较为显著。

肖兴志、谢理（2011）采用随机前沿分析方法（stochastic frontier analysis，SFA）测度了中国战略性新兴产业的创新效率，发现我国战略性新兴产业的创新效率呈明显上升趋势，但创新效率仍然处于较低水平。

吕岩威、孙慧（2013）的研究表明，中国战略性新兴产业技术效率水平较为低下，技术进步速度较快，且存在行业异质性，不同行业技术效率差异明显。企业规模和集聚程度对技术效率产生正向作用，外商投资和国有化对其效率产生负面效应。吕岩威、孙慧（2014）运用 SFA 方法测度了中国三大地区及 19 类战略性新兴产业的技术效率，发现我国战略性新兴产业的技术效率增速较快，但整体效率水平偏低，且呈明显的区域异质性和行业异质性特征。

邢红萍、卫平（2013）对全国 7 省份战略性新兴产业企业调查问卷得到的数据进行分析，他们的研究结论是：消化吸收再创新是中国战略性新兴产业的主要创新方式，而其中的主要问题是研发人员流动太快、研发团队不稳定；国有企业研发强度较低，但在基础研究上投资力度较大。邬龙、张永安（2013）利用 SFA 方法测度了区域战略性新兴产业的创新效率，发现信息技术产业创新效率提升速度较快但科研人员的配置不合理，医药产业创新效率较高但创新成果转化的效率偏低。程贵孙、朱浩杰（2014）基于 1998～2010 年中国战略性新兴产业 21 个细分行业面板数据的研究表明，行业从业人数、出口交货值和国企产值对民营企业发展战略性新兴产业的市场绩效有显著的负效应，而行业总产值规模、R&D 经费投入和研发新产品产值则有显著正效应。

张冀新、王怡晖（2019）运用 DEA 模型测度了中国战略性新兴产业集群的创新效率，发现新一代信息技术和新材料产业的创新效率相对较高，而生物产业和高端装备制造产业的创新效率相对较低。

闫俊周、杨祎（2019）基于沪深 A 股 296 家战略性新兴产业上市公司的数据，运用 BCC 模型、超效率模型和回归模型对 2013～2015 年中国战略性新兴产业供给侧创新效率进行了评价和投入产出改进分析，结果表明，中国战略性新兴产业供给侧创新总效率、纯技术效率呈缓慢增长趋势，但整体水平较低，规模效率整体水平较高，但呈缓慢下降趋势；按产业分类来看，在供给侧

创新总效率和纯技术效率方面，新一代信息技术、新材料、新能源、节能环保、数字创意产业呈上升趋势，生物、新能源汽车产业呈倒"V"型结构，高端装备制造产业呈"V"型结构，各产业规模效率较高，但创新总效率差异较大；政府补贴、全时研发人员人数投入冗余率较高，当年专利授予数量、市场需求增长率、产出不足率较高，政府补贴、研发投入强度、全时研发人员人数对战略性新兴产业创新产出具有显著的正向影响。

四、对战略性新兴产业发展中政府扶持政策绩效的研究

产业政策工具通过具体的政策设计、组合搭配、形成政策支持战略性新兴产业机制的总系统，并在系统内形成激励催化机制、资源配置机制、信息传导机制，在战略性政策和综合性政策的驱动下，对战略性新兴产业发展方向和路径产生深远影响（白恩来、赵玉林，2018）。

战略性新兴产业具有明显的正外部性，有研究表明，政府对新兴产业的扶持政策可以促进企业提高研发支出，这主要是基于"融资效应"和"成本效应"两个方面。首先，政府对企业研发项目的直接补贴可以缓减企业的资本约束，从而使企业有足够的资金从事 R&D 活动（Falk，2004）；其次，对于企业研发支出的税收政策，如对研发支出的税前扣除、加速折旧、所得税的优惠等，直接降低了企业的研发成本，从而激励企业增加研发支出（Warda，2002；Guellec & Pottelsberghe，2003）。费尔德曼和凯利（Feldman & Kelly，2006）通过对美国先进科学计划参与企业的调查发现，政府的 R&D 补贴是企业内部研发投入的有效补充，是实现知识溢出的有效政策工具。

另外一些学者认为，政府补贴的一种重要作用在于缓解市场信息不对称带来的市场失灵问题，政府通过补贴来对企业进行"认证"，来向市场潜在的投资者释放有效的信号，帮助企业从市场途径来获得融资（Narayanan et al.，2000）。许罗丹、何洁（2000）使用动态博弈模型分析了政府补贴在协助本国潜在的进入者引进技术发展民族高科技产业中的作用，他们发现补贴会同时影响本国福利水平和民族企业的市场份额，有效的补贴应当综合考虑产业的科技含量以及国家自身的发展水平。周轶昆（2012）认为，由于战略性新兴产业不确定性和外溢性的特点，政府应该通过补贴的方式来鼓励企业进行研发创新，同时，在研发外溢不能准确度量的情况下，事前补贴依然是可行的政策工具，研发补贴数量应该与企业所能够观察到的研发投资和企业成本正相关，与企业研发期望收益负相关。

但是，也有部分学者持相反的观点，主要是基于挤出效应和资源配置扭曲

两个方面。拉赫（Lach，2000）认为，政府的支持政策可能对企业研发支出产生挤出效应。一旦政府的补贴计划实施时，企业一般只会申请政府补贴计划内的研发项目，因为政府补贴对于他们来说边际成本机会为零（忽略申请成本）。因此，政府的补贴实际上挤出了企业的研发支出。此外，政府对企业研发的补贴还会带来资源配置的扭曲。科莱特等（Klette et al.，2000）和杰斐（Jaffe，2002）都认为，直接补贴的最大困难是无法评估对研究项目进行补贴的效果。这在现有的评价体系下更为突出，因为补贴的效果评估是在事后根据接受补贴者的行为来进行的，因此无法避免地会导致选择偏离（selection bias），即补助接受者通常不是随机的。他们要么是以前曾经从事过类似的研究，要么是当局对他们从事该项研究有较高的预期。只有这样，他们才可能被选中（Blanes & Busom，2004）。这也是研发资源配置扭曲的重要表现。在这样的筛选机制下，研发产出如专利等，其实并不真正体现政策支持的实际效果。

汪秋明等（2014）研究表明，在政府补贴诱导下，潜在企业进入战略性新兴产业是一种理性行为。但是一旦进入后，大部分企业会将补贴资金用于产业发展无关的其他高收益途径。总体而言，政府补贴没有促进战略性新兴产业中的企业研发投入，因为政府对企业行为监督较为困难。

我国近年来战略性新兴产业补贴效果的实证研究显示，总体上来看，补贴的绩效和创新外溢效应是显著的，但是，不同产业以及具体企业的补贴效果存在着一定的不确定性，补贴的投向、方式、环节以及监管上还有进一步改进的空间（郭晓丹、何文韬，2011；陆国庆等，2014；肖兴志、王伊攀，2014；曹建海、邓菁，2014）。

伍健等（2018）则从资源和信号双视角分析了政府补贴对战略性新兴产业内企业创新的作用，他们的研究表明，政府补贴的资源属性降低了企业创新投入的风险，并且降低了企业创新投入的成本；政府补贴还能释放积极信号，对战略性新兴产业内企业创新有正向影响，如预示着政策倾向和扶持方向，也释放出企业与政府关系亲疏的信号。

南晓莉、韩秋（2019）以战略性新兴产业相关企业为研究样本，基于融资约束影响企业研发投资的现实背景，通过抑制效应与挤出效应双重视角，实证检验了政策不确定性对新兴企业研发投资的影响。研究结果证明，政策不确定性抑制新兴企业研发投资，并且，该不确定性加剧了新兴企业的融资约束和固定资产投资倾向，对研发投资产生抑制效应和挤出效应。进一步截面差异性检验发现，政策不确定性对民营企业、老龄企业、所处地区市场化程度较低的企业影响更加显著。

陈文俊等（2020）利用2007～2014年沪深两市上市公司面板数据分析战略性新兴产业政策对生物医药上市公司创新绩效的影响。以创新数量（专利申请总数）和创新质量（发明专利申请数）度量创新绩效，实证结果表明，战略性新兴产业政策显著抑制了企业创新绩效。接着进一步检验战略性新兴产业政策对创新绩效影响的实施路径，发现信贷机制对企业创新绩效影响呈现正显著，而补贴和税收机制影响则并不明显。

第2章 中国战略性新兴产业发展现状

第1节　战略性新兴产业分类

一、战略性新兴产业的行业分类

国家统计局2018年发布的《战略性新兴产业分类（2018）》，将战略性新兴产业分为九大产业，分别是新一代信息技术产业、高端装备制造产业、新材料产业、生物产业、新能源汽车产业、新能源产业、节能环保产业、数字创意产业、相关服务业。

目前，国家统计局并未公布战略性新兴产业的统计数据，依据《国务院关于加快培育和发展战略性新兴产业的决定》《"十三五"国家战略性新兴产业发展规划》对战略性新兴产业所做出的内涵阐释，结合《战略性新兴产业分类（2018）》、《国民经济分类目录（2017）》以及《高技术产业分类（2017）》的划分标准，并参考周晶和何锦义（2011）、吕岩威和孙慧（2014）对战略性新兴产业的分类研究，大致有19个战略性新兴产业，具体是：计算机、通信和其他电子设备制造业，通用设备制造业，专用设备制造业，电子器械和器材制造业，航空航天器制造业，医疗仪器设备及仪器仪表制造业，非金属矿物制品业，有色金属冶炼及压延加工业，化学纤维制造业，化学原料和化学制品制造业，医药制造业，汽车制造业，燃气生产和供应业，电力、热力生产和供应业，水的生产和供应业，广播电视设备制造业，视听设备制造业，新技术与创新创业服务业，其他相关服务业。同时，选取 37 个行业作为战略性新兴产业的小类行业，小类行业编码参考《国民经济行业分类》（GB/T 4754—2017）。需要说明的是，由于在样本考察期内新能源汽车行业（C12 汽车制造业）的统计口径有变更，C18 新技术与创新创业服务、C19 其他相关服务业暂未建立统计体系。具体分类如表 2-1 所示。

表 2-1　　　　　　　　　　　战略性新兴产业统计口径

战略性新兴产业	大类行业	小类行业
新一代信息技术产业	C1 计算机、通信和其他电子设备制造业	3911 计算机整机制造
		3914 工业控制计算机及系统制造
		3921 通信系统设备制造
		397 电子器件制造
		3982 电子电路制造
高端装备制造产业	C2 通用设备制造业 C3 专用设备制造业 C4 电气器械和器材制造业 C5 航空航天器制造业 C6 医疗仪器设备及仪器仪表制造业	3421 金属切削机床制造
		3491 工业机器人制造
		3513 深海石油钻探设备制造
		3517 隧道施工专用机械制造
		3741 飞机制造
		3742 航天器及运载火箭制造
		381 电机制造
		3824 电力电子元器件制造
		358 医疗仪器设备及器械制造
新材料产业	C7 非金属矿物制品业 C8 有色金属冶炼及压延加工业 C9 化学纤维制造业	3042 特种玻璃制造
		3073 特种陶瓷制品制造
		323 稀有稀土金属冶炼
		2831 生物基化学纤维制造
生物产业	C10 化学原料和化学制品制造业 C11 医药制造业	265 合成材料制造
		266 专用化学品制造
		2761 生物药品制造
		2762 基因工程药物和疫苗制造
新能源汽车产业	C12 汽车制造业	3612 新能源车整车制造
		3650 电车制造

续表

战略性新兴产业	大类行业	小类行业
新能源产业	C13 燃气生产和供应业 C14 电力、热力生产和供应业	4511 天然气生产和供应业 4414 核力发电 4416 太阳能发电 4520 生物质燃气生产和供应业
节能环保产业	C15 水的生产和供应业	4610 自来水生产和供应 4630 海水淡化处理
数字创意产业	C16 广播电视设备制造业 C17 视听设备制造业	393 广播电视设备制造 3940 雷达及配套设备制造 3934 专业音响设备制造
相关服务业	C18 新技术与创新创业服务业 C19 其他相关服务业	7320 工程和技术研究和试验发展 7454 标准化服务 7520 知识产权服务

资料来源：杨骞、刘鑫鹏、王珏：《中国战略性新兴产业创新效率的测度及其分布动态》，载《广东财经大学学报》2020 年第 2 期。

二、战略性新兴产业的特征

（一）创新性

新兴产业的形成源于技术的创新，是新兴技术产业化、商业化的过程。戴（Day，2000）认为，新兴技术的科学革命性可能会导致一个新生产业的诞生，也可能会彻底颠覆某个老行业的发展。历史经验表明，每一项重大新兴技术的出现都会带来一个新兴产业的大发展，同时伴随着一个或几个大国的崛起。例如，第一次技术革命出现的蒸汽机取代了人工纺纱，带来了纺织业的繁荣和生产力的极大提高，英国由此率先实现了工业化，从而确立了世界经济的霸主地位，成为近现代第一个超级大国："日不落帝国"；第二次电力技术革命中出现的内燃机和电动机，带动了石油化学工业、汽车工业、电力工业等一批新兴工业兴起，从此，美国、德国逐步取代了英国在世界经济中的地位；第三次科技革命中信息、新能源、新材料、生物、空间和海洋等一系列科学技术的发展和应用，催生了一大批高技术产业，由此带来了社会生产力的极大进步。所以，新兴技术取得突破式创新是新兴产业得以发展的决定要素之一。战略性新兴产业是在新兴科技和新兴产业进行深度融合的基础上发展起来的，创新驱动是它的典型特征之一。目前，我国战略性新兴产业的创新效率呈现逐步上升的趋势，但整体来说效率水平仍较低（肖兴志、谢理，2011）。刘晖等（2015）基于 DEA 模型，测算了从 2007～2012 年我国 28 个省份的创新效率，结果表明，除了北京和广东的 DEA 有效之外，仅天津和福建的综合效率达 0.9 以上，基本 DEA 有效，其他地区综合效率均低于 0.9，我国战略性新兴产业的创新效率地区分布不均衡且普遍处于低效率状态，整体水平不高。李叶飞（2012）认为，创新主要包括理论创新、制度创新和科技创新三个方面的内容，其中，制度创新是最为根本性的创新，无论是理论创新还是科技创新，其进行创新活动的激励和动力以及取得的创新成果都有赖于制度创新才能得以持续和保存。因此，提高战略性新兴产业创新效率、培育和促进战略性新兴产业发展，关键在于克服一系列的制度障碍，通过不断的制度供给和创新来保障新兴产业的成长（Cooke，2001；Casper & Kettler，2001；Jung & Wong，2010）。

（二）不确定性

战略性新兴产业发展来源于基础研究和原始创新，其发展过程严格遵循科技创新成果产业化的基本规律，不确定性是其形成期最突出、最典型的本质特征（宋韬、楚天骄，2013）。战略性新兴产业还处于发展初期阶段，其不确定性主要表现在前期技术研发上、中期研究成果转化以及未来收益的不确定性三个方面，由于我国企业发展中资金供给主要来源于银行贷款，资本市场融资制度还不是很完善，这使其在发展过程中面临着较为严重的融资约束，迫切需要相应的制度支持。在战略性新兴产业发展初期，技术成熟度低、不确定因素很多，表现出高风险、高增长特征，恰当适时的制度供给如建立政府对基础研究的资助制度、完善知识产权制度、推动技术创新成果产业化、补贴终端消费者、培育国内消费市场等一系列配套制度，可以激励社会资本愿意并且能够承担战略性新兴产业发展过程中由不确定性带来的高风险。完善的制度措施也会强化众多投资者对战略性新兴产业发展的良好预期，进而带来对该产业投资的热情，为战略性新兴产业的发展提供资金方面的支持，破解融资难、融资贵的窘境。

（三）外部性

克鲁格曼（Krugman，2000）认为，能够确认为战略性的部门通常是存在大量的"租"以及存在外部经济的部门。外部性分为积极的（正）外部性即外部经济和消极的（负）外部性即外部不经济，是一种"未被市场交易包括在内的额外成本及收益"（斯蒂格利茨、沃尔什，1997）。新制度经济学认为，外部性问题会引起市场失灵。存在外部经济的情形下，受益者无须付出任何代价就能够享受到由他人创造的利益，由此正外部性会引起供给不足（高鸿业，1996）。存在外部不经济的情形下，利益受损者需要承担并非本人的经济活动带来的额外成本，由此负外部性会引起供给过度（斯蒂格利茨、沃尔什，1997）。外部性的存在会造成市场失灵，使社会资源配置呈现无效率状态。战略性新兴产业是关系到国家安全、公众利益和经济社会发展全局的产业，对提升国际竞争力、抢占经济增长制高点具有重要意义，其外部性特征体现为作为知识技术密集型产业，其竭力进行技术创新获得的收益可能不会完全被私人企业所占有，其他企业或个人也会间接享受此收益。如果产生正的外部性，会导致私人成本与社会成本、私人收益与社会收益不对等，使得民营部门对其投资丧失积极性，进而造成供给不足、需求过度的结果。在如何治理由外部性导致的市场失灵方面，新制度经济学提出通过明晰的产权界定来解决。科斯定理1在假定产权是明晰以及交易成本为零的前提下，论证了通过市场谈判，无论在开始时将产权赋予哪一方，市场这只"看不见的手"会自动将经济活动的外部性内部化，达到帕累托最优状态。而科斯定理2揭示了如果存在交易成本（更符合现实），市场若想达到资源配置效率最大化就须借助产权制度进行相关权利的界定。即"一旦考虑到进行市场交易的成本……合法权利的初始界定会对经济制度的运行效率产生影响。权利的一种调整会比其他安排产生更多的产值"（科斯等，1994）。根据科斯定理2的含义，存在交易成本情况下，法律制度的初始安排和选择对资源配置效率具有重要影响，市场经济活动存在的外部性，可以通过合理清晰的产权制度安排来使其内部化，进而促进资源配置效率的提高。因此，针对战略性新兴产业发展进程中表现出的外部性特征，政府应该主动完善制度供给，实施不同程度的补偿或扶持，综合发展包括知识产权、投融资、财政等多方面的制度，建立有效的制度框架体系，保障资源持续不断地配置到战略性新兴产业上，纠正市场失灵。

第2节　中国战略性新兴产业发展的典型事实

一、中国战略性新兴产业的整体发展规模

依据表2-1的统计口径，利用《中国工业统计年鉴》数据，以2010年

GDP 为基期进行平减，计算得出 2011～2016 年我国战略性新兴产业的总体规模，① 如图 2-1 所示。

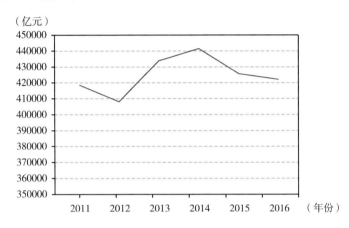

图 2-1 2011～2016 年规模以上战略性新兴产业总产值

资料来源：作者依据 2012～2017 年《中国工业统计年鉴》计算得出。

可以看到，2011～2016 年，我国规模以上战略性新兴产业整体上呈上升趋势。2011 年以后，随着战略性新兴产业的提出以及相关政策的推动，我国工业经济面临转型，以往破坏环境、低附加值加工业等粗犷型产业逐渐被具有较高附加值的产业代替。中国政府网数据显示，"十二五"末，战略性新兴产业增加值占国内生产总值的比重达到 8% 左右，较 2010 年实现翻番。② 自《"十三五"国家战略性新兴产业发展规划》发布以来，在我国经济发展进入新常态的大背景下，战略性新兴产业持续快速发展，产业增加值增速远高于国内生产总值增速，为稳增长、调结构发挥了重要作用，成为经济发展新引擎。

图 2-2 为 2016 年战略性新兴产业各行业总产值及增长率（与 2015 年比较）数值。所列七项战略性新兴产业中，新材料产业和高端装备业总产值最高，节能环保产业总产值最低。从各产业增长率来看，2016 年，新能源汽车产业在所列战略性新兴产业中增长率最高，新能源产业为负增长，其余战略性新兴产业均有不同程度的正向增长。

---

① 2010 年、2011 年《中国工业统计年鉴》未公布汽车制造业和铁路、船舶、航空航天和其他运输设备制造业，只公布交通运输制造业，故 2010 年和 2011 年战略性新兴产业此两项用交通运输制造业替代。

② 《战略性新兴产业"十二五"实现翻番　占我国 GDP 8%》，中央人民政府官网，2016 年 11 月 15 日。

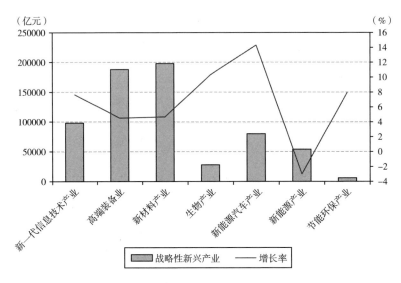

图 2 - 2　2016 年战略性新兴产业总产值及增长率

资料来源：作者依据《中国工业统计年鉴》计算得出。

全国第三次经济普查报告显示，2013 年末，在第二产业和第三产业企业法人单位中，有战略性新兴产业活动的企业法人单位 16.6 万个，占全部企业法人单位的 2%。其中，节能环保产业 7.1 万个，占全部企业法人单位的 0.9%；新材料产业 4.7 万个，占 0.6%。有战略性新兴产业活动的企业法人单位从业人员 2362.3 万人，占全部企业法人单位从业人员的 8.1%。其中，节能环保产业 1003.9 万人，占全部企业法人单位从业人员的 3.4%；新材料产业 707.9 万人，占全部企业法人单位从业人员的 2.4%。这都表明，自 2010 年战略性新兴产业提出以来，各省份以及国家整体战略性新兴产业均在不断发展。

《"十三五"国家战略性新兴产业发展规划》显示，2010～2015 年，我国七大战略性新兴产业发展迅速，实现了较大规模的增长，成为促进经济稳定增长的有力支撑。截至"十二五"末期，战略性新兴产业增加值占国内生产总值比重达到 8% 左右，实现既定发展目标。2015 年，国家信息中心监测的战略性新兴产业 27 个重点行规以上企业收入达 16.9 万亿元，占工业总体收入的比重达 15.3%，较 2010 年提升了 3.4 个百分点，"十二五"期间，战略性新兴产业年均增速达 18%；2016 年，企业收入达到 19.1 万亿元，同比增长 11.3%。① 近

---

① 国家信息中心战略性新兴产业研究组：《战略性新兴产业"十二五"发展成就及"十三五"规划展望》，国家信息中心官网，2017 年 5 月 4 日。

年来，我国部分战略性新兴产业在一些关键技术领域实现了创新突破，已具备较强国际竞争力。2017 年 5 月 5 日，在浦东国际机场上，国产大飞机 C919 实现成功首飞，标志着我国在国产大型客机领域取得较大突破；可燃冰试采获得成功，创造了天然气水合物试采产气时长和总量的世界纪录；在新能源、通信技术、人工智能及大数据技术等领域获得了重大突破，并迈向中高端发展水平。[①]

国家统计局公布数据显示，2019 年 1 ~ 10 月，高技术产业投资同比增长14.2%，快于全部投资 9.0 个百分点，其中，高技术制造业和高技术服务业投资同比分别增长 14.5% 和 13.7%。

经济发展新常态下，未来 5 年战略性新兴产业发展仍处于重要战略机遇期。世界主要发达国家和地区持续推进"能源新政""绿色技术""低碳经济""工业 4.0"等发展战略，新技术、新产业、新模式、新业态仍将蓬勃发展，新能源、新材料、生物、信息技术等新兴产业有望保持快速发展，逐步成为各国培育新的经济增长点、实现经济复苏振兴、抢占竞争制高点的重要突破口。我国"一带一路"、"创新驱动"、"互联网 +"、"双创"和《中国制造2025》等重大决策部署为战略性新兴产业发展营造了更优的政策环境，"三去一降一补"供给侧结构性改革为战略性新兴产业创造了更广阔的发展空间，提供了历史性机遇。同时，相关产业深度交叉融合发展，涌现出智能制造、数字创意、绿色低碳等新的产业发展方向。

二、战略性新兴产业细分领域发展状况

（一）节能环保产业

节能环保产业主要包括高效节能、资源循环利用、先进环保三大方面。节能服务产业总产值从 2016 年底的 3567 亿元增长到 2017 年底的 4148 亿元，增长 16.3%，继续保持了良好发展势头（见图 2 - 3）。"十二五"期间，中国资源循环利用产业以每年约 12% 的速度增长，2015 年末产值超过 1.5 万亿元，约占国民生产总值的 2.96%。[②]

---

① 信息资源开发部：《2017 年战略性新兴产业发展形势分析》，国家信息中心官网，2017 年 9 月26 日。

② 《"十二五"期间资源循环利用产业发展回顾》，国家发展和改革委员会网站，2017 年 8 月 2 日。

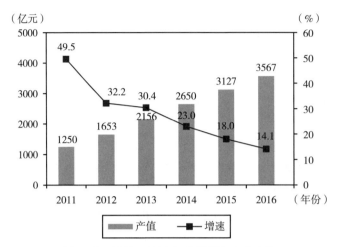

图 2 - 3 2011～2016 年节能服务产业产值

资料来源：根据《2017 节能服务产业发展报告》整理所得。

（二）新一代信息技术产业

新一代信息技术主要包括下一代信息网络、信息技术服务、电子核心、网络信息安全产品和服务、人工智能五个方面。其中，软件是新一代信息技术产业的灵魂。2016 年，全国软件和信息技术服务业完成软件业务收入 48232 亿元，比上年增长 13.1%（见图 2 - 4）。

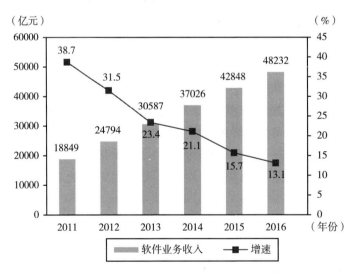

图 2 - 4 2011～2016 年软件业务收入增长情况

资料来源：根据《2017 年软件业经济运行情况》整理所得。

（三）生物产业

生物产业主要由生物医药、生物医学工程、生物农业、生物制造和生物质能等方面组成。近年来，我国生物药品制造产业持续快速发展，2016年，主营业务收入达到3286亿元，利润达到420亿元（见图2-5）。

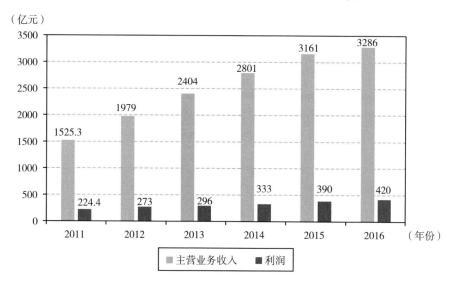

图2-5　2011~2016年生物药品制造产业生产经营情况
资料来源：根据《中国科技统计年鉴》（2012~2017年）整理所得。

（四）高端装备制造产业

高端装备制造产业主要包括智能制造装备、航空、卫星及应用、轨道交通装备、海洋工程装备等方面。航空航天业作为高端制造业的皇冠，近年来快速发展，2016年，主营业务收入达到3802亿元，利润达到224亿元（见图2-6）。

（五）新能源产业

新能源产业包括核电技术、风能、太阳能、智能电网及其他新能源。2016年，全年风电发电量2410亿千瓦时，占全部发电量的4%；电力系统中风电比重由2011年的1.67%上升至2016年的4%，以风电为代表的新能源发电技术取得进步，电力能源结构有所优化（见图2-7）。

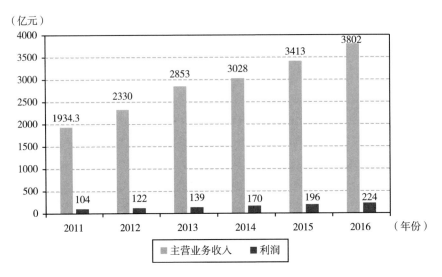

图 2 - 6 2011～2016 年航空、航天器及设备制造业生产经营情况

资料来源：根据《中国科技统计年鉴》（2012～2017 年）整理所得。

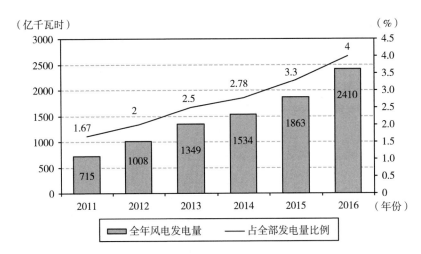

图 2 - 7 2011～2016 年我国全年风电发电量及其占全部发电量比例

资料来源：根据国家能源局相关数据整理所得。

（六）新材料产业

新材料产业包括新型功能材料、先进结构材料和高性能复合材料。近年来，我国新材料产业发展不断加速，到 2016 年，我国新材料产业产值已发展到 2.65 万亿元（见图 2 - 8）。

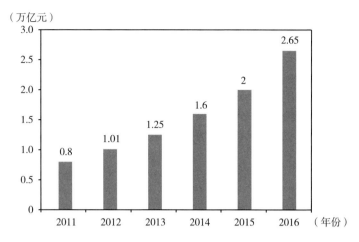

图 2 - 8　2011～2016 年新材料产业总产值

资料来源：根据《新材料产业发展指南》及公开资料相关资料整理所得。

（七）新能源汽车产业

新能源汽车产业主要包括新能源汽车产品、充电换电及加氢设施、生产测试设备。我国新能源汽车销量在 2011 年、2012 年仅为 1 万辆左右，在 2014 年、2015 年出现了爆炸式增长，两年的增长率分别达到 320%、340%。2016 年销量增速虽然放缓，但是，增量仍然可观。2016 年，新能源汽车销量达到 50.7 万辆，同比增长 53%（见图 2 - 9）。

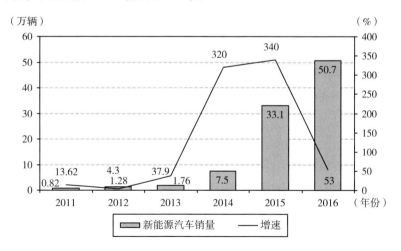

图 2 - 9　2011～2016 年我国新能源汽车销量及增速

资料来源：根据中国汽车工业协会对外发布的数据整理所得。

第3节　各地区战略性新兴产业发展概况

一、东部地区战略性新兴产业发展状况

根据国家信息中心发布的《"十二五"期间战略性新兴产业上市公司发展情况》显示，东部地区作为我国经济最为发达的地区，已经成为战略性新兴产业集中布局的区域，并不断引领产业发展。如图2-10所示，截至2015年末，东部地区战略性新兴产业上市公司数达724家，较2010年增加279家，占同期战略性新兴产业上市公司的比重为70.2%，较2010年提升4.2个百分点。国家发展改革委数据显示，整个"十二五"期间，东部地区的广东、北京、浙江和江苏四个省市中战略性新兴产业相关上市公司最为集中，2010~2015年，战略性新兴产业上市公司数量有了很大的提高，其中，广东由94家增加至198家，北京由75家增加至137家，浙江由69家增加至83家，江苏由56家增加至81家。① 截至2015年，在战略性新兴产业所有上市企业中，广东、北京、浙江和江苏四省（市）战略性新兴产业上市公司企业数量合计占战略性新兴产业上市公司总数的48.4%，这一数值在2010年只有43.6%，可见，东部地区已成为引领战略性新兴产业发展的龙头区域。

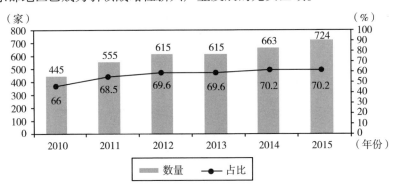

图2-10　2010年及"十二五"期间东部地区
战略性新兴产业上市公司数量及占比

资料来源：《"十二五"期间战略性新兴产业上市公司发展情况》，国家信息中心官网，2017年5月16日。

---

① 《"十二五"期间战略性新兴产业上市公司发展回顾》，国家发展和改革委员会网站，2017年6月9日。

二、部分省份战略性新兴产业发展情况

江苏、广东、山东三省是中国经济发达的省份，人才集聚，产业结构较为完善，且对于战略性新兴产业政策扶持不断加大，江苏、广东、山东以及其他地区已初步形成多个战略性新兴产业集聚区。接下来重点对这三个地区进行分析，数据均来自各省份战略性新兴产业发展"十三五"规划。

（一）江苏

江苏战略性新兴产业规模居全国第一位，战略性新兴产业代表新一轮技术革命和产业变革的方向，对经济社会发展全局具有重要的带动引领作用。2015年，全社会研发投入1800亿元，发明专利授权量跃居全国首位，区域创新能力全国第一，战略性新兴产业研发投入超千亿元，战略性新兴产业发明专利占全省比重超过40%，累计建成战略性新兴产业国家和省级以上创新平台超2300家，未来网络试验设施获批，实现了国家重大科技基础设施在江苏为零的突破。企业竞争力不断增强，全省高新技术企业超1万家，战略性新兴产业企业占比超过70%。全省275家沪深上市公司中，战略性新兴产业企业占比超过40%，全省126家超百亿企业中，战略性新兴产业企业比重超过60%。产业集聚效应明显，国家和省级经济技术开发区、高新技术产业开发区、国家高技术产业基地、国家新型工业化示范基地等各类载体上集聚了60%以上的战略性新兴产业产值，形成了一批产值超千亿元的新兴产业集群，有力支撑了产业转型升级。

（二）广东

一是广东产业规模不断壮大。"十二五"期间，全省战略性新兴产业年均增速超过12%；以战略性新兴产业为主的高技术制造业增加值从2010年的4850.59亿元增加到2015年的8172.2亿元，年均增速达11%，比规模以上工业增速高3.5个百分点，占规模以上工业增加值比重从20.6%上升到27%。二是创新能力不断提升。广东区域创新能力综合排名连续6年居全国第二位，全省研究与试验发展经费支出占生产总值比重从2010年的1.76%上升到2015年的2.50%；高技术制造业研发活动从业人员占比从2010年的4.92%上升到2015年的6.18%；高技术制造业企业研发机构覆盖率由2010年的7.8%提高到2015年的23.4%。战略性新兴产业领域专利授权量位居全国前列，其中，高端新型电子信息、新能源汽车、半导体照

明、节能环保等领域专利授权量居全国首位。三是集聚效应不断显现。推进 15 家国家高技术产业基地和 42 家省战略性新兴产业基地建设，发展形成新一代移动通信、平板显示、高端软件、半导体照明、生物医药、智能制造装备、新材料等产值规模超千亿元的新兴产业集群，珠三角地区获批成为国家首批战略性新兴产业区域集聚发展试点。移动智能终端、基因检测、新能源汽车等产业在全国占有重要地位。四是新业态、新模式不断涌现。新兴产业应用环境不断优化，物联网、云计算、大数据、基因检测等新兴信息技术产业快速发展。广东信息消费规模居全国首位，跨境电子商务交易量占全国近七成，网购普及率、电子商务总订单、市场交易规模和在全国电子商务交易中所占份额等多项指标均居全国前列；"十二五"期间，基因检测服务年均增速超 50%，涌现出一批第三方基因检测机构；软件产业年均增速超 30%，带动数字创意产业快速发展。

（三）山东

"十二五"期间，山东新一代信息技术、新材料、新医药和生物、新能源和节能环保、海洋开发、高端装备制造"四新一海一高"六大产业快速发展，自主创新能力不断提高，产业规模不断壮大，对经济转型升级和社会发展支撑作用显著增强。山东半岛国家自主创新示范区获批建设，国家超级计算济南中心、青岛国家深海基地、海洋科学与技术国家实验室、威海国家浅海海上综合试验场等重大科技基础设施建成，国家企业技术中心、工程（技术）研究中心数量全国第一，承担了一大批国家重大创新工程和研发计划。浪潮天梭 K1 高端容错计算机、康平纳筒子纱数字化车间、盛瑞前置前驱 8 档自动变速箱（8AT）、三角巨型工程子午胎等一批新兴技术获全国科技进步一等奖，海洋、生物、高端装备、新材料等产业规模居全国前列，形成了一批影响力强、辐射带动作用大的产业集聚区和创新型产业集群，具备了向更大规模壮大的坚实基础，孕育了向更高层次爆发突破的新动能，为"十三五"加快发展创造了良好条件。同时，战略性新兴产业发展也面临一些"瓶颈"和问题：产业整体规模仍然偏小，引领支撑作用尚未得到充分发挥；部分领域核心技术缺乏，创新能力仍不够强；中低端产品比重较高，产业结构仍不尽合理；高层次人才团队偏少，智力支撑有待增强。对此，必须保持清醒认识，坚持目标导向和问题导向相统一，准确把握未来一段时期面临的新形势、新任务、新要求，加快推动战略性新兴产业发展再上新台阶。

第4节 基于上市公司的微观分析

战略性新兴产业的发展是通过众多微观企业的发展实现的,产业的研究离不开对微观企业的详细分析和考察。所以,本节以上海证券交易所编撰的我国战略性新兴产业目录中的1117家上市公司为研究对象,从微观企业的角度具体观察战略性新兴产业整体发展状况及趋势。剔除截至2018年2月28日已标为ST、*ST和已退市的公司,最终选取1069家战略性新兴产业上市公司作为研究样本。按照国家发展改革委公布的《战略性新兴产业重点产品和服务指导目录》(2016版),将战略性新兴产业分为八大产业和相关服务业,上市公司具体属于九大战略性新兴产业哪个大类,判断依据是其主营业务构成和第一主营业务收入等财务数据,具体来说,当战略性新兴产业上市公司某类业务的营业收入比重大于或等于50%,则将其划入该业务相对应的产业,当战略性新兴产业上市公司没有一类业务的营业收入比重大于或等于50%,但某类业务的收入和利润均在所有业务中最高,则将该公司归属该业务对应的产业类别。数据来源为Wind数据库。下面将从战略性新兴产业上市地点分布、行业分布、地区分布三个方面描述了战略性新兴产业上市公司的发展概况。

一、上市地点分布:初步形成多层次市场分布

如表2-2所示,截至2018年2月28日,在A股上市,以及在新三板市场(全国中小企业股份转让系统)挂牌、作为后备上市资源的战略性新兴产业上市公司共1069家。其中,在深圳证券交易所上市的公司最多,共580家,占战略性新兴产业上市公司数量比重为54.26%。在创业板上市的战略性新兴产业上市公司共261家,占在深交所上市的战略性新兴产业上市公司比重达45%,占全部战略性新兴产业上市公司数量比重为24.42%;中小企业板的战略性新兴产业上市公司数量比创业板略少,有218家,占在深交所上市的战略性新兴产业上市公司比重达37.59%,占全部战略性新兴产业上市公司数量比重为20.39%;主板企业101家,占在深交所上市的战略性新兴产业上市公司比重达17.41%,占全部战略性新兴产业上市公司数量比重为9.45%。上海证券交易所的战略性新兴产业上市公司数量共243家,占全部战略性新兴产业上市公司数量比重为22.73%。在全国中小企业股份转让系统挂牌的战略性新兴产业上市公司数量占全部战略性新兴产业上市公司数量比重达23.01%,共246家。

表 2-2　　　　　中国战略性新兴产业上市公司按上市地点分布情况

上市地点	新一代信息技术产业（家）	高端装备制造产业（家）	新材料产业（家）	生物产业（家）	新能源汽车产业（家）	新能源产业（家）	节能环保产业（家）	数字创意产业（家）	相关服务业（家）	上市公司数量（家）	占比（%）
上海证券交易所	60	35	28	20	7	32	32	12	17	243	22.73
深圳主板	26	16	11	8	8	6	12	8	6	101	9.45
深圳中小企业板	81	20	27	17	7	21	28	15	2	218	20.39
深圳创业板	128	29	13	36	1	13	26	8	7	261	24.42
新三板	175	5	15	14	3	18	11	2	3	246	23.01
总计	470	105	94	95	26	90	109	45	35	1069	100.00

资料来源：Wind 数据库，根据《战略性新兴产业重点产品和服务指导目录》（2016 版）筛选并按上市地点汇总。

二、行业分布：产业发展不均衡

如图 2-11 所示，在战略性新兴产业的九大产业中，新一代信息技术产业规模最大，上市公司数量最多，共 470 家，占全部上市公司数量的比重达到 43.97%；其次为节能环保产业和高端装备制造产业，两者在数量上相差不多，分别为 109 家和 105 家，占比分别达到 10.2% 和 9.82%。然后，生物产业、新材料产业、新能源产业，这三个新兴产业的上市公司数量占比分别为 8.89%、8.79%、8.42%，数量分布上也较为接近；新能源汽车产业的上市公司数量最少，占全部上市公司数量的比重只有 2.43%。

目前，新一代信息技术产业是我国战略性新兴产业的领军产业，发展相对比较成熟，是当前以及未来一定时间内我国经济发展的重要支柱性产业。相对其他产业而言，数字创意产业、新能源汽车产业以及为战略性新兴产业发展提供相关领域服务的技术服务业规模较小，还处于发展初期阶段。当前我国对战略性新兴产业各大产业的划分及详细行业门类的选择是造成九大产业上市公司数量出现较大差异的原因，新一代信息技术产业规模最大，既与其发展时间较早，产业相对更为成熟有关，也因为其包含的细分产业较多，如网络设备、信息终端设备、"互联网+"应用服务、大数据服务、人工智能等；而新能源汽车产业正处于由传统燃油汽车向动力电池等新能源技术转型时期，技术发展要求高，技术创新突破较慢，发展相对缓慢，未来具备较大的发展潜力和前景。

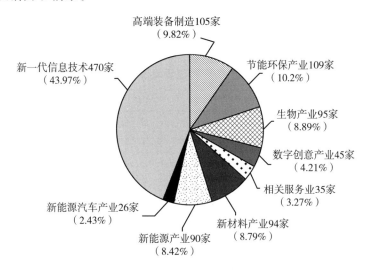

图 2 – 11　中国战略性新兴产业上市公司数量及占比情况（截至 2018 年 2 月 28 日）

资料来源：Wind 数据库，根据《战略性新兴产业重点产品和服务指导目录》（2016 版）进行筛选和汇总。

三、地区分布：集中分布在经济发达地区

如表 2 – 3 和图 2 – 12 所示，我国战略性新兴产业整体发展呈现"东部强、中西部弱"的态势，在地区分布上，华东地区战略性新兴产业上市公司数量最多，共 419 家，占比达 39.19%。其次是华北地区共 222 家，占比 20.77%；华南地区共 211 家，占比 19.74%。华中地区、西南地区的上市公司数量分别为 80 家和 64 家，西北地区和东北地区上市公司数量较少，分别为 37 家和 36 家。同时，在各地区内部，战略性新兴产业上市公司数量分布也是不均衡的，各个地区都有上市公司数量较少的省份。从各省份来看，上市公司数量排名前五位的省份分别是广东、北京、浙江、江苏、上海，五省份的战略性新兴产业上市公司数量共 681 家，占全部战略性新兴产业上市公司数量的 63.70%，囊括了绝大部分的上市公司数量。其他省份上市公司数量均不足 50 家，其中，山东、湖北、四川分别拥有 46 家、39 家、37 家，表现出严重的地区发展不均衡现象。

表 2-3　　　　　　中国战略性新兴产业上市公司地区分布情况

（截至 2018 年 2 月 28 日）　　　　　单位：家

所属地区	注册省份	新一代信息技术产业	高端装备制造产业	新材料产业	生物产业	新能源汽车产业	新能源产业	节能环保产业	数字创意产业	相关服务业	上市公司数量	合计
华东地区	上海	42	7	4	9	0	7	9	4	7	89	419
	江苏	36	12	15	6	3	14	10	5	6	107	
	浙江	45	9	8	12	6	8	15	8	0	111	
	安徽	12	1	1	1	1	1	2	1	0	20	
	江西	3	1	4	2	1	1	0	0	0	12	
	山东	19	4	4	6	5	5	2	0	1	46	
	福建	21	2	2	1	1	3	2	1	1	34	
华北地区	北京	107	11	8	12	1	10	13	8	5	175	222
	天津	4	3	0	2	0	3	1	1	3	17	
	河北	5	1	2	1	0	4	1	0	0	14	
	山西	3	3	2	1	0	0	2	1	0	12	
	内蒙古	0	2	1	0	0	0	1	0	0	4	
华中地区	河南	7	4	6	2	0	3	3	0	0	25	80
	湖北	18	6	3	3	3	1	3	2	0	39	
	湖南	2	4	2	3	0	2	1	1	1	16	
华南地区	广东	104	14	9	16	4	11	29	6	6	199	211
	广西	0	1	1	1	0	2	1	1	0	7	
	海南	1	0	2	1	0	0	0	1	0	5	
西南地区	四川	17	3	3	3	0	2	5	2	2	37	64
	贵州	3	1	0	0	0	0	1	0	1	6	
	云南	1	0	3	1	0	2	2	0	0	9	
	重庆	1	2	0	3	1	0	3	0	0	10	
	西藏	0	0	1	0	0	0	0	0	1	2	
西北地区	陕西	5	5	5	2	0	3	1	1	1	23	37
	甘肃	1	1	1	0	0	1	0	1	0	5	
	青海	0	0	1	0	0	1	0	0	0	2	
	宁夏	0	0	0	0	0	1	0	0	0	1	
	新疆	1	1	0	1	0	3	0	0	0	6	

续表

所属地区	注册省份	新一代信息技术产业	高端装备制造产业	新材料产业	生物产业	新能源汽车产业	新能源产业	节能环保产业	数字创意产业	相关服务业	上市公司数量	合计
东北地区	黑龙江	2	2	0	1	0	1	1	0	0	7	36
	吉林	3	1	1	4	0	1	0	1	0	11	
	辽宁	7	4	5	1	0	0	1	0	0	18	

资料来源：Wind 数据库，根据《战略性新兴产业重点产品和服务指导目录》（2016 版）进行筛选并按所属地区汇总。上述地区不包含港澳台地区。

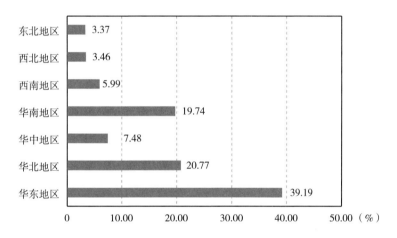

图 2 - 12　2018 年中国战略性新兴产业上市公司地区分布情况

资料来源：Wind 数据库，根据《战略性新兴产业重点产品和服务指导目录》（2016 版）进行筛选并按所属地区汇总。上述地区不包含港澳台地区。

第3章 补贴方式与均衡发展：战略性新兴产业成长与传统产业调整

第1节 导论

中国在产业转型升级中面临着双重挑战：一方面，我们需要培育对国民经济发展具有全局性、长远性、导向性和动态性影响的战略性新兴产业，以此来提升国际竞争力（林学军，2012；高有才、向倩，2010）；另一方面，还需要通过对传统产业的改造来实现经济的平稳增长。两者之间的均衡需要很好地把握成长进程的节奏和培育方式的选择。

中国处在培育期的新兴产业在政府大量的财政补贴支持下发展并不顺利，如新能源产业，而传统产业又在高要素价格趋势下经营困难，难以突破转型升级的"瓶颈"。如何通过对补贴方式的调整来推动中国战略性新兴产业的健康发展，同时实现新旧产业的平稳过渡，是中国在"稳增长"前提下完成产业转型升级任务所面临的重要课题。本章以此为出发点，在考虑新旧产业之间存在双向知识溢出的基础上，从宏观经济层面分析不同类型的补贴方式选择对新兴产业和传统产业发展的短期和长期影响，以为中国在产业转型升级阶段实现新旧产业均衡发展提供一些新的思路和对策。

培育创新驱动型的优势产业是一个国家在全球竞争中获得与维持竞争优势的重要途径（Porter，1990）。产业发展的周期性与新旧产业更替的必然性，意味着适时地进行产业结构调整，培养具有发展潜力和满足市场新需求的新产业是关键（Gort & Klepper，1982）。新兴产业的培育往往需要较长时间（Klepper & Graddy，1990；Low & Abrahamson，1997），政府补贴则是推动其快速成长的一个重要手段。现有研究表明，政府的 R&D 补贴是企业内部研发投入的有效补充，是实现知识溢出的有效政策工具，同时，还有助于缓解市场中的信息不对称问题，帮助企业从市场获得融资（Narayanan et al.，2000）。但也有学者认为，政府补贴与企业绩效之间并无清晰的关系（Hall & Maffioli，2008），甚至会对企业本来的研发投入产生挤出效应（David et al.，2000）。实证研究显示，中国当前政府对新兴产业的补贴还未能充分体现出信号效应和发挥引导产业投资的作用，未来需要在补贴投向、方式和环节上加以改进（郭晓丹、何文韬，2011）。有效的补贴应当综合考虑产业的科技含量以及国家自身的发展水平（许罗丹、何洁，2000），研发补贴数量应该与企业所能够观察到的研发投资和企业成本正相关，与企业研发期望收益负相关（周轶昆，2012）。在传统产业与新兴产业的发展关系上，辜胜阻、李正友（2001）认为，中国高新技术的发展必须同时坚持高新技术产业化和传统产业高新化。

第2节 数理模型

一、基本框架

在这一部分，我们将构建一个特定要素的一般均衡模型（Jones，1971；Dixit & Grossman，1986；Ekholm & Torstensson，1997），在考虑产业间知识溢出的基础上，分析不同的补贴政策对于新兴产业和传统产业发展的影响。假设在开放经济中有两个产业生产最终产品，分别是新兴产业和传统产业，各自的产出用 X_1 和 X_2 来表示。我们假设所有的产业都可以自由地进入和退出。两个产业各自的技术水平都会受到 R&D 投入的影响，假设每个产业内部的 R&D 投入分别为 R_1 和 R_2。我们将整个经济体中生产最终产品的部门称为最终产品部门，将进行 R&D 活动的部门称为研发部门。除了资本之外，生产活动需要使用两种主要的要素，科学家和工人[①]。在短期内，我们假设工人和科学家可以在不同的产业之间流动，但是，工人只能从事最终产品的生产，而科学家只能从事 R&D 的生产。除了以上两种要素之外，无论是长期还是短期，生产和研发活动都需要使用特定资本要素，该种资本要素无法在不同行业或是生产部门

[①] 此处科学家和工人从更广义的角度上来说分别代表具有流动性的高级生产要素和一般生产要素。

之间流动，且其供给是给定的。我们有以下的生产函数：

$$X_i = A_i(R_1, R_2) K_i^{\alpha_i} L_i^{1-\alpha_i} \qquad (3.1)$$

$$R_i = K_{Ri}^{\beta_i} S_i^{1-\beta_i} \qquad (3.2)$$

其中，L_i 和 S_i，$i = 1, 2$ 分别表示不同产业内部工人和科学家的数量；$K_i, i = 1, 2$ 表示在不同产业内部生产最终产品所使用的特定生产要素的数量；$K_{Ri}, i = 1, 2$ 表示在不同产业内部进行 R&D 活动所使用的特定生产要素的数量；$A_i(R_1, R_2), i = 1, 2$ 表示两个产业的生产技术水平，而且产业内部的研发活动不仅有可能推动本产业的技术进步，还有可能会对其他产业技术水平的提升有促进作用。

假设政府为了推动新兴产业的发展，会采取不同的补贴方式。为了分析简便，我们假设政府的补贴来源于定额税，同时，政府只考虑两种补贴方式：对 R&D 活动或是最终产品进行价格补贴。① 这里我们用 q_1 和 q_2 分别表示对于两个产业内部研发活动的补贴，s_1 和 s_2 分别表示对于两个产业最终产品的补贴。

二、短期均衡分析

根据以上假设以及特定要素模型的结论可知，均衡时可流动要素的报酬应该等于其边际产品价值，因此，我们可以得到一阶条件：

$$\frac{w_L}{A_i(R_1, R_2) P_i(1 + s_i)} = (1 - \alpha_i) \left(\frac{K_i}{L_i}\right)^{\alpha_i} \qquad (3.3)$$

$$\frac{w_s}{P_{Ri}(1 + q_i)} = (1 - \beta_i) \left(\frac{K_{Ri}}{S_i}\right)^{\beta_i} \qquad (3.4)$$

假设价格是给定的，同时最初的补贴额为 0，那么对式（3.3）和式（3.4）求全微分，我们可以得到：

$$\hat{w}_L = \hat{A}_i + \mathrm{d}s_i + \alpha_i(\hat{K}_i - \hat{L}_i) \qquad (3.5)$$

$$\hat{w}_S = \mathrm{d}q_i + \beta_i(\hat{K}_{Ri} - \hat{S}_i) \qquad (3.6)$$

其中，$\hat{w}_L \equiv \dfrac{\mathrm{d}w_L}{w_L}$ 表示工人工资的相对量变化，其他采取相同标记的变量也都表示相对变化量。同时，这里定义：

$$\hat{A}_i = \varepsilon_i \hat{R}_i + \varphi_j \hat{R}_j \qquad (3.7)$$

---

① 这里对于 R&D 活动的补贴本质上是针对 R&D 成果的一种事后价格补贴，并不是直接补贴 R&D 活动本身。因此，这里隐含着一个重要的假设，市场中存在着较为严格的专利保护制度，R&D 成果是可以在一定价格之下进行买卖的，同时，市场机制保证了该定价是合理有效的。

其中，$\varepsilon_i \equiv \dfrac{dA_i}{dR_i}\dfrac{R_i}{A_i} \geq 0$，$i = 1，2$ 是两个产业技术进步的内部 R&D 投入产出弹性，表示各个产业内部的 R&D 活动对于本产业的技术进步的影响；$\varphi_j \equiv \dfrac{\partial A_i}{\partial R_j}\dfrac{R_j}{A_i} \geq 0$，$i \neq j$ 且 $i，j = 1，2$ 则是产业 i 技术进步的外部 R&D 投入产出弹性，表示的是产业 j 中的 R&D 活动对于产业 i 技术进步的溢出效应。

在短期由于科学家和工人在生产部门和研发部门之间不能自由流动，因此，在市场均衡时，我们可以得到 $L = L_1 + L_2$ 和 $S = S_1 + S_2$。假设工人和科学家的总供给量不变，那么，我们可以得到 $dL_1 + dL_2 = 0$ 和 $dS_1 + dS_2 = 0$。将式（3.5）和式（3.6）代入上述两个等式，同时，假设每个行业的特定要素供给保持不变，我们可以得到：

$$\lambda_{L1}\rho_{X1}(\hat{w}_L - \hat{A}_1 - ds_1) + \lambda_{L2}\rho_{X2}(\hat{w}_L - \hat{A}_2 - ds_2) = 0 \qquad (3.8)$$

$$\lambda_{S1}\rho_{R1}(\hat{w}_s - dq_1) + \lambda_{S2}\rho_{R2}(\hat{w}_s - dq_2) = 0 \qquad (3.9)$$

这里 $\lambda_{Li} \equiv L_i/L$ 和 $\lambda_{Si} \equiv S_i/S，i = 1，2$ 分别表示工人和科学家在两个产业之间的分配比例；$\rho_{Xi} \equiv 1/\alpha_i$ 和 $\rho_{Ri} \equiv 1/\beta_i，i = 1，2$ 分别表示两个产业对于工人和科学家的需求工资弹性。[①] 令 $\rho_X \equiv \lambda_{L1}\rho_{X1} + \lambda_{L2}\rho_{X2}$ 和 $\rho_R \equiv \lambda_{S1}\rho_{R1} + \lambda_{S2}\rho_{R2}$ 分别表示工人与科学家的加权平均需求工资弹性，此时对式（3.9）进行整理后可以得到短期均衡情况下科学家工资的相对变化为：

$$\hat{w}_s = \delta_{S1}dq_1 + \delta_{S2}dq_2 \qquad (3.10)$$

其中，$\delta_{Si} \equiv \lambda_{Si}\rho_{Ri}/\rho_S，i = 1，2$ 表示各产业中 R&D 产品价格对于科学家工资的影响。类似地，我们可以得到 $\delta_{Li} \equiv \lambda_{Li}\rho_{Xi}/\rho_X，i = 1，2$ 表示各产业中最终产品价格对于工人工资的影响。再对式（3.1）和式（3.2）求全微分并将式（3.5）和式（3.6）代入可得：

$$\hat{X}_i = (1 + \gamma_{Xi})\hat{A}_i + \gamma_{Xi}(ds_i - \hat{w}_L) \qquad (3.11)$$

$$\hat{R}_i = \gamma_{Ri}(dq_i - \hat{w}_S) \qquad (3.12)$$

其中，$\gamma_{Xi} \equiv (1 - \alpha_i)/\alpha_i$ 和 $\gamma_{Ri} \equiv (1 - \beta_i)/\beta_i，i = 1，2$ 分别表示产业 i 中最终产品产出的工人工资弹性和 R&D 产出的科学家工资弹性。将式（3.12）代入

---

① 其实此处 $\rho_{Xi} = \left| \dfrac{d(L_i/K_i)}{L_i/K_i} \dfrac{d(MP_{L_i})}{MP_{L_i}} \right| = \dfrac{1}{\alpha_i}$ 和 $\rho_{Ri} = \left| \dfrac{d(S_i/K_i)}{S_i/K_i} \dfrac{d(MP_{S_i})}{MP_{S_i}} \right| = \dfrac{1}{\beta_i}$ 也分别表示在不同产业中工人与科学家的需求边际产量弹性。

式（3.7）可以得到：

$$\hat{A}_i = \varepsilon_i \gamma_{Ri} (\mathrm{d}q_i - \hat{w}_S) + \varphi_j \gamma_{Rj} (\mathrm{d}q_j - \hat{w}_S) \tag{3.13}$$

其中，$i \neq j$ 且 $i = 1, 2$。这里 $\varepsilon_i \gamma_{Ri}$ 衡量了产业 i 中科学家工资的变化对本产业技术进步的影响，而 $\varphi_j \gamma_{Rj}$ 则是衡量了产业 j 中科学家工资的变化对于产业 i 技术进步的影响。将式（3.13）代入式（3.8）可以得到短期均衡时工人工资的相对变化为：

$$\hat{w}_L = \left[\delta_{L1} \delta_{S2} \varepsilon_1 \gamma_{R1} - \delta_{L1} \delta_{S1} \varphi_2 \gamma_{R2} + \delta_{L2} \delta_{S2} \varphi_1 \gamma_{R1} - \delta_{L2} \delta_{S1} \varepsilon_2 \gamma_{R2} \right] (\mathrm{d}q_1 - \mathrm{d}q_2)$$
$$+ \delta_{L1} \mathrm{d}s_1 + \delta_{L2} \mathrm{d}s_2 \tag{3.14}$$

将式（3.10）代入式（3.12）可以得到短期均衡时每个产业 R&D 产出的相对变化为：

$$\hat{R}_i = \gamma_{Ri} \delta_{Sj} (\mathrm{d}q_i - \mathrm{d}q_j) \tag{3.15}$$

最后，由式（3.10）、式（3.11）、式（3.13）和式（3.14）可以得到在短期均衡时政府补贴对不同产业产出的影响：

$$\hat{X}_i = \gamma_{Xi} \delta_{Lj} (\mathrm{d}s_i - \mathrm{d}s_j) + \theta_i (\mathrm{d}q_i - \mathrm{d}q_j) \tag{3.16}$$

其中，

$$\theta_i \equiv (\gamma_{Xi} \delta_{Lj} \delta_{Sj} + \delta_{Sj}) \varepsilon_i \gamma_{Ri} - \gamma_{Xi} \delta_{Lj} \delta_{Sj} \varphi_i \gamma_{Ri} + \gamma_{Xi} \delta_{Lj} \delta_{Si} \varepsilon_j \gamma_{Rj} -$$
$$(\gamma_{Xi} \delta_{Lj} \delta_{Si} + \delta_{Si}) \varphi_j \gamma_{Rj}, \ i \neq j \ 且 \ i = 1, 2 \tag{3.17}$$

三、长期均衡分析

从长期来看，任意劳动者将根据工资率的变化在传统产业和战略性新兴产业中的最终产品部门或者是研发部门中自由流动，因此，科学家和工人的工资可以统一用 w_N 来表示。当要素市场达到长期均衡时，劳动力的边际回报在四种不同的经济活动中相等，因此，以下条件必然成立：

$$\delta_{X1} (\hat{w}_N - \hat{A}_1 - \mathrm{d}s_1) + \delta_{X2} (\hat{w}_N - \hat{A}_2 - \mathrm{d}s_2) + \delta_{R1} (\hat{w}_N - \mathrm{d}q_1) + \delta_{R2} (\hat{w}_N - \mathrm{d}q_2) = 0$$
$$\tag{3.18}$$

其中，$\delta_{Xi} \equiv \lambda_{Xi} \rho_{Xi} / \rho$，$\delta_{Ri} \equiv \lambda_{Ri} \rho_{Ri} / \rho$，且 λ_{Xi} 和 λ_{Ri} 分别表示总的劳动人口中分别在产业 i 中从事最终产品生产和 R&D 活动的比例。这里的 $\rho \equiv \sum_{i=1}^{2} (\lambda_{Xi} \rho_{Xi} + \lambda_{Ri} \rho_{Ri})$ 表示加权平均的劳动力需求工资弹性。

经过计算之后，我们可以得到长期均衡时劳动者工资的相对变化为：

$$\hat{w}_N = \frac{1}{\Delta} \big[(\delta_{X1} \mathrm{d}s_1 + \delta_{X2} \mathrm{d}s_2) + (\delta_{R1} + \delta_{X1} \varepsilon_1 \gamma_{R1} + \delta_{X2} \varphi_1 \gamma_{R1}) \mathrm{d}q_1 +$$

$$(\delta_{R2} + \delta_{X2} \varepsilon_2 \gamma_{R2} + \delta_{X1} \varphi_2 \gamma_{R2}) \mathrm{d}q_2 \big] \tag{3.19}$$

其中，$\Delta \equiv 1 + \delta_{X1} (\varepsilon_1 \gamma_{R1} + \varphi_2 \gamma_{R2}) + \delta_{X2} (\varepsilon_2 \gamma_{R2} + \varphi_1 \gamma_{R1})$。此时，每个产业的 R&D 产出水平的相对变化为：

$$\hat{R}_i = \frac{\gamma_{Ri}}{\Delta} \big[-(\delta_{Xi} \mathrm{d}s_i + \delta_{Xj} \mathrm{d}s_j) + (1 - \delta_{Ri} + \delta_{Xj} \varepsilon_j \gamma_{Rj} + \delta_{Xi} \varphi_j \gamma_{Rj}) \mathrm{d}q_i -$$

$$(\delta_{Rj} + \delta_{Xj} \varepsilon_j \gamma_{Rj} + \delta_{Xi} \varphi_j \gamma_{Rj}) \mathrm{d}q_j \big] \tag{3.20}$$

再分别定义最终产品补贴的系数：$\mu_i \equiv (1 - \delta_{Xi}) \gamma_{Xi} + \gamma_{Xi} \delta_{Xj} (\varphi_j \gamma_{Ri} + \varepsilon_j \gamma_{Rj}) - \delta_{Xi} (\varepsilon_i \gamma_{Ri} + \varphi_j \gamma_{Rj})$ 以及 $v_i \equiv \delta_{Xj} (1 + \gamma_{Xi}) (\varepsilon_i \gamma_{Ri} + \varphi_j \gamma_{Rj}) + \delta_{Xj} \gamma_{Xi}$，$i \neq j$ 且 $i = 1, 2$，那么，我们最终可以得到新兴产业与传统产业各自产出的相对变化为：

$$\hat{X}_i = \frac{1}{\Delta} \{ \mu_i \mathrm{d}s_i - v_i \mathrm{d}s_j + [(1 + \gamma_{Xi}) \sigma_i - \gamma_{Xi} \tau_i] \mathrm{d}q_i - [(1 + \gamma_{Xi}) \eta_i + \gamma_{Xi} \tau_j] \mathrm{d}q_j \}$$

$$\tag{3.21}$$

其中，$\sigma_i = (1 - \delta_{Ri}) \varepsilon_i \gamma_{Ri} + \delta_{Xj} (\varepsilon_i \gamma_{Ri} \varepsilon_j \gamma_{Rj} - \varphi_i \gamma_{Ri} \varphi_j \gamma_{Rj}) - \delta_{Ri} \varphi_j \gamma_{Rj}$、$\tau_i = \delta_{Xi} \varepsilon_i \gamma_{Ri} + \delta_{Xj} \varphi_j \gamma_{Ri} + \delta_{Ri}$ 以及 $\eta_i = \delta_{Rj} \varepsilon_i \gamma_{Ri} + \delta_{Xj} (\varepsilon_i \gamma_{Ri} \varepsilon_j \gamma_{Rj} - \varphi_i \gamma_{Ri} \varphi_j \gamma_{Rj}) - (1 - \delta_{Rj}) \varphi_j \gamma_{Rj}$，$i \neq j$ 且 $i = 1, 2$。

第3节　不同补贴方式对新兴产业发展的影响

一、产品补贴

根据前面数理模型的结果，我们将着重分析不同的补贴方式对于新兴产业发展在短期和长期所产生的影响。如果政府选择通过对最终产品进行价格补贴的方式来推动新兴产业的发展，那么，由式（3.15）和式（3.16）我们可以得出以下命题。

命题 3.1： 针对新兴产业的最终产品进行价格补贴，在短期内可以增加该产业的产出，但是，对于新兴产业的研发活动没有任何激励作用，因此，也不会推动该产业的技术进步。

当政府对新兴产业的最终产品进行价格补贴时（$\mathrm{d}s_1 > 0$，$\mathrm{d}s_2 = 0$），补贴最终流入生产部门，而没有被研发部门获取。因此，该补贴带来的产出增长只是单纯依靠低端生产要素向新兴产业集聚来实现的，对于高端要素参与的研发活动没有任何推动作用（$\hat{R}_1 = 0$），补贴也没有对整个产业的技术进步产生任何推动作用（$\hat{A}_1 = 0$）。另外，最终产品价格补贴对新兴产业发展的补贴效果会受到本产业中最终产品产出的工人工资弹性以及传统产业中工人工资对最终产品价格敏感程度的影响，由于当前中国新兴产业大多属于资本和知识密集型，而传统产业大都属于劳动密集型，因此，补贴一方面很难将低端生产要素从传统产业吸引到新兴产业；另一方面对产出增加的推动作用是非常有限的。根据式（3.20）和式（3.21），我们可以得到最终产品价格补贴的长期效果。

命题 3.2：针对新兴产业的最终产品价格补贴，从长期来看会对新兴产业研发活动和技术进步带来负面影响，甚至会带来产业衰退。

如果对新兴产业最终产品的补贴长期存在，那么由于生产要素的自由流动，补贴带来的工资率的变化会导致劳动者不仅会在不同的产业之间流动，同时还会根据收入的变化在生产部门和研发部门之间进行流动，直至他们在不同产业中不同部门的工资完全相同。对最终产品的价格补贴会导致工人和科学家的工资同时上升，但是，由于补贴仅仅被生产部门获得，因此，企业在生产活动中会压缩研发投入而更为依赖生产部门来提升产量，最终使得整体产业的技术进步出现倒退。更重要的是，在新兴产业中的研发活动带来的技术进步对于生产效率有着显著的促进作用，并且来自传统产业的知识溢出效应也足够高的情况下，产品补贴导致的研发抑制就会极大地削弱甚至是完全抵消在补贴刺激下生产要素向生产部门流动所带来的产出增长。

综合命题 3.1 和命题 3.2，我们可以发现，以产品补贴的方式来培育新兴产业本质上就是通过对生产部门进行补贴来推动产能的扩张，短期内可以在研发产出不变的基础上实现产业的发展，但从长期来看却会导致严重的研发抑制，以牺牲技术进步为代价使可流动要素向生产部门集聚，最终反而会造成新兴产业的发展缓慢甚至是萎缩。

二、研发补贴

如果政府选择使用 R&D 补贴，那么根据式（3.15）和式（3.16）我们可以得出以下命题。

命题 3.3：针对新兴产业的 R&D 补贴，必然会对产业中的研发活动产生促进作用，在产业内部研发活动的知识溢出效应很高时，R&D 补贴可以通过技术进步来实现新兴产业的发展。

与产品补贴不同，针对新兴产业的 R&D 补贴（$dq_1 > 0$ 且 $dq_2 = 0$）会通过两种机制来对产业发展产生影响。一方面，R&D 补贴会带来整体经济中科学家工资的上升（$\hat{w}_s > 0$），但是，工资上升的幅度要小于补贴额，因此，新兴产业中的 R&D 产出增加，而传统产业中的 R&D 产出减少；另一方面，由式（3.14）可知，R&D 补贴还会带来工人工资的变化，从而影响所有产业的最终产出水平。但是，只要新兴产业中 R&D 活动的知识溢出效应相对于传统产业足够高，那么，补贴总可以加速新兴产业的技术进步，并且技术进步带来的产出增长要高于工人工资上升所导致的产出下降，最终实现新兴产业的发展。因此，对于政府来说，要想在短期内实现具有知识密集特征的新兴产业的腾飞，可以通过对研发成果的补贴来激励企业加大 R&D 投入，通过技术水平的不断提高来提升生产效率。但是，如果 R&D 补贴长期持续，那么，根据式（3.20）和式（3.21），我们可以得出以下命题。

命题 3.4：从长期来看，R&D 补贴对研发活动的激励存在弱化趋势，同时，对于生产部门的负面影响会不断增强，因此，补贴的长期效果存在很高的不确定性。

与产品补贴类似，R&D 补贴在长期同样会带来所有劳动者工资的上涨，同时，由于工资上涨的幅度要小于补贴额，因此，新兴产业中的企业会有意识地将生产资源向研发部门倾斜，在减少雇用工人的同时增加科学家的数量，通过增加研发投入来实现产量的增长。补贴的长期存在会使大量的劳动者以高级生产要素的形式向新兴产业的研发部门集聚，因此，补贴额与上涨工资之间的差距会逐步缩小。随着新兴产业中研发效率的逐步下降，R&D 补贴对新兴产业技术进步的推动作用也会不断下降。另外，劳动者工资的普遍上涨会持续对企业的生产活动产生抑制，新兴产业中的生产部门会逐步萎缩。综合来看，R&D 补贴的长期效果存在着不确定性，补贴是否能实现新兴产业的长期发展，取决于补贴所产生的技术进步相对于工资上涨带来的生产抑制，前者是否居于主导地位。

三、补贴方式与新兴产业的发展困境

近年来，以光伏产业为代表的中国战略性新兴产业在发展过程中遇到了一些问题，具体表现在以下两个方面。

（1）战略性新兴产业的自主创新能力低下。战略性新兴产业本质上应该是新技术与新产业的融合，通过领先的核心技术来获得竞争力。但是，中国的战略性新兴产业却表现出明显的高端产业低端化的发展趋势：产业中的核心技术和关键专利大都掌握在发达国家的跨国公司手中，国内企业只能花费大量的资金购买国外的专利技术或是直接引进机器设备，企业的生产活动集中在组装

和加工制造环节，在利用国内廉价的生产资源和劳动力的基础上通过规模效应来获取微利。新兴产业再次遭遇了传统代工产业的发展困境：身处"低附加值陷阱"并且在全球价值链中被低端锁定。与之相对的却是政府大量的财政补贴并没有解决新兴产业大而不强的问题，缺乏关键核心技术的后发劣势依然是制约中国战略性新兴产业发展的重要"瓶颈"。

（2）在政府主导的投资驱动的发展模式下，战略性新兴产业产能过剩现象严重。在总体区域布局上，中国对战略性新兴产业的发展缺乏宏观指导，各个地方一哄而上，重复建设的现象非常严重。目前，国内超过90%的地区选择发展新能源、新材料和新医药。在地方政府资金补贴和政策优惠之下，大量企业的涌入造成新兴产业内部企业之间的恶性竞争不断加剧，如国际市场对光伏组件的需求从2008年第四季度开始大幅下降，但中国的光伏厂商仍在逆势扩张产能，导致光伏组件价格大幅下降，大量光伏企业的平均毛利率仅在1%左右，有的甚至出现巨额亏损。

中国当前战略性新兴产业的发展困境，本质上是由两方面原因造成的。一方面，政府沿用传统加工产业的"出口导向"策略，而不是基于内需来发展战略性新兴产业。第一波全球化的特征是利用别人的市场出口导向，因此，中国在比较优势下只能进行国际代工生产。发展基于内需的第二波经济全球化（刘志彪，2013），则有可能利用我们自己的市场吸收全球高级生产要素，发展自主技术和自主知识产权。跨国企业在研发设计上的优势，使它们可以占据价值链的高端环节，中国在低端制造环节的比较优势，则意味着将战略性新兴产业发展的希望寄托于国外市场，中国的新兴企业就只能继续做一些国外设计研发好的低端加工环节。中国的高铁和重装备工业的发展实践证明，开放条件下的内需拉动是培育产业创新能力的有效方法。市场在外的另一个重要问题是，由于产品与服务主要是销往国外，因此，技术标准的制定及产品研发方向的选择都会受到国外市场需求以及政府政策的影响，使得战略性新兴产业的发展很容易受制于人。另一方面，政府只补贴生产者而并不补贴消费者，用保护"夕阳产业"的做法来发展"朝阳产业"。政府在扶持战略性新兴产业时，主要采取直接补贴生产者的做法。由于大多数企业缺乏核心技术与专利，难以形成足够的技术竞争壁垒，"先做大、后做强"的商业逻辑成为整个行业的选择：与风险更高且周期更长的新技术研发相比，通过产能扩张可以帮助企业在短期内获得竞争优势。高额补贴的存在使得企业即使在研发水平和生产效率较低的情况下依然可以盈利，同时，企业通过产能的扩张，不仅可以获得更多的政府补贴，还能带来规模效应，因此，整个行业的产能过剩与企业研发创新能力的不足就难以避免。

中国战略性新兴产业发展出现问题的根本原因在于政府的补贴只是单纯刺激产能扩张，却没有提升产业的研发创新能力。在错误的发展思路下，政府对于新兴产业生产者的直接财政补贴，从根本上来说，就相当于是对新兴产业的最终产品进行了价格补贴。根据命题 3.1 和命题 3.2 的结论，产品价格补贴虽然可以在短期实现产能扩张，但对于产业的研发能力并没有任何提升作用，补贴完全被产业中参与生产制造环节的低端生产要素获取。从长期来看，针对新兴产业的产品价格补贴会导致产业研发能力的萎缩，使得整个产业的技术水平出现倒退，最终造成产业发展受损。

事实上，中国光伏产业的发展现状也验证了这一结论。从 2007 年国家发展改革委提出将太阳能发电作为可再生能源的重点发展领域至今，中国各级政府对光伏产业提供了近千亿元的财政补贴。在巨额补贴资金的刺激之下，光伏产业的产能开始急速扩张，到了 2012 年中国建成的光伏组件产能达 45 千兆瓦，是 2009 年的 700%，大幅超过了全球光伏电池的安装需要。① 与产能过剩相对应的却是中国光伏企业在核心专利上的弱势地位。光伏产业链上游的材料制造和电池芯片等核心领域的专利大都掌握在欧、美、日的大企业手中，中国企业的专利则主要集中在产业链下游，明显缺乏竞争力。更重要的是，近年来，国外大企业纷纷来中国申请专利，中国光伏产业处于显著的专利逆差地位。技术研发实力的落后造成中国光伏产业的产能结构存在着严重的低端化特征，随着国际市场竞争的加剧，光伏产业低端落后产能过剩，高端先进产能不足的尴尬局面会进一步加剧。

由此可见，推动新兴产业的健康发展必须改变当前发展思路，从产品补贴变成 R&D 补贴。根据命题 3.3 的结论，只有对研发成果进行补贴，才能激励企业依托创新能力的提升来发展自身，通过知识溢出来实现整体产业技术水平和研发能力的提升。

第 4 节 政府补贴实现新旧产业均衡发展的机制分析

一、产业间知识溢出

与发达国家不同，中国在新一轮经济全球化中进行的产业结构调整同时包

---

① 光伏产业发展联盟 2012 年的调查报告。

含着发展培育战略性新兴产业与改造升级传统产业的双重任务。前者是中国实现可持续发展，建立国家竞争优势，最终实现赶超战略的产业支撑；后者则是推动当前经济增长，平稳实现产业转型升级的基础保障。这两大核心任务的完成情况直接关系到中国能否顺利实现产业结构调整，避免由于产业交替出现断裂导致经济衰退甚至是经济危机。当前中国大部分的支柱产业都属于传统产业，作为经济增长的主要贡献者，传统产业解决了大量的就业问题。新兴产业发展过程中所获得的财政补贴也大都来自传统产业的税收。如果传统产业在产业升级过程中出现重大衰退，极有可能造成中国经济发展的巨大震荡。在增长中转型，通过转型实现可持续发展是中国当前产业升级唯一可行的道路。因此，在培育战略性新兴产业的同时推动传统产业的升级，以新旧产业均衡发展的形式减少产业更替的摩擦成本，是中国实现经济转型的必然要求。

知识溢出是指在企业通过创新活动来获得新知识与新技术，并将创新成果用于生产活动的过程中，由于知识与技术的非竞争性与非排他性特征，新技术在提高企业生产效率与增加企业收益的同时，也会溢出到其他企业并提高其他企业的创新能力。因此，知识的生产活动会使得创新企业之间形成不间断的相互知识溢出，不断提升创新的收益。知识溢出是解释创新与经济增长的一个重要概念，根据主体之间交流互动形式的不同，知识溢出一般存在着四种机制：知识人才的流动、合作研发、企业家创业和贸易投资（赵勇、白永秀，2009）。企业作为创新主体，其研发行为带来的知识扩散不仅在产业内部推动技术进步，也很有可能会通过某种渠道进一步溢出到其他产业中的某些企业，对其创新能力产生正面影响，进而间接地推动该产业的技术进步。

在区域经济中的某个产业，总是处于产业链条中的某一环节，会与其他产业产生直接或者间接的前向和后向联系。当特定产业出现知识创新与技术进步时，新知识与新技术就会通过产业间特有的联系机制与传播渠道向关联产业进行溢出。更重要的是，这种知识溢出效应往往是双向的传播与渗透。虽然产业之间的关联程度会影响知识溢出效应的强度，但是，即使是关联程度较低的产业之间，也可以通过间接的方式来实现新知识与新技术在彼此之间的溢出，尤其是当创新成果具有很强的基础性时，这种溢出效应就会格外明显。从这个意义上来说，我们认为，战略性新兴产业与传统产业之间也存在着双向的知识溢出，具体来说体现在以下四个方面。

（1）知识与技术的模仿和学习。新兴产业中的企业往往在新技术的研发上具有领先性，掌握着在未来具有良好应用前景的知识与技术成果。在新技术的产业化过程中，随着产品的生产与销售，相应的技术信息会不可避免地被部分公开，这就为传统产业中的企业进行模仿与学习提供了可能的条件。对于传统产业中的企业，除了对新兴企业的新产品进行外观与设计的简单模仿之外，由于知识产权保护的存在，部分企业还可能在模仿的基础上进行二次创新。为了强化自身对于新技术的吸收消化能力，传统企业需要相应地加大研发投入，这在客观上会增强传统产业的研发能力。为了规避知识产权方面的法律风险，传统企业在进行"逆向工程"的过程中，可以对新兴产业中的新技术进行修正，尤其会结合需求与传统产业的生产特点来改进，这就意味着在学习新技术的同时还在进行衍生性的创造。事实上，传统产业在模仿过程中对新技术的改动与创新，一方面会加剧市场竞争，从而激励新兴企业通过持续研发来保持竞争优势；另一方面还可以为新兴产业的技术研发提供另一种很好的市场反馈渠道，帮助新兴企业在研发过程中避免和纠正一些错误的研发思路，提供更加适应市场需求的研发设计方向。从这个意义上来说，新兴企业也可以从传统企业"改进式模仿"的行为中获得反向的知识溢出效应，以此来提高自身的研发效率和创新能力。最后，传统企业在市场营销与企业管理方面具有成熟的经验，对于研发能力强于市场能力的新兴企业来说，向传统企业学习这些有利于提高企业盈利能力的"软技术"。

（2）技术转让。相对于知识作为信息在公开过程中产生的被动溢出，企业在创新活动中也可以有意识地加大新技术与新知识的扩散速度与范围。在以专利法和著作权法为代表的知识产权法律相对完善的情况下，企业可以比较有效地保护自身的创新成果。但是，新兴产业中的中小企业所面对的主要问题却是，发育相对迟缓的市场以及有限的生产能力造成技术成果很难转变为企业盈利。如果新兴企业选择向传统企业进行技术转让，一方面，可以将技术成果进行短期变现来缓解资金压力；另一方面，在解决产能"瓶颈"的同时，还可以有效利用其他企业的资源来加速市场培育，实现所有企业的共赢。技术转让本质上实现了企业之间资源的优化配置，在这一过程中不仅新兴产业加速了技术的推广，传统产业提升了技术水平，而且两者都从加快成熟的市场中获得收益。技术转让还存在一种特例，即传统企业向新兴企业进行技术转让。技术的相关性决定了任何一项创新都会与现存的某种技术成果有着继承与发展的关系。专利作为一种有效的技术壁垒会导致大部分企业都有很高的意愿进行专利积累。传统产业中的很多企业也掌握了大量尚未到期的基础性专利，当终端产品的设计与生产不可避免地牵涉到被注册专利时，新兴企业既可以进行研发努力绕过现有专利，也可以直接购买现有的专利，将研发精力集中在其他领域。而传统企业也可以通过研发专利之间的相互交叉授权，直接获得新兴企业的部分研发成果，为自己的技术追赶节省时间。对于市场中技术领先的新兴企业而言，原本专利壁垒的存在又会激励企业加大在新技术方向的投入，保持和扩大在新技术领域的领先。这样的良性互动最终会不断增强市场中的知识溢出效应，加速新技术的市场化过程，使所有厂商和消费者都获益。

（3）研发合作。除了技术转让之外，企业之间还可以进行研发合作。新技术的研发一般都会存在较高的不确定性，很多企业往往难以独自承担一些周期长、风险大但是收益也很高的重要技术创新。但是，如果不同的企业之间进行优势互补的研发合作，不仅可以有效分散研发成本和风险，还可以提高研发效率以及最终技术成果的质量。具体来说，不同企业的研发水平和技术积累各不相同，合作创新可以有效地实现企业之间取长补短，避免无谓的重复创新，节省全社会的研发资源。研发合作与技术转让相比，合作的参与者会更多地进行资源分享，包括更全面的市场信息以及更加核心的技术成果等。与单纯地共享创新成果不同，研发合作贯穿整个创新活动的始终，企业的研发团队从研发设计之初就进行合作，因此，创新绩效可以得到显著提升。企业如果通过研发联盟的形式进行技术合作，在降低企业之间竞争与对抗的同时，可以激励企业进行深度合作，这是比技术转让更加有效的资源优化。更重要的是，研发合作还可以进一步向企业其他的生产经营环节延伸，如在研发合作的基础上进行市场渠道的共享，这样又会进一步强化研发合作的效果。对于传统企业与新兴产业而言，彼此之间的研发合作要比产业内部企业之间的技术合作有更重要的意义。相对于技术进步的非连续性，市场需求一般是逐步发生变化的，这就意味着市场需要一定的时间来接受新技术。新兴产业的问题是技术超前于市场需求，而传统产业的问题却是技术落后于市场需求，两者同时面临着技术与市场的脱节。新旧产业进行研发合作，可以有效地解决这一问题，如开发一些过渡性的产品和技术来适应市场需求，这也是更好地培育市场的一种现实方法。新旧产业的研发合作，可以降低由于市场需求与技术创新水平不匹配导致的需求不足，在缓解新兴产业中创新活动的市场"瓶颈"制约的同时，还可以提升传统产业的知识创新能力。

（4）人才流动与交流。知识型人才是创新的最终主体，而人员在不同企业之间的流动，必然会将其掌握的专业知识与技术或者管理经验等带到新的企业之中，为新企业研发能力的提升带来帮助。这里的知识型人才，不仅包括企业中参与研发活动的技术人员，还包括生产经营活动的管理者以及创业型的企业家。新兴产业与传统产业之间基于人才流动的知识溢出，主要包含两个方面的内容。一方面，新兴产业中的企业往往掌握着代表产业发展方向的新技术，当新兴产业中掌握一定技术的人才以"跳槽"或创业的形式向传统产业流动时，可以加快新技术向传统产业的扩散，为传统企业指明技术发展的方向，让传统企业在技术升级中少走弯路。知识型人才从新兴产业向传统产业的转移，除了可以加速新技术对旧技术的替代外，还可以为新技术在旧产业中寻找可能的产业融合机会，为新技术在未来的进一步发展提供更广阔的产业空间。另一方面，新兴产业的发展需要大量的高素质人才，这其中的很大一部分需要从传统产业中引进。一个产业体系完善以及人才培养机制成熟的传统产业，可以为新兴产业的发展提供各种层次的高素质储备人才，缓解新兴产业在发展过程中的人力资源"瓶颈"。除了人力资本的直接流动之外，信息时代的非正式人际交往也是实现不同产业间知识外溢的一种重要途径。研发人员之间的正式学术会议、技术人员之间的非正式交流甚至是互联网社区论坛中的话题讨论，都可以帮助新知识与新技术在不同主体之间加速扩散，因此，人力资源的虚拟流动和交往对于知识溢出的作用越发重要。

新旧产业间知识双向溢出效应的存在意味着在新兴产业的起步阶段，在其获得市场优势之前，传统产业中 R&D 活动的反向溢出效应对新兴产业的早期成长是不可忽视的。因此，扶持战略性新兴产业并不等同于放弃传统产业，对后者进行适当的 R&D 补贴有可能会促进前者更好发展。

二、补贴方式与新旧产业的均衡发展

下面我们将从产业间知识溢出的角度来分析不同的补贴方式对于新旧产业均衡发展的影响。根据式（3.15）、式（3.16）、式（3.20）和式（3.21）我们可以得出以下命题。

命题 3.5：针对任一产业的产品价格补贴无论在短期还是长期，都难以实现新旧产业的均衡发展，补贴总会带来不同产业此消彼长甚至同时衰退的后果。

从短期来看，产品价格补贴不会影响研发部门中科学家的工资，企业的研发活动也不会发生任何变化。但是，产品补贴会导致工人工资的提高，并且工资的提高幅度小于补贴额，因此，被补贴产业中的企业会选择雇用更多的工人来扩大产出，而另一产业中的企业会由于工人工资的上涨选择减产。从这个意义上来说，产品补贴的本质就是通过工资效应实现低端生产要素在不同产业之间的转移，被补贴产业的增长是以另一产业萎缩为代价的。对式（3.16）的进一步分析可以发现，当被补贴产业中最终产品产出的工人工资弹性较小时，产品价格补贴只能带来很低的产出增长，而当未被补贴产业中最终产品的工人工资弹性较高时，补贴又会导致产出显著减少。中国现有的产业发展现状恰恰是战略性新兴产业中劳动产出弹性比较低，由此带来该行业中工人工资产出弹性也比较低，而传统产业中工人工资的产出弹性比较高。这也解释了为何当前部分地区新兴产业在大量的财政补贴之下发展缓慢，同时，传统产业又面临很多的问题。当产品价格补贴长期存在时，整体经济中劳动者的工资出现上涨，未受补贴产业受到生产和研发的双重抑制从而发生衰退，而被补贴产业在获得生产补贴的同时受到研发抑制，在该产业研发活动的知识溢出效应很强的情况下，补贴反而会带来长期产出下降。

与产品补贴不同，针对某一产业的 R&D 补贴总会通过产业内与产业间的知识外溢对所有产业的发展产生影响。根据式（3.16）和式（3.17），假设短期内仅对新兴产业进行 R&D 补贴，那么有以下四种情况。

第一种情况（$\theta_1 > 0$ 且 $\theta_2 < 0$）：对新兴产业进行 R&D 补贴与对其进行最终产品价格补贴两者的效果类似，都会导致新兴产业的扩张和传统产业的萎缩。出现这种情况的一种可能是两个产业的技术进步主要来源于本产业的 R&D 活动，其他产业 R&D 活动对本产业的知识溢出效应非常微弱（$\varepsilon_i \gg \varphi_j$，$i$，$j = 1, 2$），补贴带来的两个产业 R&D 产出的此消彼长直接反映在各产业的技术进步上，同时，技术进步的产出效应要高于补贴导致的工人工资效应。[①] 此外，我们同时还发现两个产业 R&D 活动对本产业技术进步推动的作用越显著（$\varepsilon_1 \uparrow$ 和 $\varepsilon_2 \uparrow$），R&D 补贴对新兴产业发展的推动效果就越明显，同时对传统产业的冲击也越显著。但是，如果传统产业最终产品价格水平的提高对该行业工人工资的影响较大，且新兴产业中最终产品价格变化对于该产业中工人工资的影响较小时，对新兴产业进行 R&D 补贴的总体效果会得到改善，即在推动新兴产业高速发展的同时，对传统产业的负面影响相对较小。

第二种情况（$\theta_1 > 0$ 且 $\theta_2 > 0$）：对新兴产业的 R&D 补贴会使其与传统产业同时实现增长。出现该情况的一种可能是新兴产业中 R&D 活动的产业内与产业间知识溢出效应非常显著且平均，而传统产业的 R&D 活动对两个产业的技术进

---

① 这种情形的一个特例是某个产业的 R&D 活动只对本产业的技术进步有促进作用，另一个产业的 R&D 活动几乎没有任何作用（$\varepsilon_i > 0$，$\varepsilon_j \to 0$，$\varphi_i \to 0$，$\varphi_j \to 0$）。在该特例下，虽然最终的结果不会发生改变，但是，内在机制存在根本区别。当只有新兴产业的 R&D 活动对本产业的技术进步有推动作用时，补贴会促进新兴产业的技术进步，传统产业的技术进步不发生变化，同时，工人工资会普遍上涨，由于技术进步带来的产出增加占主导地位，因此，新兴产业得到发展而传统产业萎缩。但是，如果只有传统产业的 R&D 活动对本产业发生作用，那么，对新兴产业的 R&D 补贴只对传统产业的技术进步发生负面影响，新兴产业不受影响，但是，此时工人工资会普遍下降，同样由于技术进步的效应要强于工资下降带来的产出增加，依然得到同样的结果。

步贡献可以忽略不计（$\varepsilon_1 \gg 0$，$\varphi_1 \gg 0$，$|\varepsilon_1 - \varphi_1| \to 0$，$\varepsilon_2 \to 0$，$\varphi_2 \to 0$），那么，对新兴产业的 R&D 补贴在提升工人工资的同时可以实现两个产业的技术进步，最终促进两个产业的同时发展。

第三种情况（$\theta_1 < 0$ 且 $\theta_2 < 0$）：对新兴产业的 R&D 补贴可能会使两个产业同时出现萎缩，针对传统产业的 R&D 补贴反而有助于新兴产业和整体经济的发展。出现这种情况的一种可能是传统产业中的 R&D 活动既可以很好地促进本产业的技术进步，同时对新兴产业也有较高的溢出作用，而新兴产业的 R&D 活动却恰恰相反，对本产业技术进步的促进作用较弱，且对传统产业的技术进步也几乎没有贡献（$\varepsilon_2 \gg 0$，$\varphi_2 \gg 0$，$|\varepsilon_2 - \varphi_2| \to 0$，$\varepsilon_1 \to 0$，$\varphi_1 \to 0$），那么，单纯针对新兴产业的 R&D 补贴政策既不利于本产业的发展，也会对传统产业造成负面冲击。

第四种情况（$\theta_1 < 0$ 且 $\theta_2 > 0$）：对新兴产业的 R&D 补贴不利于该产业的发展，但是会促进传统产业的扩张。这是与第一种情况完全相反的情形，两个产业的 R&D 活动对于本产业的技术进步推动作用非常有限，反而对其他产业的溢出效应很高（$\varepsilon_i \ll \varphi_j, i, j = 1, 2$）。对新兴产业的 R&D 补贴会使该产业的技术进步受损，而使传统产业的技术进步得益，而且技术进步对最终产出的影响要强于补贴引起工人工资变化带来的影响，从而导致新兴产业收缩而传统产业发展。随着 R&D 活动溢出效应的增强（$\varphi_1 \uparrow$ 和 $\varphi_2 \uparrow$），该补贴对新兴产业发展的抑制作用会越明显，而传统产业的获益也会越显著。同时，传统产业工人工资对最终产品价格变化越敏感，补贴对新兴产业的负面冲击就越大，而新兴产业工人工资对最终产品价格的敏感度越大，补贴对传统产业的推动作用也会越大。

从长期来看，R&D 补贴通过研发活动产生的知识外溢对于不同产业发展的作用机制与短期基本相同，但是，由于补贴带来的工资上涨会更多地从研发部门扩散到生产部门，因此，相对于短期补贴而言，长期补贴对整体经济中生产部门的抑制效应会更明显。总体来看，R&D 补贴对于产业发展的最终影响具有不确定性，其效果的方向与幅度取决于多种因素。综上所述，我们可以得到以下命题。

命题 3.6：根据不同产业研发活动的知识溢出效应来进行 R&D 补贴，在短期内可能实现新旧产业的均衡发展，但是，补贴的长期效果存在不确定性。

最后，我们分析一下均匀补贴的政策效果。当政府决定同时对两个产业进行同等额度的补贴时（$ds_1 = ds_2$ 或者 $dq_1 = dq_2$），在短期来看不会有任何产出效应（$\hat{X}_1 = \hat{X}_2 = 0$），补贴的唯一后果是带来工人或者科学家工资的上涨（$\hat{w}_L > 0$

或 $\hat{w}_S > 0$)。而从长期来看，受补贴产业在补贴激励下的研发或生产扩张也会部分抵消，从而削弱补贴的效果。因此，我们可以得到以下命题。

命题3.7：针对新旧产业的均匀补贴在短期没有任何的发展推动作用，只能带来要素价格的上涨。而从长期来看，均匀补贴也依然缺乏效率。

根据命题3.7，我们认为，政府的产业补贴政策应当具有针对性。由于新兴产业的发展具有较高的不确定性，同时，传统产业在部分地区是非常重要的支柱产业，因此，很多地方政府会倾向于选择均匀地对新旧产业进行补贴，希望以此来同时实现新兴产业的培育和传统产业的升级。但是，从短期来看，均匀补贴无法实现生产要素在不同产业之间的有效流动，因此，除推动要素价格上涨之外，对产业发展完全无效。在这个意义上来说，均匀补贴完全不能在产业转型升级阶段实现新旧产业的均衡发展，而只能带来要素推动型的通货膨胀，因此，政府在制定产业补贴政策时，要根据新旧产业的发展特点有一定的针对性。

第5节　结论与政策建议

本章从宏观角度研究了政府不同的补贴方式对于新兴产业和传统产业发展的影响。研究发现，要提升新兴产业的自我创新能力，实现新兴产业与传统产业的均衡与可持续发展，政府的补贴方式就必须从产品补贴向 R&D 补贴进行转变；产品补贴在实现新兴产业短期产能增长的同时，会对传统产业造成负面冲击，并且长期的负面效果更加显著；如果政府根据不同产业中研发活动的知识外溢效应来针对不同产业进行 R&D 补贴，可以在新旧产业均衡发展的基础上，有效应对中国在转型升级过程中发展战略性新兴产业与改造传统产业的双重挑战。因此，我们提出以下政策建议。

一是政府应当使用 R&D 补贴的形式来发展战略性新兴产业，激励企业通过加大研发投入来提升创新能力。为了保证 R&D 补贴的有效性，必须切实做到以下三个方面。（1）转变以产能规模为标准进行扶持的思维惯性，财政补贴要向重点研发环节倾斜。在地方政府传统的 GDP 思维之下，企业形成了靠产能赚补贴，以补贴促产能的恶性循环。只有对企业的研发成果而不是最终产品进行补贴，才能引导企业资源从生产环节向研发环节转移，鼓励企业通过创新能力的提升来获得核心竞争力。也只有通过对研发成果进行补贴才能有效地实行效率标准，在为那些掌握了先进技术并具有良好发展前景的企业提供资金支持的同时，逐步淘汰那些技术落后、竞争力低下的企业。（2）从补贴生产企业转向补贴消费者，积极培育国内市场。要想真正实现战略性新兴产业创新能力的提升，除了从供给侧对培育模式进行调整，从生产补贴向研发补贴转变之外，还需要重视从需求侧对新兴产业进行培育。政府作为研发补贴标准的制定者和执行者往往会造成创新成果与市场需求的脱节，难以真正实现产业化。只有对消费者进行补贴，让用户反馈通过市场机制来引导企业的研发活动，才能有效降低新兴产业发展过程中的路径选择风险，节省无谓的技术迂回带来的研发资源浪费，这对于资金短缺的发展中国家尤为重要。培育一个成熟的市场，不仅可以通过市场竞争来倒逼企业形成通过加大研发投入来打造核心竞争力的长效机制，同时，还可以虹吸国外高级生产要素向国内集聚，进一步提升本国新兴产业的自主创新能力。（3）培养多元化和多层次的科技金融体系，与 R&D 补贴形成良性互补。单纯对于企业的研发成果进行补贴并不能保证补贴对于技术进步的推动效果。由于信息不对称的存在，政府很难对企业的研发活动进行有效监督，因此，对研发成果进行事后补贴可以有效避免逆向选择和道德风险问题。但是，事后补贴的方式意味着研发活动的风险将完全转移给企业，作为新兴产业主体的中小企业往往难以承受。政府通过积极的金融创新，在为新兴企业提供多种资本支持、缓解企业资金"瓶颈"的同时，还可以丰富 R&D 补贴的形式，降低企业研发创新的风险。

二是政府采取 R&D 补贴政策时，应当具有针对性和阶段性。在产业的转型升级过程中，不同产业中 R&D 活动的知识溢出效应也存在着此消彼长的特点，因此，政府的 R&D 补贴政策也应当根据新旧产业交替的发展阶段进行动态调整。在新兴产业的发展初期，研发活动的外溢效果可能并不显著，反而是传统产业对于新兴产业的技术进步有着较高的知识外溢效应，尤其是在先进研发成果的转化方面，传统产业的研发活动往往可以帮助新兴产业尽快形成相对完整的创新体系和产业链，加快产业内部的研发成果向现实技术进步的转化速度。因此，在初始阶段，对传统产业的 R&D 部门进行补贴，引导它们的 R&D 活动与新兴产业形成互补，反而有利于新兴产业的发展。另外，对传统产业的 R&D 补贴，也有助于帮助传统产业继续通过技术进步来保持增长，同时与新兴产业形成的良性 R&D 合作互动，也可以帮助传统产业加快转型升级的步伐，降低转型的成本和冲击。当新兴产业度过起步阶段后，产业内部的创新体系初步形成，伴随着产业链的完善和延长，新兴产业中 R&D 活动的溢出效应开始成为所有产业技术进步的主要推动力。此时，政府对新兴产业进行 R&D 补贴，可以鼓励新兴产业的 R&D 活动，最终通过知识外溢的效应实现新旧产业的共同发展。当新兴产业逐步成为经济中的主导产业，新老交替基本完成时，传统产业在经济体中成为弱势产业且创新活动的效率不断下降，新兴产业也难以通过内部的 R&D 活动来向其进行知识扩散。此时，继续对新兴产业进行补贴，可以持续推动该产业的创新和技术进步，也可以加速传统产业中的剩余资源向新兴产业聚集，缩短新旧产业交替最终完成的时间。当前，中国的战略性新兴产业不仅彼此之间存在发展水平上的差距，而且不同地区新旧产业之间的发展水平也存在着很大的差异，因此，不论是中央政府还是地方政府在制定补贴政策时，必须根据产业发展的水平和特点进行相应调整。政府既要避免不顾产业发展的现实特点，片面追求战略性新兴产业的发展，或是对传统产业进行过度保护，同时也要避免不加区分地对所有产业进行均匀的补贴。为了更好地强化产业间的知识溢出效应，通过补贴实现新旧产业的均衡发展，政府应该积极探索新兴产业与传统产业的融合发展模式，在加快构建产学研一体化平台的基础上，鼓励新兴企业与传统企业建立研发联盟。

三是政府的产业补贴政策应当设定明确的退出与调整机制，避免补贴从短期扶持变成长期依赖。在产业转型升级阶段，政府通过适当的财政补贴可以有效推动新兴产业的发展，同时加快传统产业的改造升级。但是，政府必须清醒地认识到补贴只能是顺利实现产业升级的短期政策工具，补贴的长期存在反而会带来较高的负面作用。针对某一产业的长期补贴，会对原本有效率的市场机制造成扭曲，导致具有较高流动性的生产要素和资源向该产业过度集聚，这在挤压其他产业发展空间的同时，也不利于被补贴产业的国际竞争力培养。事实上，从长期来看，补贴对于不同产业发展的推动效果取决于多种因素的共同作用，政府在有限和片面信息基础上作出的补贴决策，极有可能产生和预期相反的结果。由于产业发展的周期性，短期性的补贴政策可以让政府根据产业在不同发展阶段的特点进行适当调整，会比长期补贴更加具有灵活性。最后，更重要的是，政府补贴的长期化和制度化会使被补贴的微观主体产生补贴依赖和激励错位，弱化企业的创新能力和竞争力。

第4章 研发投入、产权属性与战略性新兴产业绩效

第1节 相关研究回顾

一、产业创新理论研究

产业创新属于一种客观存在，不以人的意志为转移。产业创新尚没有形成一个统一的定义，产业创新理论源于对产业革命的研究，并随着研究的深入不断发展，其理论形成发展与经济、社会的需求密不可分。熊彼特（Schumpeter，1934）所说的"连续产业革命"，或者称为"波""阶段"，开启了产业创新理论的萌芽，这些思想萌芽孕育于经济学、管理学理论体系。

在熊彼特创新理论框架中，将创新定义为"创造性毁灭"或"产业突变"，并将"创造性毁灭"看作经济增长的关键动力。自熊彼特系统阐述了创新理论以来，世界范围内开始了广泛的有关创新的研究与实践，就已有的创新理论研究成果看，主要分为企业与部门的创新理论、产业创新理论以及区域与国家创新理论。我们国内学术界对"产业创新"方面进行了众多研究，实际上，熊彼特所说的创新同我们国内学术中所说的"产业创新"基本类似。企业创新与部门创新更多地侧重于微观层面，国家创新更多侧重于宏观层面；相比于企业与部门创新、国家创新，产业创新更多侧重于中观层面。产业创新是企业突破原来已经固化的产业约束条件，通过对产业先见洞察力来构思产业发展的未来轮廓，通过构建核心能力体系将轮廓变为现实，是根据需求来形成新

兴产业的过程。从实际结果来看，产业创新在形成新兴产业的同时也改进了原有产业（Freeman，1997）。产业创新对一个国家经济发展或转型、产业升级、企业绩效增长的决定性作用也已在许多国家得到检验，如日本、德国等，从世界范围看，当前普遍认为创新作为重要内生变量对经济增长有关键作用（Freeman & Soete，1997；Baumol，2002；Peters，2008）。因而，产业创新理论也持续成为研究热点。

从已有的产业创新理论研究来看，很多学者对产业创新概念、内涵、动力来源、绩效、扩散方式等进行了相关研究，并构建了若干重要的产业创新模型，对模型结构、原理与适应条件进行了说明分析。弗里曼等（Freeman et al.，1987；1997）认为，产业创新是一个系统概念，产业创新成功与否受系统因素的决定，提出各个系统因素应该协同发展。尼尔森（Nelson，1993）同样认为，创新是一个由相互关联的创新主体以及相应体制和机制构成的系统性过程，马莱尔巴和布鲁索尼（Malerba & Brusoni，2004；2007）等也认为，创新具有系统化特征。以罗默（Romer，1991）等为代表的内生增长理论侧重于从经济增长的内在机理方面说明创新的作用，认为技术创新和技术进步是经济增长的内在动力和源泉，而研究与开发则是技术和知识的主要源泉。克鲁格曼（Krugman，1991）从集聚经济、知识外溢角度，说明了专业化、多样化产业与规模报酬的关系，格莱赛等（Glaeser et al.，1992）从创新所需条件角度，认为多样化的产业环境对新思想、新技术的形成有积极促进作用。马莱尔巴（Malerba，2007）认为，对部门进行创新研究比对产业进行创新研究更准确，并以进化论为基础，提出了部门系统创新的概念。

国内产业创新研究方面，陆国庆（2002）对熊彼特的产业创新理论中的"创造性破坏或产业突变"进行了具体解释，将产业创新理解为技术、产品、市场等各方面创新的系统集成，其过程表现为企业改变或突破现有产业结构约束，创造新的产业结构。刘和巴克（Liu & Buck，2007）通过实证分析了内生创新能力与国际技术外溢渠道（FDI、出口、技术引进）对中国高技术产业创新的影响，研究认为，技术吸收能力作为内生创新能力与国际技术溢出的"耦合点"，对创新绩效有关键性影响。张耀辉（2002）对产业升级进行了重新理解，他认为，产业升级的实质是一个产业代替的过程，在这一过程中低附加值产业不断被高附加值产业所代替。在他的定义中包含了三个重要内容：一是产业升级特指高科技产业与新兴产业对传统产业的代替；二是产业升级以创新为基础，不断以新的技术或新的经营方式来代替旧的技术与经营方式；三是产业升级必然存在要素升级，产业升级的过程不断存在着要素从衰落产业向新兴产业的转移。罗积争、吴解生（2005）认为，产业创新的核心是结构转化问题，而结构转化指伴随着居民人均收入的增长，而发生的需求、贸易、生产及要素使用结构的全面变化。工业化的本质就是产业不断创新，从现象来看，工业化的进程即是主导产业不断更新换代的过程。

二、R&D 产出弹性的国内外研究

（一）研发投入与产出绩效研究

研发活动通常分为研究阶段与开发阶段。研究阶段指通过有计划性的、创造性的规划与调查来获取新的知识、理解新的科技与知识；开发阶段主要指企业进行实际产品生产或服务提供之前，将研究阶段获得的技术与知识进行有计划的应用，进而实现改进原有产品与服务或者生产新产品与服务的目的。R&D 特指基于增加知识、运用知识来创造新产品或服务，在科技领域进行的系统的、创造性的活动。R&D 活动的强度与规模通常可以反映一个国家的科学技术水平与核心竞争力。企业的产出绩效指企业在某段经营期间内实现的经营业绩及经营效益。从过程来看，企业绩效主要侧重于投入对合规合法、经营效益、风险配置的满足；从结果来看，企业绩效则主要侧重于投入与产出的对比，并据此来判断预设目标的达成程度。

国内外学者针对 R&D 投入与企业绩效的关系，已经进行了各方面细致的研究并形成了大量研究成果。谢勒（Scherer，1965）根据美国 500 强企业相关数据，将市场势力、企业规模等作为影响 R&D 产出绩效的控制变量，通过构建线性回归模型来说明企业研发投入对企业创新绩效有显著的积极效应。豪斯曼等（Hausman et al.，1984）认为，谢勒的研究模型忽视了行业属性与产权关系，从而减弱了其理论具有的解释力。格里利克斯（Griliches，1986）将生产力增长作为经济增长的指标，从产业、企业等维度来测度 R&D 对经济增长的影响，他的研究认为，R&D 投入对经济增长有显著的正效应。阿吉翁（Aghion，2013）通过构建 R&D 的内生增长模型对同一问题进行研究，得出与格里利克斯（Griliches，1986）同样的结论。杰斐（Jaffe，1989）从企业自主研发与同一领域内其他企业研发的关系角度进行分析，认为企业自主研发投入与同技术领域内其他企业研发投入对生产率增长都有正向效应。彼得斯（Peters，2008）基于德国创新企业数据对产品创新与流程创新分别研究，得出的结论是：产品创新对企业绩效显著正相关，而流程创新对产业绩效影响不显著。阿耶罗和卡尔达莫内（Aiello & Cardamone，2008）根据意大利 1203 家制造企业建立面板数据，通过对 R&D 外溢效应与企业绩效关系进行研究后，认为 R&D 的外溢效应能够显著带来企业绩效的增加。

除了国外的研究成果外，国内也对研发强度与企业绩效的关系进行了大量研究，从不同研究视角产出很多研究结果。针对 R&D 投入对企业绩效是否有显著效应，姚洋、章奇（2001）通过构造随机前沿生产函数进行研究后，认为 R&D 投入对企业绩效有显著的正向效应，增加 R&D 投入可以显著提高企业绩效。吴林海、杜文献（2008）对 R&D 投入等时间序列变量进行相应检验分析后，构建误差修正模型来说明我国 R&D 投入与经济发展的动态均衡关系，认为 R&D 投入可以促进经济发展，同时经济发展又会加大 R&D 投入。安同良等（2006）和安同良等（2009）对国内企业 R&D 战略以及 R&D 补贴进行深入的行为分析，并通过微观问卷调查的形式研究了江苏地区制造业企业的 R&D 行为。梁莱歆等（2012）研究了不同生命周期的企业 R&D 投入对当前绩效的不同影响，认为 R&D 投入的产出绩效在成长期最显著。因此，应该加大成长期企业的研发投入水平，从而提升企业绩效。赵喜仓、陈海波（2003）考虑到区域经济发展水平与基础设施的不平衡，采用因子分析法对东、西部地区 R&D 投入和经济发展情况进行了研究。刘海洋、马靖（2012）采用产出率作为实证研究对象，研究结果显示，R&D 投入对企业产出率与企业绩效水平有显著的正效应。在战略性新兴产业 R&D 投入与产出绩效关系方面，程贵孙等（2013）采用行业面板数据，运用数据包络分析法（DEA）测度并分析了我国战略性新兴产业的生产技术效率。肖兴志和谢理（2011）、吕岩威和孙慧（2013）、邬龙和张永安（2013）同样采用行业面板数据，运用随机前沿分析方法（SFA）分析了我国战略性新兴产业的创新效率与生产技术效率；熊正德等（2011）、翟华云（2012）运用数据包络分析方法（DEA），使用战略性新兴产业相关上市企业面板数据来测度我国战略性新兴产业的金融支持效率。

但也有少量文献认为，R&D 投入对产出绩效没有显著正向影响。例如，杨德伟、杨大凤（2011）和游春（2010）的研究显示，企业 R&D 投入强度与企业产出绩效之间并不存在显著的相关关系。郭斌（2006）的研究则认为，研发强度与企业利润率、产出率呈负相关关系，即研发强度越大，企业的利润率、产出率反而越低。陈俊、吴进（2012）以广东的企业为样本，探讨研发创新绩效的影响因素，结果表明，企业研发强度与绩效显著负相关。

综合已有文献研究情况，提出假设4.1。

假设4.1：在控制其他变量情况下，企业研发投入与产出绩效显著正相关。

（二）R&D产出弹性的测算

根据经济增长理论，R&D投入通过推动技术进步来推动经济增长。具体来说，研发活动通过积累、创造、使用知识来进行产品与服务创新，从而推动经济增长。R&D投入与生产率的理论研究框架在20世纪80年代成熟（Griliches，1979），自此之后，对R&D产出弹性的测算一直是经济增长研究的热点问题，不断涌现出大量研究文献。

1. 测算方法

在数理模型选择方面：经验研究通常采用生产函数方法来分析R&D与产出绩效的关系，对于R&D产出弹性进行测算的生产函数假设，通常有柯布—道格拉斯（Cobb-Douglas）生产函数、超越对数（Translog）生产函数与不变替代弹性（CES）生产函数三种。由于柯布—道格拉斯生产函数具有简单直观、适用面广的特点，在以往实证文献中被最广泛使用。本章数理模型也是基于柯布—道格拉斯生产函数进行了扩展变型而来，因此，本部分重点说明使用柯布—道格拉斯生产函数来进行R&D产出弹性测算的方法。最一般的柯布—道格拉斯生产函数如下式：

$$Y = AL^{\alpha}K^{\beta} \tag{4.1}$$

其中，A代表全要素投入，L代表劳动投入，K代表资本投入，Y代表产出。

对式（4.1）两边取自然对数$\ln$，即可以将柯布—道格拉斯生产函数的乘数形式转换为式（4.2）的线性关系，再对式（4.2）两边的生产要素对时间变量t求偏微分，即可获得要素投入的产出弹性，如式（4.3）所示。通过投入产出弹性即可知道投入要素每增加一个百分比，可以使产出增加的百分比数。

$$\ln Y = \ln A + \alpha \ln L + \beta \ln K \tag{4.2}$$

对式（4.3）两边对时间变量t求偏导得：

$$\frac{\mathrm{d}Y/\mathrm{d}t}{Y} = \alpha \frac{\mathrm{d}L/\mathrm{d}t}{L} + \beta \frac{\mathrm{d}K/\mathrm{d}t}{K} \tag{4.3}$$

式（4.3）表明，劳动投入每增加1%，会使产出百分比增加α%，α即为劳动投入产出弹性；资本投入每增加1%，会使产出百分比增加β%，β即为资本投入产出弹性。上面为最一般的柯布—道格拉斯生产函数测算要素投入产出弹性的方法，在实际应用时，可以根据需要研究的问题添加合适的生产要素。

在数据分析模型方面：在测算 R&D 产出弹性时，现有文献通常会采用两种估计方法，即时间序列分析与截面数据分析。横截面分析方法又分为两种具体的估计方法：一是将所有时间点的观测值混合到一起作为一个截面做回归，这种方法称为混合数据分析法；二是先把每个变量在某一时间上的均值求出，然后对变量的均值进行回归分析，这种方法称为"组间估计"（Griliches & Mairesse, 1984）。在这种分析方法中，参数的估计值差别主要来自不同横截面数据影响，通常情况下，这两种分析方法估计结果非常接近（Mairesse & Sassenou, 1991）。根据巴尔塔吉（Baltagi, 2001）的研究，由于横截面分析方法没有考虑面板数据的结构特征及非观测个体效应的影响，最终估计结果可能出现无效或非一致性。时间序列分析又分为"组内估计"与"差分"两种具体的估计方法。组内估计分析法又称为"固定效应分析"，它将各个变量减去其时间上的均值形成新的变量，再将新变量进行回归分析。这种分析方法假设每个横截面有一个不同的截距，以不同的截距来表示每个产业所特有的影响因素。本章回归模型使用了个体固定效应模型、个体随机效应模型以及最一般的混合普通最小二乘法（OLS）模型。因此，以下就这三种模型数学原理进行简要说明。

（1）个体固定效应模型。个体固定效应模型表达式为：

$$y_{it} = \lambda_i + \sum_{k=2}^{K} \beta_k x_{kit} + u_{it} \tag{4.4}$$

其中，i 代表个体，t 代表时间。从时间 t 和个体 i 上看，在个体固定效应回归模型中解释变量对被解释变量有相同的边际影响，而且假设除了解释变量外，其他所有未包含在回归模型或不可观测的变量对被解释变量的影响只随个体 i 变化而不随时间 t 变化。

F 统计量是由无约束模型和混合数据回归模型的回归残差平方和之比构造而成，用来检验是否适合设定个体固定效应模型。F 模型的零假设：

$$H_0: \lambda_1 = \lambda_2 = \lambda_3 = \cdots = \lambda_{N-1} = 0$$

F 统计量为：

$$F = \frac{(RRSS - URSS)/N - 1}{URSS/(NT - N - K + 1)} \sim F(N-1, N(T-1) - K + 1) \tag{4.5}$$

其中，*RRSS* 是混合数据回归模型的残差平方和，*URSS* 是无约束模型协方差分析（ANCOVA）估计的残差平方和或者虚拟变量法（LSDV）估计的残差平方和。

（2）个体随机效应模型。当进行研究的面板数据含有过多的个体时，如果使用固定效应模型可能会损失很大的自由度，结果导致个体截距的估计无效。为了避免这种情况，可以采取从总体中随机抽样 N 个，对这 N 个样本建立个体随机效应模型：

$$y_{it} = \beta_1 + \sum_{k=2}^{K} \beta_k x_{kit} + u_i + w_{it} \tag{4.6}$$

其中，个体随机误差项 $u_i \sim N(0, \sigma_{it}^2)$ 是属于第 i 个个体的随机干扰分量，并在整个时间范围（$t = 1, 2, \cdots, T$）保持不变，其反映了不随时间变化的不可观测随机信息的效应；$w_{it} \sim N(0, \sigma_{it}^2)$ 表示混合随机误差分量。

个体随机效应的检验统计量：

$$LM = \frac{NT}{2(T-1)} \left[\frac{\sum_{i=1}^{N} \left[\sum_{i=1}^{T} \hat{\xi}_{it} \right]^2}{\sum_{i=1}^{N} \sum_{i=1}^{N} \hat{\xi}_{it}^2} - 1 \right]^2 \tag{4.7}$$

其中，$\hat{\xi}_{it}$ 是混合 OLS 估计的残差。

（3）混合 OLS 回归模型。最小二乘法是单一方程线性回归模型最常见、最基本的估计方法，总体模型为：

$$y_i = \beta_0 + \beta_1 x_{i1} + \beta_2 x_{i2} + \cdots + \beta_K x_{iK} + \varepsilon_i \quad (i = 1, \cdots, n) \tag{4.8}$$

其中，n 为样本容量，解释变量 x_{ik} 的第一个下标表示第 i 个"观测值"，而第二个下标则表示第 k 个解释变量（$k = 1, \cdots, K$），共有 K 个解释变量。$\mathrm{E}(\varepsilon_i | X) = \mathrm{E}(\varepsilon_i | x_1, \cdots, x_n) = 0 (i = 1, \cdots, n)$。

原假设为：$\mathrm{H}_0 : \beta_1 = \cdots = \beta_K = 0$

F 统计量为：

$$F = \frac{R^2/(K-1)}{(1-R^2)/(n-K)}$$

2. 数据的选择与处理

在 R&D 投入产出弹性测算方面，已经有很多学者从计量角度进行了研究，根据对以往相关文献的归纳发现，学者们主要从产业与企业两个层面选择样本数据进行实证研究。

以产业层面数据作为研究样本的文献看，斯维考斯克斯等（Sveikauskas et al.，1982）选择美国 1959～1969 年共 144 个制造产业数据作为面板数据，对制造产业 R&D 产出弹性进行测算。曼斯菲尔德（Mansfield，1988）、伯恩斯坦（Bernstein，1989）同样是利用面板数据分别对日本、加拿大的制造产业 R&D 产出弹性进行了测算。英格兰德等（Englander et al.，1988）利用 6 个国家的产业数据对 R&D 产出弹性进行了计算。格里利克斯（Griliches，1988）、迈赫斯和萨森尼奥（Mairesse & Sassenou，1991）分别对已有的产业层面文献的 R&D 产出弹性进行了分类研究归纳。国内也有很多学者就中国的产业数据进行了 R&D 产出弹性的测算。例如，吴延兵（2006）运用 2002 年制造产业横截面数据，根据全部制造业、高新技术产业、非高新技术产业进行分类，分别测算了 R&D 产出弹性。吴延兵（2008）采用 1993～2002 年中国大中型工业企业 10 年数据建立行业面板对 R&D 产出弹性进行了测算。虽然由于学者使用的研究方法与数据面板不同，导致测算 R&D 产出弹性时存在明显差异，但是，得出的结论基本是相同的，即产业层面看，研发投入对产出绩效存在显著正效应。

在选择企业数据的相关文献中，国内外学者也从不同的数据角度进行了大量实证研究。例如，库尼奥和迈赫斯（Cuneo & Mairesse，1984）、霍尔和迈赫斯（Hall & Mairesse，1995）根据法国制造企业数据测算了 R&D 产出弹性；格里利克斯和迈赫斯（Griliches & Mairesse，1984）根据日本企业数据对 R&D 产出弹性进行了测算。亚当斯和杰斐（Adams & Jaffe，1996）利用美国企业数据对 R&D 产出弹性进行了测算。杰斐逊等（Jefferson et al.，2006）利用中国 1997～1999 年 5451 个大中型制造企业数据，运用 OLS 法测算了不同产权性质下 R&D 强度的产出弹性。胡（Hu，2001）运用北京海淀区 1995 年 813 个高科技企业作为截面样本，使用柯布—道格拉斯生产函数研究了 R&D 与生产率之间关系。胡（2005）运用中国 1995～1999 年共约 10000 个大中型制造企业的面板数据来进行 R&D 存量及技术转移存量的测算。丁勇（2011）使用 2002～2006 年度国家统计局江西省高新技术企业统计数据对 R&D 产出弹性进行了测度。

3. 测算结果

不同文献关于 R&D 产出弹性研究结果如表 4 - 1 所示。

表 4 – 1　　　　　　　　　不同文献关于 **R&D 产出弹性研究结果**

作者及时间	研究对象与样本数据	结论
斯维考斯克斯等（1982）	1959 ~ 1969 年美国 144 个制造业产业数据	制造产业 R&D 产出弹性区间为 0.22 ~ 0.25
格里利克斯（1988）、迈赫斯和萨森尼奥（1991）	对已有研究文献进行归纳	产业层面研究结果看，R&D 产出弹性区间为 0.10 ~ 0.20
伯恩斯坦（1989）	加拿大的制造业产业数据	R&D 产出弹性区间为 0.16 ~ 0.50
曼斯菲尔德（1988）	日本的制造业产业数据	R&D 产出弹性约为 0.42
吴延兵（2006）	全部制造业、高新技术产业以及非高新技术产业	中国制造业总体的 R&D 产出弹性为 0.12，其中高新技术产业为 0.20，而非高新技术产业为 0.11
吴延兵（2008）	1993 ~ 2002 年中国大中型工业企业建立面板数据	R&D 产出弹性区间为 0.1 ~ 0.3
库尼奥和迈赫斯（1984）	法国制造业企业数据	R&D 产出弹性为 0.2
霍尔和迈赫斯（1995）	法国制造业企业数据	R&D 产出弹性约为 0.25
格里利克斯和迈赫斯（1990）	日本相关企业数据	R&D 产出弹性区间为 0.20 ~ 0.56
丁勇（2011）	2002 ~ 2006 年度国家统计局江西省高新技术企业统计数据	研发资本的产出弹性为 0.1982
杰斐逊等（2006）	中国 1997 ~ 1999 年 5451 个大中型制造企业数据	R&D 产出弹性为 0.24
胡（2005）	中国 1995 ~ 1999 年共 10000 个大中型制造企业数据	R&D 产出弹性区间为 0.027 ~ 0.029

三、企业产权属性与企业绩效研究

（一）产权理论概述

科斯（1994）认为，产权是对物的使用权的排他性选择权，即产权是对物的使用权所进行的选择权利的分配，其并非指人为的强制性限制，而是特指物的使用选择时的权利分配。需要特别指出的是，科斯的产权理论从研究私人收益与社会收益的不一致即外部性开始，在他的理论中，产权的使用权除了指具体物的使用权外，还包含在物权基础上所产生的外部性的收益或损失承担权。

不同于科斯对产权的定义，德姆塞茨（1991）更注重从产权界定角度进行定义。德姆塞茨（1991）认为，本质上产权是一种社会工具，其可以对个人与他人之间交易建立合理预期；产权对人们受益与受损的方式、补偿的方法进行界定，并以此来规范人们的行为。阿尔钦（Alchian，1971）更强调产权的"权威性"，他认为，产权是一种强制实施选择的权利。从产权定义看，或许菲吕博腾等（1994）的产权阐述更加深入，他指出："产权不是人与物的关系，而是由于物的存在和使用而引起的人们之间的一些被人认可的行为关系。社会上盛行的产权制度便可描述为界定每个人在稀缺资源利用方面的地位的一种经济关系。"

黄少安（1995）从划分、界定、确认、保护和行使产权的规则角度来阐述产权制度，产权通过制度化来使既有产权关系更加明确、相对固定，并依靠规则来约束个人承认与行使产权，如果违反产权制度，其会通过制裁来保证制度权威性。在公共产权理论方面，刘世锦（1991）认为，公共产权中必然会存在大量的外部性，公有产权中所有成员对公有财产具有均等的权利，这种均等的权利会导致个人行为的"搭便车"，以及行为后果低相关性，即集体成员所获收益与所付出努力的不对称，结果必然明显降低相应的经济绩效。这种显著的外部性会导致公有制成员工作积极性的下降，以及群体成员的"搭便车"现象。张维迎（1995；2000）指出，在公有制下，过长的委托链条会导致最初委托人对最终代理人的监督成本过高，但如果不通过监督，又要面对代理人努力程度降低的风险。国有企业产权安排将倾向于将企业中政治氛围加重，经济行为反而淡化，结果会导致企业管理人员热衷于权力斗争，而轻视生产性活动。正是由于国有产权的安排，才出现国有企业内部权力斗争不断的结果。

刘元春（2001）认为，评价国有企业的效率不应仅看微观效率指标，还应该考虑宏观经济效率，在中国社会主义市场经济中，国有企业不同于一般市场经济中的竞争主体定位，具有过渡性定位的宏观战略意义。也有一些学者认为，企业缺乏效率与产权制度没有必然联系，国有企业的低效率并不是国有产权的必然结果。在存在充分市场竞争情况下，经理人市场与所有者的激励变得相容。因此，影响企业效率的真正原因是充分竞争的外部环境。

（二）战略性新兴产业产权属性与 R&D 产出弹性关系

目前，就现有文献研究的结论显示，学者关于产权属性与创新绩效的关系仍存在分歧。关于我国战略性新兴产业企业创新，一部分学者认为，国有企业虽然占有大量优质创新资源，但是，企业绩效低下。由于产权界定、长链条委托代理等问题，政府可能根据其政治目标选择一些见效快的新兴产业来做"政绩工程"，结果会导致一些项目的盲目上马、产能过剩、资源浪费等现象；在推进战略性新兴产业发展计划过程中，国有企业的行政效率低下问题也可能会导致市场反应迟缓、政策措施缺乏灵活性与创新性等弊端。例如，吴延兵（2012）利用 1998～2003 年的中国省级层面工业行业数据进行实证研究后发现，在全部的所有制类型企业中，国有企业的创新效率是最低的，并且低效的创新效率还导致了一部分生产效率损失。

另一部分学者认为，我国民营企业创新资源匮乏，多以技术模仿或技术引进为主，自主创新能力较差；与民营企业相比，国有企业在政策、融资、行业准入门槛、投资绩效等方面更具有优势，因此，在战略性新兴产业创新发展过程中国有企业更具有优势。多数学者从战略性新兴产业特征与发展阶段角度对政府主导战略性新兴产业发展的模式给予肯定。例如，刘红玉等（2012）从产业的成长路径、发展阶段角度，分析认为，当前战略性新兴产业尚处于初步形成阶段，因此，在市场竞争规律前提下要增强政府引导。李晓华和吕铁（2010）、朱迎春（2011）等学者也从战略性新兴产业的产业特征及经济引导作用分析，认为其发展需要政府给予支持，而不能单独依靠市场机制进行资源配置。不同于常规的政府管制、税收优惠视角，江静（2017）提出，要注重从产权保护、投资者保护、合同执行力度等方面来发挥政府对产业政策环境的提升作用。

关于产权属性、研发强度、企业绩效三者之间的关系，很多学者针对战略性新兴产业发展中争议的问题、约束条件进行了研究。郭研、刘一博（2011）采用中关村科技园区的企业样本数据进行研究后发现，高科技企业的规模越大，其研发投入密度越低，民营企业的研发动力强于国有企业。从研发绩效来看，民营中小企业的研发绩效也显著高于其他产权属性的高科技企业，并且国有控股企业的研发绩效最低。罗明新等（2013）基于中国创业板 2009～2011年的企业数据分析表明，政治关联对企业研发创新绩效具有显著负效应，而研发投资产生中介作用，整个过程表现为：政治关联度越高的企业，研发投资强度越低，而越低的研发强度则阻碍创新绩效进一步的提升。从企业政治关联、研发强度、企业绩效角度研究后，得出与郭研、刘一博（2011）类似的结论。余泳泽和周茂华（2010）、万军（2010）由高新技术产品研发前景的不确定性及政府认知的局限性进行分析，认为政府的产业支持政策不仅没有有效提高研发效率，还可能导致大量资源浪费，最终阻碍新兴产业发展；国有企业所具有的官僚制度、事前官僚机制、行为惰性等会导致国有企业创新效率偏低，延缓产业升级进程。高新技术产业的研发效率更多地受制度环境及企业规模影响，而政府的产业支持政策并未对研发效率带来明显提高作用。聂辉华等（2008）利用 2001～2005 年中国规模以上工业企业的面板数据研究后发现，较大的规模与适度的市场竞争可以促使企业创新，国有产权企业进行更多的产业创新活动，而且国有企业规模越大，这种特征越显著。李春涛、宋敏（2010）使用 2003 年世界银行关于中国 18 个城市共 1438 家制造企业调查数据作为研究样本，得出无论是创新投入还是创新产出，相比于民营企业，国有企业更具有创新性；对 CEO 进行薪酬激励可以促进企业创新，而国有产权会降低薪酬激励，从而降低了薪酬激励对创新的促进作用。制定适合国有企业的内在激励方案与公司治理机制，可以有效促进企业的创新活动。

第 2 节　R&D 产出弹性的测算

一、生产函数设定

本章的数理模型采用柯布—道格拉斯生产函数。最初的生产函数仅是将产出作为因变量，资本投入（K）与劳动投入（L）作为自变量的函数。本部分数理模型中的自变量除了含有资本投入（K）与劳动投入（L）外，还加入研发投入（RD）进行模型扩展，因此，最终模型中共包含了三项投入要素，具体的函数形式如下：

$$Y_{it} = f(L_{it}, K_{it}, RD_{it}) \tag{4.9}$$

其中，Y_{it} 为第 i 个厂商第 t 年的产出（本章中选择主营业务收入作为产出指标）；L_{it} 为第 i 个厂商第 t 年的劳动投入（本章中选择期末员工总数量作为劳动投入指标）；K_{it} 为第 i 个厂商第 t 年的资本投入（本章中选择期末总资产数量作为资本投入指标）；RD_{it} 为第 i 个厂商第 t 年的研发投入（本章中选择期末统计的研发投入金额作为研发投入指标）。

扩展后的柯布—道格拉斯生产函数如下：

$$Y_{it} = AL_{it}^{\alpha}K_{it}^{\beta}RD_{it}^{\gamma}e^{\varepsilon_{it}} \tag{4.10}$$

其中，ε_{it} 表示随机误差项，对式（4.10）两边取对数，可以将投入与产出乘法关系转换为式（4.11）的线性关系：

$$\ln Y_{it} = \ln A + \alpha\ln L_{it} + \beta\ln K_{it} + \gamma\ln RD_{it} + \varepsilon_{it} \tag{4.11}$$

再对式（4.11）两边对时间变量 t 求偏导可得式（4.12），通过式（4.12）即可获得各种投入要素对应的产出弹性系数。

$$\frac{\mathrm{d}Y_{it}/\mathrm{d}t}{Y_{it}} = \alpha\frac{\mathrm{d}L_{it}/\mathrm{d}t}{L_{it}} + \beta\frac{\mathrm{d}K_{it}/\mathrm{d}t}{K_{it}} + \gamma\frac{\mathrm{d}RD_{it}/\mathrm{d}t}{RD_{it}} \tag{4.12}$$

式（4.12）表明，劳动投入每增加 1%，会使产出百分比增加 α%；资产投入每增加 1%，会使产出百分比增加 β%；研发投入每增加 1%，会使产出百分比增加 γ%。

根据已有文献，为了减少变量间共线性，习惯于使用人均形式来表示各个变量。设 $\alpha + \beta + \lambda = \mu$，将式（4.10）两边同除以劳动投入 L 后取对数整理，可以得到下式形式：

$$\ln Y_{it} - \ln L_{it} = \ln A + \beta(\ln K_{it} - \ln L_{it}) + \gamma(\ln RD_{it} - \ln L_{it}) + (\mu - 1)\ln L_{it} + \varepsilon_{it} \tag{4.13}$$

其中，$\mu - 1$ 的值代表了生产函数的规模报酬情况，其估计值决定了生产函数规模报酬的性质。如果 $\mu - 1$ 估计值显著小于零，这表明生产函数为规模递减性质；如果 $\mu - 1$ 的估计值显著大于零，则表明生产函数为规模报酬递增性质；如果 $\mu - 1$ 估计值不显著异于零，则生产函数为规模报酬不变性质。在假定 $\mu - 1 = 0$，即规模报酬不变的情况下，式（4.13）将含有更少的变量，进而就可以有效减少变量之间可能的共线性问题。

二、变量选取与描述

（一）变量选取及解释

本章使用的样本为长三角城市群 26 个城市中战略性新兴产业 A 股上市企业，样本期为 2012～2016 年，数据主要来源于上市企业历年年报。根据 2010 年 10 月 10 日国务院发布《国务院关于加快培育和发展战略性新兴产业的决定》中指出的七大产业重点目标行业，位于长三角城市群 26 个城市中的企业纳入样本，样本中已经剔除了 ST、*ST 公司以及没有研发投入相关资料的公司，剔除后剩余共计 495 个样本数据。测算这些上市企业的 R&D 产出弹性时涉及的相关变量为创新产出绩效、资本投入、劳动投入、研发投入，下面将对这四个变量的选择和相关数据进行说明与描述。

1. 创新产出绩效

从已有创新产出绩效研究文献看，理论界一般用新产品销售收入、专利和发明数量等指标作为企业的研发产出绩效。佩克斯和格里利克斯（Pakes & Griliches，1980）和霍斯曼（Hausman，1984）就是选择专利数量作为产出绩效指标来研究 R&D 投入的创新绩效。朱平芳、徐伟民（2005）探讨了工业企业研发经费投入与所获专利数的关系。冒佩华等（2011）选择企业科研人员作为人力资本投入指标，讨论了人力资本在研发活动中的作用。还有一些文献将新产品开发数量或新产品销售收入作为创新绩效指标进行研究。例如，克黑朋和迈赫斯（Crépon & Mairesse，1998）、佩莱格里诺（Pellegrino，2011）使用新产品开发数量与新产品销售收入作为创新绩效指标来研究企业研发创新能力。当前国内专利数据多选择不公开，因此，国内大部分文献将新产品产出作为创新产出绩效的直接指标进行研究。例如，朱有为、徐康宁（2006）选择新产品销售收入作为研发产出指标，测算中国高新技术产业的创新效率。冯根福等（2006）选择新产品开发数量作为研发产出指标，测算中国工业行业的创新效率。

然而，进行实际分析会发现，选择新产品数量、新产品销售收入或者专利数量作为创新绩效指标都存在局限性。比如，上市企业年报中并不披露新产品销售收入这一指标，因而，数据的获得就是一个难题；此外，企业研发成果不仅体现在专利与发明上，企业的研发创新活动可能还体现在一些生产相关的小技术改进或者工艺创新上，而专利数、新产品数量、新产品销售收入却无法反映这些改进与创新，因而，单将企业专利或发明数量作为企业创新绩效单一指标存在关注面过窄问题，以此来反映企业整体研发成果并不全面。另外，专利数、新产品数目仅是代表企业研发的效率，至于这些研发成果有没有投入经营、提高产出水平、创造价值却无从得知。笔者认为，研发投入带来的效应不仅体现于新产品开发与销售上，原有产业也会因研发投入带来的创新而提高市场竞争力。因此，考虑到主营业务收入可以全面反映企业研发投入的最终结果，本章参考陆国庆（2011）、周亚虹等（2012）的研究方法，选取间接指标中的主营业务收入作为衡量长三角城市群中战略性新兴企业研发产出绩效指标。

2. 资本投入

从以往文献看，资本投入指标采用固定资产与总资产两种，采用固定资产的好处是有利于将研发资产投入作为单独变量分离出来，特别是研究的被解释变量采用新产品销售额、专利数量时，更多使用固定资产。例如，丁勇（2011）采用固定资产作为资本投入指标，企业附加价值作为产出绩效指标，对江西高新技术企业进行研发产出弹性测算。使用总资产作为资本投入指标的好处是有利于将已有资本更全面地囊括进去，特别是研究的被解释变量选择营业收入、总利润时，更适合使用总资产。例如，陆国庆（2011）对中国中小板上市公司产业创新的绩效研究中采用每年12月31日的总资产作为资本投入指标，将主营利润作为被解释变量，研究中小板上市企业创新投入与创新产出的关系。考虑到本章研究目标是测算 R&D 产出弹性，而相应的产出指标选择主营业务收入，此时，总资产作为资本投入的指标更加具有合理性。因此，本章采用总资产作为资本投入指标。

3. 劳动投入

从现有文献看，劳动投入指标分歧较少，普遍采用员工数量作为劳动投入指标。从本章选择的研究目标与资本投入指标来看，客观上也适合将员工总数量作为劳动投入指标。因此，本章也采用通用的方法，选择上市企业每年12月31日公布的总员工数量作为劳动投入指标。

4. 研发投入

在现有文献中，学者们通常选择研发人员数量、研发支出金额或者研发强度等作为研发投入指标，本章采用研发支出作为研发投入指标，但是，在实际研究中学者对研发支出采用存量还是流量还是存在一些分歧。例如，周亚虹等（2012）将过去的 R&D 投入进行折旧加总得到的累积量作为研发投入指标，邱兆林（2015）基于中国省级面板数据对政府干预、企业自主研发与高技术产业创新研究中，研发投入指标选择研发资本与研发人员，其中，研发人员以各省份研发人员投入时间表示，而研发资本采用存量指标，使用永续存盘法进行计算获得。但陆国庆（2011）在中国中小板上市公司产业创新的绩效研究中，将当期的 R&D 投入作为解释变量放入模型中；魏守华、姜宁和吴贵生（2009）在内生创新努力、本土技术溢出与高技术产业创新研究中也用当期 R&D 经费表示的内生创新努力作为解释性变量。胡（Hu，2001）和吴延兵（2006）使用的是横截面数据来反映当期 R&D 投入对生产率的影响。

结合张济建、李香春（2009）对我国71家上市高新技术企业2003～2007

年的面板数据实证研究结果，研发投入只对当期企业绩效显著正相关，没有滞后效应；以及任海云等（2010）对 70 家沪市制造业企业研究结果，虽然研发投入与企业绩效存在显著正相关，但相关性并不存在时间滞后性。再考虑到本章资本投入指标采用总资本进行衡量，往年的研发资本有一部分已经累积到年末总资本中，因此，本章中研发投入采用当期的 R&D 投入作为解释变量。表 4-2 列出了主要变量的定义与符号。

表 4-2   主要变量的定义与符号

变量		定义	符号
被解释变量	产出绩效	主营业务收入	Y
解释变量	研发投入	当年研发支出	RD
控制变量	资本投入	12 月 31 日总资产	K
	劳动投入	12 月 31 日员工数量	L

（二）变量描述

本研究样本为长三角城市群战略性新兴产业方面相关的 A 股上市企业数据，根据国家公布的七大战略性新兴产业，2012~2016 年该地区有 118 家上市企业，共 590 个观测值。因某些年份研究变量数据存在缺失，本章对缺失数据的样本进行剔除后，最后实际使用的数据有 99 家厂商，共 495 个观测值。其中，节能环保行业 70 个观测值，新一代信息技术行业 125 个观测值，生物医药行业 25 个观测值，高端设备制造行业 25 个观测值，新能源行业 55 个观测值，新材料行业 140 个观测值，新能源汽车行业 55 个观测值。表 4-3、表 4-4 列出了主要变量的描述性统计。

表 4-3   变量描述性统计

变量名	均值	标准差	最小值	最大值
产出绩效（万元）	1354399	7342687	10132	82327239
研发投入（万元）	23186	77337	342	940871
资本投入（万元）	1155401	4580991	61058	59062813
劳动投入（人）	4850	14501	135	171451

表4-4　　　　　　　　　　　　　　分行业变量描述性统计

行业	变量名	均值	标准差	最小值	最大值
节能环保产业	产出绩效（万元）	218227	208365	27831	757931
	研发投入（万元）	6719	6181	810	24445
	资本投入（万元）	404476	302019	71972	1177878
	劳动投入（人）	2070	2287	143	9537
新一代信息技术产业	产出绩效（万元）	415473	513965	18546	3192402
	研发投入（万元）	22604	34250	514	243340
	资本投入（万元）	632909	709530	75322	4133900
	劳动投入（人）	3835	3352	282	20013
生物产业	产出绩效（万元）	390105	453498	33794	1462882
	研发投入（万元）	20849	28870	2242	110612
	资本投入（万元）	1048078	1334165	65293	4376778
	劳动投入（人）	5366	6537	408	19525
高端装备制造产业	产出绩效（万元）	4368632	16322207	171886	82327239
	研发投入（万元）	37976	35813	4242	111484
	资本投入（万元）	2574016	2381058	322741	6082381
	劳动投入（人）	6674	3600	816	13211
新能源产业	产出绩效（万元）	197830	159540	13014	702042
	研发投入（万元）	6332	5296	342	26215
	资本投入（万元）	495801	345793	61058	1650838
	劳动投入（人）	1334	836	283	3409
新材料产业	产出绩效（万元）	839362	2269101	10132	11553982
	研发投入（万元）	10319	23910	447	160525
	资本投入（万元）	571453	963411	66472	4692718
	劳动投入（人）	2988	3857	135	17184
新能源汽车产业	产出绩效（万元）	6470138	18002301	59337	75641616
	研发投入（万元）	89115	209345	2139	940871
	资本投入（万元）	4848577	12900134	107880	59062813
	劳动投入（人）	17852	40200	308	171451

从表4-4可以看出，长三角城市群战略性新兴产业中的上市企业相互之间差别很大。从总体样本情况看，产出绩效、研发投入、资本投入以及劳动投入指标之间存在明显的个体差异，各变量之间波动性较大。从分行业变量描述情况看，各行业中相关上市企业的变量波动性有缩小趋势，节能环保产业中选择的70个样本点间数据差别最小，高端装备制造产业中25个样本点间数据差别最大，甚至于高于总体样本波动性，原因是高端装备制造产业中样本数量较少，并且样本中存在数据明显突出的个体。以总体样本产出绩效标准差为分界线，七大战略性新兴产业中标准差低于总体样本的有节能环保产业、新一代信息技术产业、生物医药产业、新能源产业、新材料产业等，标准差高于总体样本的有高端装备制造产业与新能源汽车产业。其中，新能源产业、生物产业中各企业研发投入差别较大，高端装备制造产业、新能源汽车产业中各企业资本投入差别较大。

三、测算结果与分析

模型变量通过单位根检验之后，理论上即可以对面板数据进行回归，分别就生产函数规模报酬不变与规模报酬可变进行了分析，采取A股上市的99家战略性新兴企业2012~2016年5年的相关数据为样本，分别采用混合OLS模型、随机效应模型、固定效应模型进行了回归，回归结果如表4-5、表4-6所示。

表4-5　　　　　　　　　　　　　回归结果（规模报酬不变）

变量	混合 OLS	随机效应	固定效应
$\ln(RD/L)$	0.127 *** (0.034)	0.203 *** (0.0348)	0.229 *** (0.0392)
$\ln(K/L)$	0.663 *** (0.0401)	0.617 *** (0.0369)	0.599 *** (0.0405)
常数项	1.016 *** (0.201)	1.162 *** (0.184)	1.222 *** (0.191)
N	495	495	495
R^2	0.443	0.563	0.564
F 值	195.5		254.7
企业数量	99	99	99

注：*** 表示在1%的水平上显著，括号内为标准误差。

表4－6　　　　　　　　　　　　　回归结果（规模报酬可变）

变量	混合 OLS	随机效应	固定效应
$\ln(RD/L)$	0.156 *** (0.032)	0.195 *** (0.035)	0.202 *** (0.0384)
$\ln(K/L)$	0.777 *** (0.0399)	0.608 *** (0.0389)	0.536 *** (0.0413)
$\ln L$	0.203 *** (0.024)	−0.0289 (0.0319)	−0.198 *** (0.0388)
常数项	−1.187 *** (0.321)	1.438 *** (0.363)	3.109 *** (0.414)
N	495	495	495
R^2	0.514	0.571	0.591
F 值	173		189
企业数量	99	99	99

注：*** 表示在1%的水平上显著，括号内为标准误差。

从回归结果看，不论是混合 OLS、随机效应还是固定效应，虽然，R&D 产出弹性在测算结果上有少许差异，但是，其值明显为正，为 0.12～0.23。本研究结果显示，在战略性新兴产业中，R&D 投入对企业产出绩效具有非常显著的正效应，同时加入控制变量总资产、总劳动人数后，其平均投入产出弹性为 0.12～0.23。该检验结果说明，从长三角城市群战略性新兴产业来看，研发投入平均增加 1 个百分点，会带来主营业务收入增加 0.12～0.23 个百分点。可见，研发投入是战略性新兴产业的经营之本，战略性新兴产业相关企业可以通过增加研发投入、加大研发创新力度来提高厂商竞争力，研发投入是战略性新兴产业竞争力的重要来源。

混合 OLS 横截面模型将所有数据作为一个横截面处理，由于忽略产业间的异质性，偏差较大；而固定效应模型消除了个体效应的影响，偏差相对来说较小。因此，从固定效应回归结果分析，假设生产函数是规模报酬不变时，R&D 产出弹性为 0.229；假设生产函数规模报酬可变时，R&D 产出弹性为 0.202。战略性新兴产业具有显著的高技术含量、高风险属性，总资产越大，其抵御风险的能力也越大，总资产水平、总劳动人数仍是企业绩效的重要来源，考虑到战略性新兴产业面对的巨大不确定性，需要有强大的存量资本才能有效应对失败风险，总资产对企业绩效贡献度更高一些（规模报酬不变时为

0.599，规模报酬可变时为 0.536）。

第 3 节　产权属性对 R&D 产出弹性的影响

一、产权属性分类及变量描述

本节分析产权属性对长三角城市群战略性新兴产业 R&D 产出弹性的影响。根据产权属性针对国有企业与非国有企业进行分组，具体来说，本节通过 2012~2016 年的上市公司年报中的前十大股东情况获得产权信息，如果国有股份绝对控股或者相对控股则定义为国有产权属性企业，如果国有股份不存在或者数量较少而达不到相对控股程度，则定义为非国有产权属性企业。因此，根据国有股份占比将长三角城市群战略性新兴产业相关上市企业分类为国有企业与非国有企业，国有产权属性企业指国有资本绝对控股或相对控股的企业，非国有产权属性企业指国有股份占比低、民营资本绝对控股或相对控股的企业。

从表 4-7 与表 4-8 可以看出，就不同产权属性的企业来看，2012~2016 年，国有产权属性企业（样本数为 345 个）的历年研发投入金额明显高于非国有产权属性企业（样本数为 150 个），从均值来看，国有产权属性企业的研发投入大约为非国有产权属性企业的 5 倍，两者年均研发投入数量分别为 51923 万元、10628 万元；在企业绩效（主营业务收入）方面，国有产权属性企业产出水平也明显高于非国有产权属性企业，从均值角度看，国有产权属性企业的产出绩效约为非国有产权属性企业的 14 倍，两者年均产出绩效分别为 3852532 万元、268254 万元。从人均投入与人均产出角度来看，在国有产权属性企业中人均研发投入为 5.435 万元/人，人均绩效产出为 403.280 万元/人；在非国有属性企业中，人均研发投入为 3.801 万元/人，人均绩效产出为 95.942 万元/人。相比于绝对值之间的差距，从人均值来看，非国有产权属性企业与国有产权属性企业有明显的缩小趋势。

表 4-7　　　　　　　　　　　主要变量的描述性统计

企业类型	变量名	均值	标准差	最小值	最大值
国有产权	产出绩效（万元）	3852532	13023981	35858	82327239
	研发投入（万元）	51923	134209	342	940871
	资本投入（万元）	2755114	8078353	92771	59062813
	劳动投入（人）	9553	25296	281	171451

续表

企业类型	变量名	均值	标准差	最小值	最大值
非国有企业	产出绩效（万元）	268254	325556	10132	2110795
	研发投入（万元）	10628	15904	447	142485
	资本投入（万元）	459873	518153	61058	4376778
	劳动投入（人）	2796	3217	135	19525

表 4 – 8 人均值与对数值的描述性统计

企业类型	变量名	变量均值（对数）	人均占有量（万元/人）
国有企业	产出绩效	15. 164	403. 280
	研发投入	10. 858	5. 435
	资本投入	14. 829	288. 403
	劳动投入	9. 165	—
非国有企业	产出绩效	12. 500	95. 942
	研发投入	9. 271	3. 801
	资本投入	13. 039	164. 475
	劳动投入	7. 936	—

二、假说的提出

理论上，产权属性的差异会导致企业研发创新经营环境、政策资源优势、目标及行为趋向等方面的不同，最终会影响研发投入产出弹性的差异。对于企业产权属性对创新效率的影响方面的研究，现有文献主要从委托代理理论、制度理论与资源依赖理论三个不同的视角展开（陈岩、张斌，2013）。从委托代理理论视角，管理层激励约束机制缺失与负外部性会导致国有企业管理者追求目标偏离企业利益最大化，个人目标与企业目标的偏离会导致国有企业缺少进行研发创新的动力（周黎安、罗凯，2005）。而民营企业产权相对清晰、委托代理程度低，相对于国有企业更具有创新效率（吴延兵，2012）。从制度理论视角，不同产权属性的企业面临着不同的外部社会环境与内部组织结构，这些内外部制度因素会影响参与者决策的制定、潜在收益的高低。相对于民营企业，国有企业在政府补贴、投融资、税收竞争环境等方面具有竞争优势，有利于进行技术创新（贺京同等，2012）。根据资源依赖理论，在获取政府研发资源和关键信息方面，国有企业更加具有优势，这种优势可以有效降低创新活动面对的不确定性，从而提高创新效率。三种理论各有优缺点，要解释企业产权属性对创新效率的影响，必须根据具体的情况进行分析，选择假设前提与实际情况相符合的理论进行解释。从战略性新兴产业发展所需要的条件看，人才相对于资金具有更显著的作用，因此，相对于国有企业可以通过政府政策扶持、银行贷款获取、经营许可权等方式获得创新资源，民营企业内在的组织结构与产权结构或许更有利于对关键人才进行激励，从而提高研发投入产出绩效。由此，本节提出假设4.2。

假设4.2：在控制其他因素情况下，国有产权属性越强，R&D产出弹性越低。

三、回归分析

本部分主要分析长三角城市群战略性新兴产业产权属性对R&D产出弹性的影响。豪斯曼（Hausman）检验表明，非国有企业和国有企业都适用于固定效应回归分析。表4-9、表4-10分别是规模报酬不变与规模报酬可变的回归结果。

表4-9 回归结果（规模报酬不变）

变量	非国有企业			国有企业		
	混合 OLS	随机效应	固定效应	混合 OLS	随机效应	固定效应
$\ln(RD/L)$	0.235 *** (0.0367)	0.272 *** (0.0365)	0.281 *** (0.0406)	0.055 (0.064)	0.127 * (0.0697)	0.159 * (0.0803)
$\ln(K/L)$	0.569 *** (0.0424)	0.641 *** (0.0418)	0.660 *** (0.0463)	0.685 *** (0.0782)	0.596 *** (0.069)	0.567 *** (0.076)
常数项	1.265 *** (0.205)	0.840 *** (0.204)	0.725 *** (0.219)	1.218 *** (0.412)	1.613 *** (0.36)	1.729 *** (0.363)
F 值	196		253	43.9		58.4
N	345	345	345	150	150	150
R^2	0.534	0.643	0.649	0.374	0.496	0.497
企业数量	69	69	69	30	30	30

注：***、*分别表示在1%、10%的水平上显著，括号内为标准误差。

表 4 - 10   回归结果（规模报酬可变）

变量	非国有企业			国有企业		
	混合 OLS	随机效应	固定效应	混合 OLS	随机效应	固定效应
$\ln(RD/L)$	0.269 *** (0.0364)	0.266 *** (0.0369)	0.265 *** (0.0402)	0.0229 (0.0596)	0.118 * (0.0695)	0.107 (0.0766)
$\ln(K/L)$	0.677 *** (0.0477)	0.627 *** (0.0435)	0.629 *** (0.0464)	0.778 *** (0.0747)	0.567 *** (0.0747)	0.435 *** (0.0786)
$\ln L$	0.135 *** (0.0296)	- 0.0347 (0.0322)	- 0.125 *** (0.0374)	0.260 *** (0.0516)	- 0.0825 (0.0719)	- 0.357 *** (0.0879)
常数项	- 0.348 (0.406)	1.177 *** (0.37)	1.838 *** (0.396)	- 1.384 ** (0.642)	2.461 *** (0.833)	5.449 *** (0.977)
F 值	145		179	43		50
N	345	345	345	150	150	150
R^2	0.561	0.655	0.662	0.467	0.523	0.559
企业数量	69	69	69	30	30	30

注：*** 、** 和 * 分别表示在 1%、5% 和 10% 的水平上显著，括号内为标准误差。

企业产权属性对 R&D 产出弹性的影响问题一直是学术界备受关注却又分歧较大的领域。企业数据的选择不同、分析时间差异、研究方法不同，学者们得出了不同结论。本节采用长三角城市群中战略性新兴产业相关上市企业作为研究样本，在测算整体 R&D 产出弹性及个体 R&D 弹性估算的基础上，对国有产权属性强度与 R&D 产出弹性的相关性进行分析。针对这一问题，本研究得出了与现有文献不同的结论，也为国有企业在战略性新兴产业发展过程中的作用提供了一个客观的观察视角。

本节对长三角地区全部战略性新兴产业相关上市企业测算了研发投入产出弹性后，随后根据企业的产权属性是由国有资本主导还是非国有资本主导，分别测算不同产权属性企业的 R&D 产出弹性。通过计量结果可以发现，在假设生产函数规模报酬不变情况下，非国有产权企业的研发投入产出弹性为 0.281，要远大于国有产权的产出弹性（0.159）。这表明在非国有产权企业中研发投入每增加 1%，可以增加主营收入 0.281%；在国有产权企业中研发投入每增加 1%，可以增加主营收入 0.159%。不论企业的产权属性如何，增加研发投入都可以明显提高主营收入，但是，非国有产权企业中研发投入的产出效率明显要高于国有产权企业。

在假设生产函数规模报酬可变情况下，经固定效应模型测算的非国有企业R&D产出弹性为0.265，要明显高于整体样本的0.202（见表4-6）。因此，虽然国有企业由于样本偏小的原因，最终测算的R&D产出弹性显著性偏低，但仍有理由认为平均来看，非国有企业的R&D产出弹性要高于非国有企业的R&D产出弹性。

本节经验研究发现，相对于国有产权属性低的民营企业，国有企业的R&D产出弹性要低于民营企业，国有产权属性强度与企业R&D产出弹性呈明显的负相关性。本研究的结论支持吴延兵（2012）等关于国有企业创新效率较低的结论。对此，本节给出了三个方面的解释。一是战略性新兴产业中知识、技术密集，人才贡献大，国有企业内部存在的激励约束、产权代理等问题倾向于导致外部性问题的发生；而民营企业产权关系清晰，激励更加充分，外部性问题较少发生。二是国有企业内普遍存在重研发、轻产业化与商业化的问题，导致即使研发出新产品，后期的产业化、商业化转化率偏低，从而导致产出绩效偏低；而民营企业则多直接购买外部技术或者对领先技术进行直接模仿，自主研发创新较少，可以从这种技术购买或模仿中直接获利。三是从研发投入目标来看，民营企业的最终目标就是通过技术创新来实现产品的产业化与商业化，以追求商业收益为根本；而国有上市企业进行研发投入的目标相对复杂，除去考虑商业收益外，还需要顾及创新指标、地区研发等方面的业绩考核，最终可能会导致研发投入较少地转化为产出绩效。因此，虽然国有企业在获得政策扶持、研发资金等方面存在优势，最终却可能因多目标难以协调，导致其研发投入产出绩效低于民营企业。

四、稳健性检验

前面通过按照产权属性进行分组的方法考察了产权属性对战略性新兴产业R&D产出弹性的影响，根据生产函数规模报酬可变与规模报酬不变分别进行了测算，本部分不对规模报酬进行假设，通过构造产权属性与研发投入的交互项来验证前面的结论。

$$Y_{it} = AK_{it}^{\alpha}L_{it}^{\beta}RDE_{it}^{\lambda + \theta SOE_{it}}e^{\varepsilon_{it}} \tag{4.14}$$

其中，SOE 为代表产权属性的虚拟变量。如果该企业为国有企业，则 $SOE = 1$；如果该企业为非国有企业，则 $SOE = 0$。根据式（4.14），加入产权属性的虚拟变量后，R&D产出弹性为 $\lambda + \theta SOE_{it}$，如果国有产权对R&D产出弹性有负效应，则 $\lambda + \theta < \lambda$，即 $\theta < 0$。对式（4.14）两边取对数得：

$$\ln Y_{it} = \ln A + \alpha \ln K_{it} + \beta \ln L_{it} + \lambda \ln RD_{it} + \theta SOE_{it} \ln RD_{it} + \varepsilon_{it} \quad (4.15)$$

对式（4.15）分别进行随机效应模型与固定效应模型回归，回归结果分别如表 4-11 模型 1a、模型 1b 所示。Hausman 检验 chi2(5) = $(b - B)'[(V\_b - V\_B)^(-1)](b - B)$ = 53.03，$P > $ chi2(5) = 0.0000，强烈拒绝原假设"H_0：u_i 与 x_{it}，z_i 不相关"，认为应该使用固定效应，而非随机效应模型。对式（4.15）加入产权属性（SOE）项后建立如式（4.16）那样同时包含研发投入项、产权属性项及两者交互项的回归模型。因为单独加入了虚拟变量项 SOE，式（4.16）无法采用固定效应模型进行回归，只能采用随机效应回归。其随机效应回归结果如表 4-11 中模型 2 所示。

$$\ln Y_{it} = \ln A + \alpha \ln K_{it} + \beta \ln L_{it} + \lambda \ln RD_{it} + \theta SOE_{it} \times \ln RD_{it} + \gamma SOE_{it} + \varepsilon_{it} \quad (4.16)$$

根据分析结果，如果式（4.15）与式（4.16）的系数 θ 明显小于零，则表明国有产权属性越强的企业，其 R&D 产出弹性越低；即按照预期结果 $\theta < 0$。

表 4-11 稳健性检验结果

变量	模型 1a 随机效应	模型 1b 固定效应	模型 2 随机效应
$\ln K$	0.593 *** (0.0389)	0.523 *** (0.0408)	0.583 *** (0.0387)
$\ln L$	0.157 *** (0.0384)	0.057 (0.0414)	0.148 *** (0.0382)
$\ln RD$	0.181 *** (0.0352)	0.296 *** (0.0455)	0.254 *** (0.042)
$SOE \times \ln RD$	0.0349 *** (0.0123)	-0.215 *** (0.0583)	-0.116 ** (0.0502)
SOE			1.475 *** (0.475)
常数项	1.732 *** (0.372)	3.107 *** (0.408)	1.267 *** (0.399)
F 值		16.94	
N	495	495	495
R^2	0.570	0.592	0.827
企业数量	99	99	99

注：***、**分别表示在 1%、5% 的水平上显著，括号内为标准误差。

由表 4-11 可见，无论是单独考察 *SOE* 与 ln*RD* 的交互作用，还是将 *SOE* 与 ln*RD* 的交互项、*SOE*、ln*RD* 一起放在回归模型，均发现交互项的系数 θ 都小于 0，符合预期并且非常显著。这表明在长三角城市群战略性新兴产业中，国有产权属性越强，其 R&D 产出弹性越低，国有产权属性强度与 R&D 产出弹性显著负相关。

第 4 节　结论与政策建议

本章主要探讨战略性新兴产业研发投入、产权属性与产出绩效的关系，通过分析研究相关文献，提出两个主要假说。假设 4.1：战略性新兴产业的 R&D 投入对产出绩效有显著正效应。假设 4.2：战略性新兴产业中，国有产权属性强度与 R&D 产出弹性负相关，即国有产权属性越强，R&D 产出弹性越低。研发投入的衡量以上市企业年报公布的研发投入作为衡量变量，产出绩效选择企业主营业务收入作为衡量指标。实证数据选择长三角城市群战略性新兴产业相关的 A 股上市企业近 5 年年报数据，对 R&D 产出弹性测算时利用柯布—道格拉斯生产函数对数形式作为数据计量模型；研究产权属性对 R&D 产出绩效的影响时，通过产权属性进行分组测算，并进行稳健性检验。本节研究得到的主要结论如下。

本章以企业历年研发投入作为流量指标衡量研发投入，经过实证检验后发现研发投入对厂商产出绩效有显著正向影响，从固定效应测算结果看，长三角城市群战略性新兴产业的 R&D 产出弹性均值为 0.202～0.229，表明企业 R&D 投入平均每增加 1%，主营业务收入可获得 0.202%～0.229% 的增加，显见 R&D 投入对企业产出绩效所具有显著的正向影响，因而，企业应该积极对研发活动进行投入，最终才可以创造更多的企业产出绩效。

研究产权属性与 R&D 产出绩效的关系时，实证发现，在控制相关变量情况下，R&D 产出弹性与国有产权强度具有显著的负相关性，国有产权属性越强的企业，R&D 产出弹性越低。

本章结论对我国进行战略性新兴产业战略规划与实施具有一定的启发作用。第一，政府应该通过研发补贴、税收减免等方式来引导鼓励战略性新兴企业加大研发投入，特别是要支持大型国有企业进行关键技术、核心科技的研发创新。第二，相对于国有企业，民营企业有更高的研发投入产出弹性。因此，除了要注重国有企业在战略性新兴产业研发创新中的基础性作用外，也要注重激发民营企业的研发投入积极性，通过资源倾斜、研发补贴等措施来支持民营企业扩大研发支出投入。第三，战略性新兴产业中技术、研发人员比例高，考虑到战略性新兴产业面对的巨大不确定性，需要有强大的存量资本才能有效应对失败风险，总资产对企业绩效贡献度更高一些。第四，政府在制定战略性新兴产业政策时，除了要放松产业管制、税收优惠等政策手段外，还应该注重产权保护、投资者保护等，激励企业进行研发创新，从而提高整体企业绩效。

第 5 章

中国战略性新兴产业发展的相关扶持政策

第 1 节　国家层面扶持战略性新兴产业的政策

一、国务院的相关政策

2012 年国务院印发《"十二五"国家战略性新兴产业发展规划》，提出以下目标：产业创新能力大幅提升。企业重大科技成果集成、转化能力大幅提高，掌握一批具有主导地位的关键核心技术，建成一批具有国际先进水平的创新平台，发明专利质量数量和技术标准水平大幅提升，战略性新兴产业重要骨干企业研发投入占销售收入的比重达到 5％ 以上。一批关键核心技术达到国际先进水平。创新创业环境更加完善。重点领域和关键环节的改革加快推进，有利于创新战略性新兴产业商业模式、发展新业态的市场准入条件，以及财税激励、投融资机制、技术标准、知识产权保护、人才队伍建设等政策环境显著改善。国际分工地位稳步提高。涌现一批掌握核心关键技术、拥有自主品牌、开展高层次分工合作的国际化企业，具有自主知识产权的技术、产品和服务的国际市场份额大幅提高，在部分领域成为全球重要的研发制造基地。引领带动作用显著增强。战略性新兴产业规模年均增长率保持在 20％ 以上，形成一批具有较强自主创新能力和技术引领作用的骨干企业，一批特色鲜明的产业链和产业集聚区。《"十二五"国家战略性新兴产业发展规划》提出，到 2015 年，战略性新兴产业增加值占国内生产总值比重达到 8% 左右，对产业结构升级、节能减排、提高人民健康水平、增加就业等的带动作用明显提高。到 2020 年，力争使战略性新兴产业成为国民经济和社会发展的重要推动力量，增加值占国内生产总值比重达到 15%，部分产业和关键技术跻身国际先进水平，节能环保、新一代信息技术、生物、高端装备制造产业成为国民经济的支柱产业，新能源、新材料、新能源汽车产业成为国民经济先导产业。

2016 年国务院印发《"十三五"国家战略性新兴产业发展规划》，指出到 2020 年，战略性新兴产业要实现以下目标。一是产业规模持续壮大，成为经济社会发展的新动力。战略性新兴产业增加值占国内生产总值比重达到 15%，形成新一代信息技术、高端制造、生物、绿色低碳、数字创意 5 个产值规模 10 万亿元级的新支柱，并在更广领域形成大批跨界融合的新增长点，平均每年带动新增就业 100 万人以上。二是创新能力和竞争力明显提高，形成全球产业发展新高地。攻克一批关键核心技术，发明专利拥有量年均增速达到 15% 以上，建成一批重大产业技术创新平台，产业创新能力跻身世界前列，在若干重要领域形成先发优势，产品质量明显提升。节能环保、新能源、生物等领域新产品和新服务的可及性大幅提升。知识产权保护更加严格，激励创新的政策法规更加健全。三是产业结构进一步优化，形成产业新体系。发展一批原创能力强、具有国际影响力和品牌美誉度的行业排头兵企业，活力强劲、勇于开拓的中小企业持续涌现。中高端制造业、知识密集型服务业比重大幅提升，支撑产业迈向中高端水平。形成若干具有全球影响力的战略性新兴产业发展策源地和技术创新中心，打造百余个特色鲜明、创新能力强的新兴产业集群。

到 2030 年，战略性新兴产业发展成为推动我国经济持续健康发展的主导力量，我国成为世界战略性新兴产业重要的制造中心和创新中心，形成一批具有全球影响力和主导地位的创新型领军企业。

二、国家相关部委的政策

2010 年 3 月 8 日举行的"加快经济发展方式转变，大力发展战略性新兴产业"提案办理协商会上，财政部、科技部等 5 个部门负责人表示，将通过多方面举措，促进战略性新兴产业的发展。

财政部 2010 年指出中央预算安排的节能减排专项资金达到 500 亿元，比上一年增加 200 亿元，安排可再生能源发展专项资金 109 亿元，比上年增加了 30 亿元，加上可再生能源电价附加收入 100 亿元，中央财政节能减排和新能源发展专项合计安排 709 亿元。① 对于信息等其他战略性新兴产业的发展，财政部也会同有关部门研究加大资金的支持力度。在加大投入的同时，财政部还将积极运作新的机制，将资金安排与节能减排的亮点挂钩，多节能，多减排，多奖励，实施间接的补贴，以企业为主体培育市场，推广节能产品。技术创新方面，财政部将加快实施国家科技重大专项，促进战略性新兴产业自主创新。财政部将及时安排专项资金，尽最大的努力解决各种问题，保证 16 个重大科技专项顺利实施。为鼓励支持高端制造业和重大技术的创新，财政部还将启动实施首个奖励制度，鼓励和支持高端制造业和重大技术的创新。对采购和使用高端技术装备的业主单位，财政部将给予必要的奖励，以鼓励重大资产装备的运作，提高国产高端的自主研发和高端的技术装备创新能力。而在这一政策实施中，战略性新兴产业是重点。

科技部 2010 年也开始从三方面支持战略性新兴产业发展，其中一个措施是打造一批具有国际竞争力的战略性新兴产业基地。国家高新技术产业开发区在培育和发展战略新兴产业方面，具有多方面的优势和有利条件，要以培育战略性新兴产业和形成区域经济增长为主要任务，强化高新区的集聚辐射和带动作用，并聚焦主导产业，促进产业发展，构建共同平台，推动科技金融，会聚创新人才，推动二次创业，使高新区成为培育战略性新兴产业的重要载体，打造一批具有国际竞争力的战略性新兴产业基地。掌握核心技术是发展战略性新兴产业的重点之一。培育和发展战略性新兴产业的重要衔接和关键是掌握核心技术。科技部将以增强核心竞争力为目标，把与转变发展方式密切相关的领域，如低碳技术、新能源技术、动力电池、互联网、智能电网等一些领域，作为优先发展的技术领域，力争尽早实现自主知识产权，抢占高点，掌握发展的主动权。此外，科技部还继续加大对前沿性、关键性、基础性和共性基础研究的支持力度，把政府创新政策的着力点聚焦到研发的前端和推广应用上，充分地利用好国家的财政税收金融、政府采购的政策，强化对产业发展的引导，进一步创新体制机制，创造良好的投融资环境。

第 2 节　省级层面扶持战略性新兴产业的政策

长三角是我国先进制造业较为发达的地区，本节仅以长三角地区的江苏、浙江、上海为例对我国省级层面扶持战略性新兴产业的相关政策进行说明。

---

① 《五部门将出措施促新能源汽车等新兴产业发展》，中国新闻网，2010 年 3 月 9 日。

一、江苏省的扶持政策

江苏省财政厅 2007 年发布高科技及新兴产业税收优惠政策，对销售、引进软件，进口科研设备等共计 47 条税目减免税收；对高新技术企业减免 15% 的企业所得税，新版高新技术产业免征两年企业所得税，对技术性服务、"三废"利用企业、设计研发收入等共计 58 项减免所得税；对非营利性科研机构、军工用地等免征土地使用税。

2016 年江苏省印发《江苏省"十三五"战略性新兴产业发展规划》，具体阐述新一代信息技术产业、高端软件和信息服务业、生物技术和新医药产业、新材料产业、高端装备制造产业、节能环保产业、新能源和能源互联网产业、新能源汽车产业、空天海洋装备产业、数字创意产业十大重点产业的发展规划。具体措施分为以下六个方面。

1. 提升产业创新能力

围绕江苏省建设具有全球影响力的产业科技创新中心战略部署，不断优化创新资源布局，加强前沿性产业技术研发，着力建设一流的产业重大创新平台，打造高水平创新创业基地，加快提升产业创新能力。

2. 培育优强骨干企业

围绕提升企业创新能力和竞争力，完善培育创新型企业的配套政策措施，引导创新要素向企业集聚，加快培育创新型领军企业，扶持发展各领域骨干企业，支持发展专精特新企业，培育形成规模较大、国际竞争力较强的战略性新兴产业创新型企业集群。

3. 扩大应用试点示范

围绕战略性新兴产业的发展重点，强化需求侧政策引导，积极推进重点行业试点示范工程，加快推进新技术、新产品、新服务应用，培育和带动新消费、新业态发展，将潜在需求转化为企业能够切实盈利的现实供给，拓展市场空间，激发市场活力。

4. 推动集聚集约发展

按照国家苏南自主创新示范区、长江经济带建设、长三角区域一体化等战略部署，依托沿沪宁线、沿江、沿海、沿东陇海线等产业创新资源密集城市，坚持因地制宜、因业布局、因时施策，建设一批战略性新兴产业发展高地和特色优势产业基地，提升集聚集约发展水平。

5. 提高产业国际化水平

贯彻开放新理念和"一带一路"倡议部署，构建战略性新兴产业国际合作新机制，积极融入全球创新发展网络，推动产业链全球布局，探索国际合作新模式，拓展发展新路径，全面提升产业发展国际化水平。

6. 引进培养高端人才

深入实施科教与人才强省战略，紧密结合战略性新兴产业发展需要，加大人才引培力度，优化人才发展环境，着力构建以高端人才为引领、各类专业人才为支撑的人才高地，为战略性新兴产业发展提供强有力的智力支撑。

7. 推进军民深度融合

贯彻落实军民融合深度发展战略，推动军民两用技术互融互通和成果转化运用，推进军工企业与民用企业深度合作，促进江苏省战略性新兴产业发展与国防工业良性互动，为江苏建设军民融合示范区提供支撑。

江苏省这些举措也取得了显著效果。江苏省统计局数据显示，2019年上半年，江苏省规模以上工业增加值同比增长6%，高于年度5%的目标任务，分别比2018年全年、2019年第一季度回升0.9个和0.7个百分点。利润统计表明，2019年1~5月，全省工业利润增速下降4%，但较第一季度收窄2.7个百分点。全省主要工业行业平稳增长的格局没有发生变化，其中，建材、工程机械、船舶等传统行业总体增长较快，战略性新兴产业增加值同比增长7.7%，快于规模工业1.7个百分点；高技术制造业增加值同比增长9%，快于规模工业3个百分点，占全部工业比重达13.8%，比上年同期提高1.3个百分点。新能源、太阳能电池产量同比分别增长34.6%和20.1%。冶金、轻工、机械等行业总体平稳。

二、浙江省的扶持政策

浙江2017年出台《浙江省培育发展战略性新兴产业行动计划（2017—2020年）》，提出建设战略性新兴产业的目标，围绕网络经济、高端制造、生物经济、绿色低碳和数字创意五大领域，重点发展信息技术、物联网、人工智能、高端装备制造、新材料、生物、新能源汽车、新能源、节能环保、数字创意十大战略性新兴产业。到2020年，战略性新兴产业综合实力显著增强，创新能力大幅提高，产业贡献作用明显提升，成为国民经济的重要支柱产业；主营业务收入突破2.5万亿元，年均增速超过13%；产业体系逐步完善，先进制造业、高技术服务业比重大幅提升，支撑产业迈向中高端水平；新增龙头骨干企业100家以上。

以"政府引导搭台、企业主体运作、全球精准合作、内外并购重组、推进股改上市、资源政策保障"工业与信息化发展组合拳为抓手，推进落实浙江省战略性新兴产业发展的各项工作举措。

（一）开展试点示范

1. 建设战略性新兴产业示范区

推进国家信息经济示范区、国家自主创新示范区、国家信息惠民试点城市、国家新能源汽车试点示范城市、国家跨境电子商务综合试验区建设，规划培育一批战略性新兴产业示范区，在体制机制、商业模式、技术创新、标准建设、政策配套等方面加快形成示范。

2. 培育战略性新兴产业示范企业

分层次开展龙头企业、骨干企业与特色企业培育工作，完善政策措施，引导各类创新要素向企业集聚，增强自主创新能力，形成具有一定规模、竞争力较强的战略性新兴产业企业群体。

3. 实施"互联网＋"行动计划

在"互联网＋"创业创新、产业融合、益民服务、治理体系现代化、关键技术研发和基础设施建设等领域实现重大突破，并加快推广应用。

4. 实施重大技术和产品应用示范工程

从区域、行业、企业等不同层面组织开展重大技术和产品应用示范工程，落实首台套产品支持政策，帮助企业拓宽技术和产品市场空间，以应用示范带动战略性新兴产业加快发展。

5. 深入推进"三强一制造"

深入推进标准强省、质量强省、品牌强省建设，打造"浙江制造"品牌，以标准提档、质量升级、品牌增效为着力点，推动战略性新兴产业持续健康发展。

（二）实施重大项目

1. 谋划建设大科学装置（设施）

紧密对接国家相关部委，全力争取在浙江省规划布局大科学装置、重大科技基础设施项目。加强与周边省市重大科学装置的合作共享，积极开展基于大科学装置的前沿研究。围绕电子信息、大数据、新材料、生物医学、高端装备等领域，大力推动源头创新，力争在引领未来产业发展的基础研究方面抢占先机。

2. 实施重大科技专项

瞄准世界科技前沿，立足现有产业基础和创新优势，依托浙江大学、浙江清华长三角研究院、中科院宁波材料所等科研机构，组织实施一批重大科技基础研究专项、重大科技攻关专项，突破战略性新兴产业重点领域共性关键技术，在网络信息、生命、医疗、能源等领域形成一批可能引发产业重大变革的原创性、颠覆性技术。

3. 实施重大产业化项目

支持各地围绕主攻的产业方向，因地制宜招引一批自主创新能力强、研发投入大、符合产业导向的新兴产业重大产业化项目，带动新兴产业跨越式发展。

4. 实施上市企业培育计划

建立完善分层次、分类别、分梯队的上市企业培育名单，制定落实专项扶持政策，鼓励企业在境内外上市、在"新三板"和浙江股权交易中心挂牌。

5. 推动企业并购重组

支持优势企业围绕提升产业集中度、延伸产业链开展并购重组，整合先进技术、人才、品牌、渠道等核心资源。支持上市公司牵头或联合发起设立并购基金。

（三）推动集聚发展

1. 培育战略性新兴产业策源地

以杭州城西科创大走廊、杭州国家自主创新示范区和国家高新区、省级高新园区为载体，集聚全球高端创新人才和产业资源，强化重点领域基础研究，注重原始创新，加强新兴产业原创性技术开发。支持杭州、宁波、嘉兴等创新资源富集的中心城市形成以扩散知识技术为主要特征的战略性新兴产业策源地。依托龙头骨干企业，联动高校和科研院所，培育若干掌握核心技术的产业创新中心，推进产业创新服务综合体建设，深化产学研用联动，形成技术溢出效应。深入实施高教强省战略，对接国家"双一流"目标，大力推进重点建设高校计划和产教融合工程，大力推进一流学科和优势特色专业建设，积极引导高校科研人才、科研成果向战略性新兴产业集聚。

2. 规划建设特色优势产业基地

依托高新园区、开发区、产业集聚区、"双创"示范基地等产业平台，集聚要素资源，重点打造一批产业配套能力强、集聚程度高、市场容量大、集成创新活力足、创新创业环境好、辐射带动作用明显的战略性新兴产业基地。

3. 打造一批战略性新兴产业特色小镇

支持各地注重产业导向，综合利用各类资源，突出创新元素，打造一批特色鲜明、产业带动性强的特色小镇。

（四）深化开放合作

1. 积极参与"一带一路"建设

实施参与"一带一路"建设和推动国际产能合作三年行动、"一带一路"科技合作和联合产业研发计划，扩大机电高新技术产品出口规模，组织实施一批重大对外合作项目。

2. 组织实施"请进来"计划

全面实施外商投资准入前国民待遇加负面清单管理模式，鼓励外商更多投资信息技术、高端装备制造、人工智能等新兴产业。聚焦产业链、价值链高端，紧盯世界 500 强企业和行业龙头企业，组织开展境外招商系列活动，着力引进一批重大产业项目。引进海外研发机构在浙江省设立研发中心，促进引资、引技和引智相结合，高水平建设一批国际产业合作园。

3. 实施培育本土民营跨国公司计划

瞄准境外战略性新兴产业优质资源，鼓励有实力的企业"走出去"开展跨国并购和国际产能合作，获取海外品牌、先进技术、高端人才、营销网络等高端要素，提升企业国际化水平。支持有实力的企业赴境外设立经贸合作区和科技投资基金等，通过海外科技孵化助推省内创新发展。鼓励企业抱团开拓国际市场，提高竞争能力。

（五）集聚高端人才

1. 加大人才引进和培养力度

组织新兴产业领域企业赴欧美等地开展高层次人才招引活动，支持杭州、宁波等地和浙江清华长三角研究院等单位开展引才活动，支持有关地方和科研机构、企业在海外人才集中地设立引才工作站、离岸孵化器，为引进高层次人才做好服务工作。深入实施人才工程，加快培养高层次人才队伍。开展打造"浙江工匠"行动，统筹推进各类产业人才队伍建设。加强与科技部、中科院、工程院和国内外知名大学、大型科技集团等的合作，在全国范围内积极引进行业领先研发人才。

2. 加快人才发展平台建设

支持杭州未来科技城、西湖大学、浙江工程师学院加快发展。支持有条件的县（市、区）新建一批"千人计划"产业园。着力引进与浙江省战略性新兴产业关联密切的世界一流专业性大学研究机构 5 所以上。推动院士专家工作站、博士后工作站等平台建设。

3. 优化人才发展环境

健全人才评价、激励、流动和保障制度，在居留、签证、户籍和出入境以及医疗、保险、住房、子女入学等方面，对符合条件的战略性新兴产业高端人才给予政策倾斜。开展战略性新兴产业人才统计监测和预测预警工作。

三、上海市的扶持政策

2017 年上海市出台《上海市战略性新兴产业发展专项资金管理办法》，以求更加充分地发挥战略性新兴产业专项资金对培育骨干企业、推进战略性新兴产业跨越式发展的支撑作用。

一是增加专项资金支持的战略性新兴产业领域，并同步调整对应的推进部门。根据国家新发布的战略性新兴产业指导目录，战略性新兴产业领域从此前的 7 个增加到 8 个，具体为新一代信息技术、高端装备制造、新材料、生物、新能源汽车、新能源、节能环保、数字创意（新增）。基于此，对市经济信息化委、市科委等推进部门负责的战略性新兴产业领域，按照新的目录做了调整（8 个战略性新兴产业领域中，市科委负责生物领域，其余 7 个领域由市经济信息化委负责）。二是取消重点项目，新增特定出资事项。根据市政府决策，专项资金聚焦支持重大项目，原管理办法中关于重点项目的内容予以取消，同时增加"特定出资事项管理"一章。三是优化重大项目管理。优化重大项目定位，对技术突破性和示范带动性提出了更高要求。对投资补助方式进行了扩充，增加了滚动支持和双向支持两种方式。此外，对重大项目的评估和调整流程进行了优化。四是完善项目申报和事中事后监管。明确在项目初审时探索"积分制"制管理。同时，对项目申报和资金使用加强信用管理，对在项目资金使用过程中出现的违规行为，视情纳入上海市公共信用信息服务平台，取消项目法人和项目负责人三年内申报本专项资金的资格。

第 3 节　市级层面扶持战略性新兴产业的政策

各市级层面扶持战略性新兴产业政策较多，本节以长三角区域的浙江温州和江苏徐州为例进行论述。

一、浙江温州的相关政策

温州 2018 年出台《关于加快战略性新兴产业发展的若干政策意见》（以下简称《政策意见》），将着重支持发展数字经济、智能装备、生命健康、新能源智能网联汽车、新材料五大战略性新兴产业，培育壮大温州经济新动能，进一步推进产业提质提速发展。

《政策意见》从打造高能级集聚平台、引进产业项目、推进重大项目建设、做大做强企业、加快培育创新能力和增强要素保障等举措入手，以"真金白银"反哺"独角兽"企业，支持新兴产业茁壮成长。

一是在推进重点平台核心产业集聚发展方面，《政策意见》提出将对市区范围内的"3+12"核心产业平台，战略性新兴产业年增加值达到20亿元以上的，市财政给予平台基础奖励100万元，20亿元以上部分每增加20亿元的，再给予100万元奖励，累计奖励不超过500万元；对成功列入浙江省"万亩千亿"新产业平台创建名单并以企业为主导开发的，市财政给予市场创建主体300万元奖励；对列入市级战略性新兴产业特色基地培育名单的，在三年建设期内实行年度考核，每次考核通过的，市财政补助100万元。

二是引进战略性新兴产业项目。对新引进的世界500强企业外商投资项目，或总投资超过2亿美元的外商投资大项目，当年实到外资1000万美元以上的，给予外商投资企业200万元一次性奖励；对新引进的"独角兽企业"外商投资项目，当年实到外资500万美元以上的，给予外商投资企业100万元一次性奖励；对"独角兽企业"外商投资项目研发人才、设备购置以及经认定的研发服务外包等研发投入，按照实际研发投入给予20%、最高1000万元的补助。

三是推进战略性新兴产业重大项目建设。每年滚动实施一批战略性新兴产业重点项目，对年度实际固定资产投资超过1.5亿元的重点项目，每个给予100万元补助，同一项目补助年限不超过2年；对列入国家新兴产业重大工程、战略性新兴产业发展项目、创新能力建设等国家级重大产业发展专项的项目，给予一次性50万元奖励。对2018年起新增列入浙江省重大产业项目的战略性新兴产业项目，按获得的用地奖励指标给予1万元/亩、最高200万元奖励。

四是做大做强战略性新兴产业企业对新认定的规上战略性新兴产业企业连续两年在库的，给予10万元奖励。支持有潜力的战略性新兴产业企业加快成长，滚动建立战略性新兴产业企业重点提升库，对当年提升库内企业实现战略性新兴产业年产值首次超过3000万元以上且增速达到20%以上的，一次性奖励30万元；对战略性新兴产业企业一年内生产性设备投资500万元以上的技改项目，按设备投资额的15%给予不超过300万元的奖励。

五是加快培育产业创新能力对新认定的国家产业创新中心给予300万元奖

励；对国家产业创新中心获得国家财政补助的，按照 1∶1 给予地方配套补助，补助最高不超过 1000 万元。

二、江苏徐州的相关政策

鼓励战略性新兴产业企业大力创新。装备与智能制造领域、新能源领域，获批建成国家、省级制造业创新中心，分别给予 500 万元、300 万元的奖励；对获得国家、省首台（套）重大装备或关键部件认定的，分别给予 100 万元、50 万元的奖励。

对新建集成电路与 ICT 产业检测、认证、研发等方面实体化运作的公共服务平台，给予其设备自筹投入 10%、最高不超过 500 万元的奖励；对集成电路与 ICT 公共服务平台为徐州市企业提供服务的，按照年度合同金额 5%，给予平台最高 100 万元的奖励。对集成电路与 ICT 企业获得国家、省首台（套）重大装备或关键部件认定的，分别给予 100 万元、50 万元的奖励。

对创新药，完成 Ⅰ 期、Ⅱ 期、Ⅲ 期临床试验研究的，分别给予 100 万元、200 万元、300 万元奖励；取得新药证书并在本市实现产业化的，给予 1000 万元奖励；对获得改良型新药、仿制药生产批件或三类医疗器械证书且在徐州市实现产业化生产的，给予 500 万元奖励。

支持新兴产业重大项目建设。经相关部门备案，获得装备与智能制造、新能源领域国家重大专项且在徐州市落地实施的，按中央财政支持资金的 20% 给予奖励，单个项目最高不超过 1000 万元；获得集成电路与 ICT 领域和医药、医疗器械领域国家重大专项且在徐州市落地实施的，按中央财政支持资金的 50% 给予奖励，单个项目最高不超过 1000 万元。

加大金融对新兴产业的支持力度。设立四大新兴产业投资基金，重点支持重大产业项目，引导社会资本、产业资本和金融资本投向装备与智能制造、新能源、集成电路与 ICT、生物医药产业。

推进符合条件的四大战略性新兴产业上市。对完成股改企业，给予 50 万元奖励；首次向省证监局申报辅导材料，给予 50 万元经费补助；首次向中国证监会提上市申请文件，给予 100 万元经费补助；企业成功上市给予 200 万元奖励。拟在境外上市企业向相关交易所提交上市申请文件、成功实现境外上市，均分别给予 100 万元奖励；"新三板"成功挂牌企业，给予 50 万元奖励。

鼓励企业围绕行业前瞻领域进行技术研发。对年度研发费用 500 万元（含）以上的新能源企业、年度研发费用 300 万元（含）以上的集成电路与 ICT 企业，给予年度新增研发费用 10%、最高不超过 500 万元的奖励；对年度研发费用 100 万元（含）以上的生物医药企业，给予年度新增研发费用 10%、单个企业最高不超过 800 万元的奖励。

重视高层次研发人才的引进工作。新能源、集成电路与 ICT 企业引进年薪 60 万元以上的高层次研发人才，按当年人才纳税薪酬的 30% 给予用人单位奖励，每家企业每年最高奖励 100 万元。对柔性引进的高层次研发人才，申报市各类人才、科技计划项目，按全职引进人才条件予以支持。对企业引进的各类人才在生活补贴、户口申办、配偶安置、子女入学、住房等方面按现有人才政策给予优先支持。

另外，四大新兴产业相关企业，参加境内外各类专业展销会、订货会、博览会，可按照会展费用的一定比例给予奖励。对于装备与智能制造、新能源产业，列入全国标准化技术专业委员会以及分技术委员会的单位，提出国际标准组织标准研制项目、国家标准研制项目，提出行业标准研制项目、省级地方标准或技术规范研制项目，并作为标准主要起草成员的单位，分别给予一定补助。

第6章 政府补贴、税收优惠与战略性新兴产业发展

第1节 导论

国家统计局数据显示，近年来，我国经济面临较大的下行压力，GDP 增速由 2010 年的 10.4% 一路下滑到 2016 年的 6.7%。2017 年我国 GDP 增速为 6.9%，实现了经济增速连续下滑背景下的首次增速回升。习近平总书记在党的十九大报告中明确指出："我国经济已由高速增长阶段转向高质量发展阶段。"2018 年 3 月 5 日在党的十三届全国人大一次会议上，李克强总理指出，2018 年国内生产总值增长 6.5% 左右的目标。从党的十九大报告的论述和近几年 GDP 增速的变化可以看出，我国经济增速换挡，经济由过去的高速增长向高质量发展转变，经济发展进入新常态。新常态有三个主要特点：一是从高速增长转为中高速增长；二是经济结构不断优化升级；三是从要素和投资驱动转为创新驱动。主动适应经济发展新常态，需要培育经济增长的新引擎。战略性新兴产业具有知识技术密集、物质资源消耗少、成长潜力大、综合效益好的特点，符合我国经济新常态增长动力转换的要求。大力发展战略性新兴产业，是适应经济新常态的必然选择，是促进经济结构转型升级、实现由要素驱动和投资驱动向创新驱动转换的必由之路。

目前，我国战略性新兴产业尚处于发展初期，与发达国家相比产业不成熟，现阶段仍属于幼稚产业。虽然企业成长性好，但总的来说，企业规模小，

实力弱，在发展的过程中容易夭折。战略性新兴产业长远发展，要求企业投入大量人力物力开展研发活动，推动企业产品升级和行业科技进步。但是，研发活动具有正外部性，研发成果容易被竞争对手模仿，导致企业的私人收益低于社会收益，企业研发投入积极性不高。战略性新兴产业发展日新月异，技术推陈出新，产品更新换代快，新技术新产品的推出对现有产品技术带来毁灭性打击，消费者喜新厌旧，企业产品滞销，前期研发投入血本无归。新产品开发的高技术风险导致企业研发热情低，研发投入不足。战略性新兴产业企业大多是中小规模企业，资金实力不够雄厚，经营风险较大，现金流容易断裂。为规避风险，银行对中小企业的放贷格外谨慎，中小企业容易受到融资约束。企业没有充足的现金流，实现现有规模的经营都存在压力，更无法加大研发费用投入。

正外部性、技术风险、融资约束问题制约战略性新兴产业发展，市场失灵迫切要求政府这只"看得见的手"进行干预，采取产业扶持政策，弥补市场失灵。扶持政策主要包括财政补贴和税收优惠两种。政府扶持有附加效应，企业在获取政府资助后，增加研发投入。近年来，在政府大力扶持下，战略性新兴产业持续快速发展，产业增加值增速远高于国内生产总值增速，成为引领经济增长新引擎。

但产业发展过程中问题随之浮现，政府行为会产生一定程度的挤出效应，企业在取得扶持资金后削减自身研发投入，造成财政资源的错配和浪费。企业为获取政府财税支持，骗取补贴现象屡见不鲜，权力寻租时有发生。

财政补贴和税收优惠作为两种不同的政府扶持手段，对企业研发投入的作用机制、激励效果有所不同。

国有企业存在软预算约束问题，相比民营企业容易获得政府补助，对补助资源不够珍惜，可能出现资金滥用，影响使用效率。国有企业委托代理问题严重，代理人追求短期利润最大化，研发投入积极性不高。民营企业的市场意识和竞争意识强烈，不存在预算软约束，研发热情高涨，政府补助更能促进研发投入。

中西部地区企业数量少，市场需求大，市场竞争相对平缓，经济发展相对落后，中央补助资金向中西部省份倾斜比较明显，给予中西部地区企业更高强度的财政补助和税收优惠。宽松的市场竞争环境导致企业研发热情不高，政府补助资金可能被挪作他用。东部地区经济发达，市场竞争激烈，企业为生存和发展需要通过研发保持原有市场份额并开拓新市场，投入大量人力物力财力提升自身竞争力。战略性新兴产业企业大多是中小企业，高额的研发投入导致企业资金链紧张。政府补助能有效缓解东部企业的资金困难，促进研发投入。

第2节　战略性新兴产业财政补贴和税收优惠的现状问题分析

一、战略性新兴产业财政补贴现状与问题分析

战略性新兴产业在具有倍增性、创新性、辐射性和可持续性特征的同时，其过程也具有风险性，结果具有外溢性。为弥补企业创新过程及结果的不确定性，提高企业创新积极性，政府推行了一系列政策措施来推动新兴产业发展，财政补贴便是政府采取的诸多政策手段之一。

（一）战略性新兴产业财政补贴现状

2010年10月发布的《国务院关于加快培育和发展战略性新兴产业的决定》明确指出设立战略性新兴产业发展专项资金，建立稳定的财政投入增长机制，增加中央财政投入。2012年12月31日，财政部、发展改革委联合制定了《战略性新兴产业发展专项资金管理暂行办法》，明确专项资金一般采取拨款补助、参股创业投资基金等方式支持战略性新兴产业发展。截至2011年底，全国共有24个省份设立了战略性新兴产业专项资金。

截至2013年底，中央财政通过产业技术研发资金和战略性新兴产业发展专项资金安排70.5亿元，支持参股设立141只创业投资基金，带动地方政府和社会资本投入近320亿元，对拓宽战略性新兴产业企业融资渠道发挥了重要作用，有力地支持了战略性新兴产业领域创新型中小企业发展。

（二）战略性新兴产业财政补贴存在的问题

1. 市场导向

战略性新兴产业由于其属于幼稚产业、技术风险大等特点需要政府采取扶持政策促进其发展，需要政府这只"看得见的手"引导战略性新兴产业的发展，但是，任何产业的发展都是一个由幼稚到成熟、由弱小到强大的过程。在战略性新兴产业幼稚弱小的时候，政府确实有必要采取手段给予扶持。但是，在该产业逐步壮大的过程中，政府不应该一直发挥其支持引导作用，应逐步让位于市场，让市场发挥配置资源的决定性作用。战略性新兴产业的发展需要政

府引导、市场驱动，这两者并不矛盾。如江苏省已建立省政府投资基金，支持符合战略性新兴产业、《中国制造 2025》等战略规划的企业和项目，由省财政出资为主，并吸引社会资本跟进，按照政府引导和市场化运作相结合的方式，促进江苏省战略性新兴产业的发展。

2. 补贴结构需要调整

补贴结构主要针对两个方面：一是所有制结构；二是产业结构。对于所有制结构，国有企业往往较容易获得政府补助，而民营企业在获取政府补助过程中往往需要经过烦琐的申请审批程序，导致民营企业在获得政府补助方面的能力明显劣于国有企业。国有企业由于其决策机制、代理问题，导致企业管理层在研发问题上往往倾向于采取保守的态度，而民营企业则较少存在国有企业存在的问题，导致国有企业创新活动的积极性、主动性远远小于民营企业。财政补贴在产业结构方面也存在问题，具体而言就是在战略性新兴产业细分领域方面补贴资源分配不均匀。这里的均匀不是指绝对的均匀，而是指财政补贴应当紧密结合各细分领域的发展形势，因地制宜，因时制宜，使财政补贴能够发挥最大的效益。财政补贴主要集中在节能环保产业、新能源汽车产业及新能源产业等领域，这些领域曾一度出现产能过剩、产业趋同的现象。其中，太阳能光伏发电行业较为严重，为了获取财政补贴，光伏企业曾一度发生抢装潮，光伏发电产业的产能过剩问题相当严重。

3. 创新补贴机制有待改善

长期以来，我国的财政补贴采取较为单一的研发项目补贴，导致一些企业一开始就没有从事新项目研发的意愿，虚构编制项目计划书呈交政府有关部门以骗取财政补助。骗补行为导致政府财政资源利用低效。另外，政策扶持政策不健全，没有形成完整的全产业链条补贴政策。比如新能源汽车产业，政府扶持倾向于消费终端补贴，而对于新能源汽车电池厂商的扶持则较少。

4. 资金监管不力，挪用现象时有发生

财政补贴作为一种事前支持的扶持手段，在研发项目尚未开始之前，由战略性新兴产业企业向政府有关部门提交书面文件等方式介绍项目有关情况，然后政府部门根据项目的计划书决定是否给予补贴。一旦确定项目符合政策文件，满足补贴标准，则政府部门会采取财政贴息、拨付资金等手段将补助发放给企业。企业在领取补助后可能会存在资金挪用的问题，不将获取的补助用到事前决定的研发项目上去，导致财政补贴失效。挪用现象导致财政资金没有用到"刀刃上"，导致新的政府失灵现象的出现。

二、战略性新兴产业税收优惠现状与问题分析

税收政策是国家进行宏观调控、引导产业发展的重要政策工具之一，通过税前减免、税额减免、税率优惠等政策的设立和调整，可以有效引导资源流动，优化资源配置，从而推动新兴产业发展，促进产业结构转型升级。

（一）战略性新兴产业税收优惠现状

《国务院关于加快培育和发展战略性新兴产业的决定》指出完善税收激励政策，针对战略性新兴产业的特点，研究完善鼓励创新、引导投资的税收支持政策。表6-1和表6-2是促进战略性新兴产业发展的一般税收优惠政策和专门税收优惠的梳理。

表6-1　　　　　　促进战略性新兴产业发展的一般税收优惠政策

税收优惠税种	优惠方式	税收优惠政策
企业所得税	税前减免	（1）为开发新技术、产品、工艺发生的研发费，没有计入当期损益的，在据实扣除的基础上，按总额的50%加计扣除；构成无形资产的，按无形资产成本的150%进行摊销。 （2）鼓励科技投入方面：一是出于技术进步等原因，企业符合条件的固定资产可以缩减折旧年限或者采用加速折旧的方法；二是创投企业采取股权投资方式投资于未上市的中小高新技术企业两年以上的，可以按其投资额的70%在股权持有满两年的当年进行应纳税所得额的税前抵扣，当年不足抵扣的，可以在以后纳税年度结转抵扣
	税额减免	（1）企业购置并使用符合规定的节能环保等专用设备的，该设备投资额的10%可以从企业当年的应纳所得税额中抵免，当年不足抵免的，可以在以后五个纳税年度结转抵免。 （2）一个纳税年度内，企业技术转让所得没有超过500万元的部分，免征企业所得税；超过500万元的部分，减半征收企业所得税
	税率优惠	符合规定的高新技术企业，减按15%的税率征收企业所得税
个人所得税	税额减免	（1）科研所、高校转化职务科技成果获得的个人奖励，在取得股份时暂不缴纳个人所得税。 （2）对个人获得的符合规定的奖金、技术成果奖金，免征个人所得税

续表

税收优惠税种	优惠方式	税收优惠政策
增值税	税额减免	直接用于科学研究、试验的进口仪器设备免征进口环节增值税
	税率优惠	音像制品、电子出版物实行13%的税率
关税	税额减免	直接用于科学研究、试验的进口仪器设备免征关税

表6-2　　　　　**促进战略性新兴产业发展的专门税收优惠政策**

战略性新兴产业	税收优惠政策
节能环保产业	企业从事符合条件的节能环保项目的所得，自项目取得第一笔生产经营收入所属纳税年度起，享受企业所得税"三免三减半"优惠；企业综合利用资源，以国家规定的资源为主要原材料取得收入减按90%计入收入总额；对节能服务公司符合条件的资产免征增值税；对利用垃圾生产的电力、热力实行增值税即征即退
新一代信息技术产业	（1）增值税一般纳税人销售自行开发生产的软件产品，按17%的税率征税后，对其超过3%的增值税实际税负部分实行即征即退政策，包括将进口软件进行本地化改造后对外销售。 （2）符合规定的软件企业取得的即征即退增值税款，专项用于软件产品研发与扩大再生产且单独进行核算的，可以在计算应纳税所得额时扣除。 （3）集成电路设计企业与符合规定的软件企业的职工培训费用可以在税前据实扣除。 （4）企业外购的可以依照固定资产或无形资产核算的软件，其折旧年限或者摊销年限准予适当缩短，最短为2年。集成电路生产企业的生产设备的折旧年限准予适当缩短，最短为3年。 （5）重点软件企业和集成电路设计企业，如当年未享受免税优惠的，可减按10%的税率征收企业所得税。 （6）集成电路设计企业和符合条件软件企业的职工培训费用，应单独进行核算并按实际发生额在计算应纳税所得额时扣除
生物产业	对纳税人销售自产的符合条件的生物制品享受6%的增值税率
高端装备制造产业	对航空航天船舶总公司所属的军品科研生产用厂房等免征城镇使用税
新能源产业	利用风力生产的电力实行增值税即征即退50%；对企业从事风力、海洋能、太阳能、地热等发电所得，享受企业所得税"三免三减半"优惠

（二）战略性新兴产业税收优惠存在的问题

1. 现行税收优惠政策覆盖面相对较窄

现行优惠政策主要涉及节能环保产业、新能源产业、新一代信息技术中的软件和集成电路企业。整个生物产业、高端装备制造产业、新材料产业的优惠政策屈指可数。尤其是流转税这一块，新兴产业在发展前期需要承担较多的增值税等税收负担，无形之中就加大了企业的研发成本，为此应尽快将流转税优惠政策普及到战略性新兴产业的各个行业中。

2. 税收优惠政策系统性不强、针对性不强

目前，我国尚未出台针对战略性新兴产业的完整配套的税收政策，优惠政策大多分布在个别的税种之中。税收优惠政策不是针对具体的研发项目，而是针对企业整体而言，针对性不强。

3. 现行税收优惠政策重视物质资本而忽视人力资本

战略性新兴产业的发展需要物质资源的支撑，但是，更需要的是科技人员的创新能力。战略性新兴产业的企业购买固定资产、无形资产，可以采取加速折旧摊销等方法。但是，企业引进创新人才，很少有相应的税收优惠政策。这会导致企业重视物质资本的投入而忽视人力资本的引进培养，不利于战略性新兴产业的长足发展。

第3节　政府扶持与研发投入的理论研究

一、政府扶持战略性新兴产业的理论基础

（一）幼稚产业保护理论为政府扶持战略性新兴产业提供了理论基础

其核心思想是，有正外部性和规模经济性的新兴产业，在发展初期规模小难以形成规模效应，政府应采取扶持政策促进该产业发展。美国第一任财政部长汉密尔顿在《关于制造业的报告》一文中最早提出幼稚产业保护理论，指出新兴的美国与西欧强国在制造业上存在巨大的差距，提出美国政府运用保护性政策对新兴的制造业提供支持，引领美国的经济发展。他提出的由政府扶持新兴制造业的思想构成了战略性新兴产业扶持理论的基本框架。德国经济学家李斯特进一步发展和完善了幼稚产业保护理论，构建出一个落后国家利用保护性政策发展本国具有战略意义的新兴制造业、促进本国经济发展的理论体系。

当时的德国在工业发展水平上远远落后于英国，如果实行自由贸易，德国只能永远落后于英、法等国，无法实现自身的工业化。他提出在煤铁等新兴制造业中采取保护性措施，扶持德国工业发展，实现经济赶超（李斯特，2013）。目前，发展战略性新兴产业已成为世界主要国家抢占新一轮经济和科技发展制高点的重大战略。我国战略性新兴产业虽然已经呈现良好的发展势头，但是，与发达国家相比，仍存在较大差距，核心技术缺失，高端零部件生产环节受制于人。发展战略性新兴产业的关键在于拥有核心技术，核心技术的获取在于自主创新，现如今与企业自主创新直接相关的就是企业的 R&D 能力。因此，在现阶段，政府应该对新兴产业进行扶持，促进企业积极开展创新活动，以推动其更好的发展。

（二）国家竞争优势理论也为政府扶持战略性新兴产业提供了理论支持

竞争优势理论是迈克尔·波特提出的分析产业或者国家竞争力的一种理论。钻石模型是竞争理论的核心内容，即，一个国家或地区，如果要建立起产业的国家竞争优势，必须要善于运用生产要素、需求条件、相关产业和支持产业的表现、企业的战略和结构以及竞争对手的表现四大关键要素，同时要注意"政府"和"机遇"的影响（迈克尔·波特，2007）。在生产要素方面，政府为提升战略性新兴产业的竞争力，必须高度重视生产要素的作用，制定政策以提升、创造生产要素，尤其是高级生产要素与专业生产要素，如加大财政专项经费投入、培养专业技术人才、鼓励支持基础性研究与共性技术研发、加强基础设施建设等。在需求条件方面，政府为提升战略性新兴产业的竞争力，应当完善产业发展规划，加大对战略性新兴产业产品的政府采购力度，制定激励发展战略性新兴产业的奖励政策和鼓励购买战略性新兴产业产品的补贴政策等，为产业发展提供直接或间接的国内需求，通过壮大国内市场加快提升产业的竞争优势。宗文龙、黄益建（2013）指出，政府采购是一种引发创新、加速创新性产品生产和服务扩散的重要方式，我国应完善政府采购制度，在推动战略性新兴产业发展方面发挥更大作用。

（三）外部性理论也为政府扶持战略性新兴产业提供了理论支持

战略性新兴产业具有显著的外部效应。黎春秋、熊勇清（2011）指出，战略性新兴产业的外部性主要体现在三个方面，分别是溢出效应、置换效应和联动效应。溢出效应表现为技术溢出和人才溢出两大方面，战略性新兴产业非常重视技术的发展，往往代表着一个国家或地区的技术发展水平，且培育出了大批优秀人才，因此，一个地区战略性新兴产业的引入和发展，能够对当地传统企业产生明显的技术溢出和人才溢出效应。置换效应表现在其对经济发展、就业和产业带动职能的置换上。政府通过补贴扶持和培育新兴产业的发展，促使其成长为一国经济的主导和支柱产业为经济发展职能置换。通过发展战略性新兴产业可以创造大量的就业机会，代表传统产业成为就业的新方向，缓解我国的就业问题为就业职能置换。新兴产业与传统产业相比，对上下游和当地产业具有更强的引导和带动作用，随着新兴产业的发展，战略性新兴产业将成为我国经济和产业的主要带动力量，为产业带动职能置换。战略性新兴产业对传统产业的联动效应从下到上表现为要素、企业、政府和社会四个层面的联动。新兴产业由于其技术创新能力强、发展潜力大等特点，对经济社会的各个层面都会产生联动作用。因此，政府通过对战略性新兴产业扶持以培育和促进其发展，可以推动新兴产业发挥更强的外部效应。

（四）融资约束问题

政府对战略性新兴产业进行扶持有利于纠正资源配置扭曲的问题。由于市场失灵、资本市场不完善等原因的存在，资源配置并不均衡，中小企业总是面临融资难的问题。熊正德、林雪（2010）指出，新兴产业风险抵御能力较低，在经济波动期资金筹集和配置方面均存在失效率现象。赵玉林、石璋铭（2014）指出，企业即使获取外源融资，由于较高的偿还压力、严格的使用条件，资金无法充分地从低效领域迅速调整到高效使用领域，战略性新兴产业面临的融资约束会制约产业资本配置效率。政府通过财政补贴和税收优惠的手段，可以实现经济体系中的资源重新配置，起到纠正资源配置扭曲的问题，能够促进资源更多地流向新兴产业，实现经济效益的最大化。

（五）信息不对称与信号传递理论

战略性新兴产业多是高新技术产业，新技术、新工艺研发成功后，出于保密考虑，一般不会将技术成果的信息全部公布。银行在不完全了解技术成果的情况下，不敢轻易贷款。企业和银行等资金供给方之间存在信息不对称的问题。财政补贴能够起到信号作用。财政补贴能够向公众传达出一个信号，即获得扶持的企业都是那些能够取得较好业绩水平的企业，因此，受扶持的企业能够更容易地从银行获得贷款，因为银行倾向于贷款给业绩水平高的企业。郭晓丹等（2011）指出，政府对于企业研发活动进行补贴所产生的信号效应能够显著提高被补贴企业获得长短期借款的可能性，认为政府的补贴行为是广大社会投资者做出投资决策的重要风向标，他们的投资行为会受到政府 R&D 补贴信号效应的影响。另外，可由政府出资构建公共信息服务平台，减少双方的信息不对称，促进产业的发展。因此，在政府扶持下，战略性新兴产业的企业从银行获得贷款能够变得更加容易，从而起到进一步解决中小企业融资难问题的作用。

二、政府扶持对研发投入的作用机理

（一）政府扶持降低企业研发成本

肖兴志等（2014）认为，企业能力积累显著影响企业持续生存的时间，研发能力的积累是影响企业持续生存最为关键的因素。战略性新兴产业是知识技术密集型产业，技术的更新换代、产品的推陈出新离不开研发活动的推动，产业的长足发展更应坚持研发优先、创新驱动。而企业的研发活动往往需要投入大量人力、物力、财力，导致研发成本过高。政府的扶持政策可以有效降低企业的研发成本，同时，研发活动的成功往往可使企业获得技术上的领先优势，因此，企业会倾向于把资金和人员投入研发创新活动中。

（二）政府扶持减弱企业风险性

李晓华、吕铁（2010）指出，战略性新兴产业在技术、市场和组织等方面都存在极大的不确定性，重大技术创新一般都面临很大的风险，市场的不确定性也是战略性新兴产业发展所面临的重要障碍。企业研发活动所投入的资源也有很大的风险性，现代社会中企业所面临的竞争压力越来越大，则企业在应对巨大压力的同时会越不愿意进行风险性较大的研发活动。政府的扶持政策会缓解企业面临的税负压力，减少企业的竞争压力，分担企业研发活动的不确定性，提高企业承担风险性的积极性。蒋震、梁军（2010）探讨了税收制度对战略性新兴产业的调控作用，指出科学合理的税制设计可平滑新兴产业研发环节和产品生产与运营环节的风险和收益，降低成本和风险。

（三）政府扶持缓解企业资金压力

战略性新兴产业的企业大部分是中小企业，规模小、资金实力不足是中小企业常见的问题，很多企业因为资金量不足而无法开展研发活动。企业筹集资金的途径通常有三种：一是银行等金融机构会向企业提供贷款；二是向社会公众发行债券、股票进行融资；三是企业利用自己的资金投入，通常是企业的原始积累和经营过程中的盈利。企业要取得贷款，往往需要提供抵押、向银行公开资金的用途，由于企业需要对研发活动保密，往往较难取得贷款；通过发行债券、股票向社会融资通常时间较长，程序复杂；企业日常经营活动的现金流量通常由原始积累和税后利润构成，很多战略性新兴产业企业成立时间较短，没有足够的研发资金投入，导致研发活动无法开展。此时，政府的财政补贴成为战略性新兴产业企业研发活动资金的重要构成部分，政府的税收优惠政策，如优惠税率、加速折旧和加计扣除等政策会使得企业的税负压力减少。另外，政府对企业的研发补贴也表明政府对企业的支持，会提高外部资金提供者对企业的评价，吸引更多的投资者对企业的研发项目进行投资，进而为企业提供良好的融资环境，缓解企业研发活动中的资金压力。

三、财政补贴和税收优惠的对比

财政补贴和税收优惠作为政府促进战略性新兴产业发展的两种不同激励政策，因两者政策特点的差异性决定了它们影响战略性新兴产业创新活动的作用机制势必存在较大不同，主要表现为激励方式、激励对象、项目决策、公平程度、反应速度、力度分散性、执行成本和激励效果八个方面。

一是从激励方式来看，财政补贴属于事前支持，表现为充实微观市场主体的现金流，增加微观市场主体的收入和利润，补贴收入具有确定性，且政府及其财政部门会指定与引导收入用途；而税收优惠主要是事后激励，能有效降低微观市场主体的税收负担，节税收入作为一项期望收入，企业使用的自主性相对较强（柳光强，2016）。财政补贴一般发生在企业进行创新活动之前，是指各级政府对企业申报的项目进行筛选、评估和立项之后，对通过审查立项的项目企业拨付财政支持资金款项。如果将企业研发活动细分为前期投入阶段、中间转化阶段和后期实现阶段，财政补贴主要在第一阶段发挥引导作用。与之相对应，税收优惠是指企业在研发活动之后，主要通过优惠税率、税收抵免和税前扣除等方式取得资金收益，且主要在企业研发活动的后两个阶段发挥激励作用。

二是从激励对象来看，财政补贴对象一般是政府选定具有较大技术创新与较好发展前景的研发领域或研发项目，而这些研发领域和研发项目通常需要拥有一定的资金规模作为坚实的后盾，通常经营规模较大或经营业绩较好的大企业才更有机会获得此类补贴。相比较而言，税收优惠则可以适用于各类企业，甚至是个体工商户，通常不会因企业所处的地区、行业和发展规模等因素而将某一企业排除在优惠范围之外。

三是从项目决策来看，财政补贴本质上属于政府决策，政府代替企业选择研发项目并对其提供资金支持。而税收优惠更加侧重于发挥企业的自主决策能力，企业可以根据自身发展要求和市场需要自主决定是否进行某一领域或某一项目的研发，从而获得研发税收减免与优惠。

四是从公平程度来看，财政补贴的资助对象由政府部门确定，不仅具有一定的局限性，而且在确定资助对象的过程中，由于官僚程序的存在，更容易出现寻租行为，会在一定程度上加剧企业间竞争的横向不公平。虽然税收优惠主要对有相应应纳税所得额的盈利企业比较有效，但相比于财政补贴，其覆盖面更广，更具有普遍性，更能体现市场公平。另外，税收制度可以通过法律形式保证政策的稳定性和连贯性，使得企业能够根据政府制度安排做出最优资源配置方案（李浩研、崔景华，2014）。

五是从反应速度来看，虽然财政补贴效果从企业创新投入阶段到创新结果转化阶段具有一定的滞后效应，但由于其政策意图更加明确，针对性较强，使得其反应速度更为迅速、直接、明显，短期激励效果较好。相比较而言，税收优惠初期反应速度相对缓慢，效果不明显，但长期效果较好。张同斌、高铁梅（2012）指出，相比税收激励政策，财政政策对高新技术产业的推动效果更为显著，并且财政激励政策相对灵活，易于实施，而税收政策一旦制定则相对固定，不易变动。

六是从力度分散性来看，财政补贴具有直接高效的特点，税收优惠的支持力度显得较轻微，激励的作用点较分散（李方旺，2015）。

七是从执行成本来看，财政补贴的执行成本相对较低。而税收优惠的执行成本不但包括税务机关的征收成本和纳税人的纳税成本，还包括税收优惠导致的效率损失。对于先征后退或先征后返等税收优惠措施，认定审核环节较多，手续较为烦琐。总体来看，税收优惠的执行成本较高。

八是从激励效果来看，财政补贴可能产生互补抑或替代作用两种可能。一方面，财政补贴在直接对企业研发活动提供资金补偿的同时，通过信号效应可以吸引银行和其他社会资本的投入；另一方面，也有可能挤占企业自身的研发投入产生替代效应从而扭曲资源配置。与之相对应，获得的实际税收优惠主要来自两方面。一是在企业创新过程中，因适用各种税收优惠政策实际获得的税收减免等，这部分税收优惠一般会对企业创新活动产生正向推动作用，因为企业几乎不会为获得税收优惠而盲目决定开展某一高风险的技术研发活动。二是名义税收优惠，即因法定税率与名义税率不同而产生的。我国居民企业实行的一般税率为25%，但为促进企业增加研发投入以及提升其创新能力，对企业的创新活动一般给予税率优惠，像高新技术企业的所得税税率为15%。从战略性新兴产业企业具体的企业年报分析得知，大部分企业的名义税率都低于一般的法定税率25%，所以，大部分企业都可以获得名义税收优惠。根据行为经济学理论，人们通常会根据潜意识将不同方式获得的财富划分为不同的账户，即企业会将其获得的名义税收优惠视为自己的经营所得，按照一般边际投资倾向进行投资，而财政补贴对企业而言相当于额外获得的收入，其边际投资倾向会高于一般的边际投资倾向，所以，财政补贴对于企业创新的刺激效应要比名义税收优惠更加突出。

第4节　政府扶持与研发投入的实证研究

一、模型建立与数据说明

（一）模型建立

本节重点研究政府扶持对战略性新兴产业企业研发投入的影响，因此，用财政补贴和税收优惠作为主要解释变量，企业研发投入作为被解释变量。在控制变量的选择上，从以下三个方面来选取：一是企业的资产规模，我们用企业的期末总资产（asset）这一变量来衡量；二是企业的盈利能力，我们用权益净利率（roe）这一变量来衡量；三是企业的负债水平，我们用资产负债率（dar）这一变量来衡量。

根据上述分析，建立以下线性回归模型：

$$rd_{it} = \alpha_0 + \alpha_1 sub_{it} + \alpha_2 tax_{it} + \alpha_3 asset_{it} + \alpha_4 roe_{it} + \alpha_5 dar_{it} + \varepsilon_{it} \qquad (6.1)$$

其中，rd_{it}表示i企业第t年的研发投入，sub_{it}为i企业第t年财政补贴，tax_{it}为i企业第t年得到的税收优惠，$asset_{it}$为i企业第t年的总资产，roe_{it}为i企业第t年的权益净利率，dar_{it}为i企业第t年的资产负债率。

（二）变量含义与说明

被解释变量rd表示企业研发投入。本节采用企业年报中研发费用的自然对数衡量战略性新兴产业企业的研发投入水平。

解释变量sub用来衡量财政补贴。本节采用企业年报中营业外收入下政府补助的自然对数表示。从总体上讲，财政补贴对企业研发投入应具有一定的促进作用，本节研究的目的在于研究财政补贴是否显著促进了战略性新兴产业企业研发投入，及财政补贴变量是否显著为正，因此，推测财政补贴变量的系数为正。

解释变量 *tax* 用来衡量税收优惠。本节采用 Wind 数据库中企业每年收到的税费返还的自然对数表示。从总体上讲，税收优惠对企业研发投入也应具有一定的促进作用，本节研究的目的在于研究税收优惠是否显著增加了战略性新兴产业企业研发投入，及税收优惠变量是否显著为正，因此，推测税收优惠变量的系数为正。

本节控制变量包括总资产（*asset*）、权益净利率（*roe*）、资产负债率（*dar*）。

（1）*asset* 表示企业年报中期末总资产的自然对数，用来衡量企业的规模。一个企业的资产规模越大，一般企业的实力也相应增强，在一定程度上减轻企业对于研发投入的顾虑，企业的研发投入意愿越强，故预期企业资产的系数为正，即企业资产规模越大，研发投入越多。

（2）*roe* 是企业的权益净利率，是企业净利润与所有者权益的比率，用来衡量企业盈利能力对企业研发活动的影响。企业的权益净利率越高，表明企业的盈利能力越强，可以投入更多的资金到研发活动中。故预期企业权益净利率的系数为正，即企业权利净利率越高，研发投入越多。

（3）*dar* 是企业的资产负债率，是企业的年报中总负债与总资产的比率。企业的资产负债率越高，表明企业资不抵债的风险越高，出于谨慎性的考虑，企业一般会缩减研发费用的投入。而企业的资产负债率越低，企业资不抵债的风险越低，企业进行研发投入的意愿增强。故预期企业资产负债率的系数为负，即企业资产负债率越高，研发投入越少。

综上所述，本节各变量定义及预计符号如表 6-3 所示。

表 6-3　　　　　　　　　　　模型变量定义表

变量类型	变量名称	变量符号	变量定义	预期符号
被解释变量	研发投入	*rd*	企业年报中研发费用的自然对数	
解释变量	财政补贴	*sub*	企业年报中营业外收入下政府补助的自然对数	+
	税收优惠	*tax*	Wind 数据库中企业每年收到的税费返还的自然对数	+
控制变量	总资产	*asset*	企业年报中期末总资产的自然对数	+
	权益净利率	*roe*	企业净利润与所有者权益的比率	+
	资产负债率	*dar*	企业总负债与总资产的比率	-

（三）数据来源与处理

中小板和创业板中战略性新兴产业上市公司所占比例较大，而主板中战略性新兴产业上市公司所占比例较小。由于文章写作过程中很多中小板和创业板上市公司 2017 年年报没有披露，故选取 2014～2016 年 3 年间中小板和创业板战略性新兴产业上市公司的相关数据进行研究。本节共得到 323 家具有完整数据的上市公司样本，有效样本点为 969 个。相关数据来源于上市公司年度报告和 Wind 数据库。

（四）数据描述与分析

为了从总体上了解本节所研究的样本数据的分布情况和规律，对总体样本数据进行描述性分析。

由表 6-4 可以看出，2014～2016 年企业研发投入保持逐年增长的态势。每年财政补贴额逐渐增大，而标准差保持稳定且略有下降，说明我国对战略性新兴产业的补贴力度逐渐加强，且扶持力度变化不大，扶持政策具有一致性。每年税收优惠额逐渐增大，标准差基本保持稳定，说明我国对战略性新兴产业税收优惠力度逐渐加强，且税收优惠力度变化不大，扶持政策具有一致性。随着战略性新兴产业的发展，企业平均规模有所扩大。企业盈利能力相差较大，有的企业盈利状况很好，但是，每年仍有一些出现亏损的企业。企业负债水平相差也较大，有的企业负债水平较低，但是，也有一些负债水平较高的企业。

表 6-4　　　　　　　　　战略性新兴产业全样本描述性统计

变量名	变量符号	年份	样本量（个）	平均值	标准差	最小值	最大值
企业研发投入	rd	2014	323	8.5568	0.9591	5.08	12.82
		2015	323	8.7805	0.9506	6.24	12.81
		2016	323	9.0005	0.9826	5.73	13.02
		2014～2016	969	8.7793	0.9803	5.08	13.02
政府补助	sub	2014	323	6.9578	1.2294	1.61	11.34
		2015	323	7.1998	1.1925	2.29	11.76
		2016	323	7.4836	1.1453	4.25	11.91
		2014～2016	969	7.2138	1.2077	1.61	11.91

续表

变量名	变量符号	年份	样本量（个）	平均值	标准差	最小值	最大值
税收优惠	*tax*	2014	323	6.5611	2.0083	-2.04	11.81
		2015	323	6.8672	1.8890	-0.01	12.21
		2016	323	7.0029	1.9561	-3.00	12.47
		2014~2016	969	6.8103	1.9587	-3	12.47
总资产	*asset*	2014	323	12.2702	0.7757	10.65	16.06
		2015	323	12.5517	0.7820	10.76	16.26
		2016	323	12.7868	0.8203	10.75	16.49
		2014~2016	969	12.5363	0.8197	10.65	16.49
权益净利率	*roe*	2014	323	8.4234	6.1336	-7.15	35.86
		2015	323	7.3722	7.2996	-23.55	40.17
		2016	323	8.0781	6.6656	-28.81	39.46
		2014~2016	969	7.9579	6.7239	-28.81	40.17
资产负债率	*dar*	2014	323	32.0253	16.8591	3.34	84.07
		2015	323	34.6410	16.6729	5.92	79.49
		2016	323	34.4621	16.5915	6.34	77.15
		2014~2016	969	33.7095	16.7336	3.34	84.07

二、总体样本实证检验与结果分析

实证检验部分分为对战略性新兴产业总样本和分样本实证检验两大部分。本部分对我国战略性新兴产业的总样本进行回归，从总体上分析政府扶持对战略性新兴产业研发投入的影响作用，以及其他因素对企业研发投入的影响情况。下文将从所有制、地区、资产规模和细分领域四个角度对战略性新兴产业总样本进行分类回归，以分析政府扶持对分所有制、分地区、不同资产规模和分产业的战略性新兴产企业研发投入产生的影响。

本节回归分析使用的软件为 Stata 14.0，对于战略性新兴产业总样本，进行实证回归的数据为时间为 2014~2016 年 3 年、截面为 323 个企业的面板数据。回归模型中不包含被解释变量的滞后项，为静态面板数据模型。通过 Hausman 检验来判断回归模型应该使用固定效应模型还是随机效应模型。由

表6-5所示，Hausman检验结果显示，拒绝了随机效应模型，说明应采用固定效应模型进行回归。

表6-5   **Hausman 检验结果**

检验结果	结果
chi2 = 69.294	拒绝随机效应模型
Prob > chi2 = 0.000	使用固定效应模型

回归结果如表6-6所示。

表6-6   **战略性新兴产业全样本回归结果**

变量	系数
sub	0.0488 ** (2.57)
tax	0.0304 *** (2.80)
$asset$	0.654 *** (18.50)
roe	0.00520 ** (2.14)
dar	-0.00154 (-1.03)
C	-0.536 (-0.18)

注：*** 、** 分别表示在1%、5%的水平上显著，括号内为t统计量。

根据表6-6回归结果可得，财政补贴、税收优惠、总资产、权益净利率等解释变量t值显著，说明这些变量对战略性新兴产业研发投入具有显著的影响，模型对影响企业研发投入的原因具有较强的解释能力。

（1）财政补贴变量是研究的核心变量之一，财政补贴的系数显著为正，且在5%水平上通过了显著性检验，系数值为0.0488，说明财政补贴对企业研发费用投入具有显著的促进作用，对战略性新兴产业整体而言，财政补贴金额的对数每增加1%，能使企业研发费用投入的对数提高0.0488%。这一结果与前文的预测相符，即财政补贴能够促进企业增加研发投入。财政补贴作为政府扶持战略性新兴产业的主要政策手段之一，从促进企业研发费用投入的角度来看，对我国战略性新兴产业的发展是较为有效的。

（2）税收优惠变量是研究的另一个核心变量，税收优惠的系数显著为正，且在1%水平上通过了显著性检验，系数值为0.0304，说明税收优惠对企业研发投入具有显著的促进作用，对战略性新兴产业整体而言，税收优惠的对数每增加1%，能使企业研发费用投入的对数提高0.0304%。这一结果与前文的预测相符，即税收优惠能够促进企业增加研发投入。税收优惠作为政府扶持战略性新兴产业的另一主要政策手段，从促进企业研发费用投入的角度来看，对我国战略性新兴产业的发展是有效的。但是，从税收优惠和财政补贴的系数大小来看，税收优惠政策促进战略性新兴产业发展的效率却要小于财政补贴。

（3）总资产规模的系数为正，且通过了显著性水平为1%的t检验，说明总资产规模对企业研发投入具有显著的正向影响，总资产规模的系数为0.654，说明总资产规模的对数每提高1%，能使得企业研发费用投入对数增加0.654%，说明企业总资产规模是促进企业研发投入的一个重要因素，且总资产规模的扩大对企业研发费用投入的促进作用非常大，这也与前文预测相一致，即企业是否增加研发费用投入，在很大程度上取决于该企业资产规模的大小。对于战略性新兴产业也是如此，总资产规模是企业衡量是否增加研发费用投入的一个重要因素，一个总资产规模较大的企业能够投入更多的研发费用。

（4）权益净利率的系数也显著为正，且在5%水平上通过了显著性检验，系数为0.00520，说明权益净利率也对战略性新兴产业企业增加研发费用投入具有显著为正的影响，权益净利率每增加1%，会导致企业增加研发费用投入对数增加0.00520%，说明权益净利率是企业是否增加研发费用投入的影响因素之一。权益净利率越大的企业，越会增加研发费用投入。但是，从权益净利率和总资产规模的系数来看，权益净利率对企业研发费用投入的影响要小于总资产规模的影响，这主要是因为战略性新兴产业中较大部分是中小高新技术企业，经营存在一定的风险性，新技术的出现很可能会导致企业面临技术风险，因此，企业即使盈利，出于谨慎性的考虑，一般也只会拿出小部分资金增加研发费用投入。

（5）资产负债率的系数不显著，说明资产负债率对战略性新兴产业研发费用投入的影响较小。

综上所述，财政补贴和税收优惠促进了我国战略性新兴产业企业的研发投入，说明采用财政补贴和税收优惠政策来促进和鼓励企业研发投入以实现战略性新兴产业的发展是有效的。另外，总资产规模和权益净利率也是促进企业增加研发投入的重要因素。

三、分样本实证检验与结果分析

(一) 分所有制比较

前文从战略性新兴产业总体分析了政府扶持政策对企业研发投入的影响，而战略性新兴产业中的民营企业和国有企业，在总量上和发展速度上是存在一定差距的，政府对民营企业和国有企业的扶持情况也存在一定的差异，故本部分将总样本按照所有制分成两个子样本，对两种所有制的企业分别进行回归分析，以分析政府扶持政策对战略性新兴产业中不同所有制的企业研发投入的影响。

对战略性新兴产业分所有制子样本回归的结果如表6-7所示。

表6-7　　　　　　战略性新兴产业分所有制子样本回归结果

变量	民营企业	国有企业
sub	0.0529 *** (2.69)	0.0206 (0.28)
tax	0.0277 ** (2.40)	0.0440 (1.33)
asset	0.641 *** (17.61)	0.821 *** (5.8)
roe	0.00532 ** (2.02)	0.00504 (0.77)
dar	0.00149 (0.96)	0.0031 (0.53)
C	0.0213 (0.05)	−1.776 (−1.04)

注：***、**分别表示在1%、5%的水平上显著，括号内为t统计量。

由表6-7回归结果可得，政府扶持对战略性新兴产业中不同所有制企业的影响是不同的。对于民营企业，财政补贴和税收优惠的系数均为正，其中，财政补贴通过了1%水平上的显著性检验，税收优惠通过了5%水平上的显著性检验，说明财政补贴和税收优惠对民营企业研发投入产生了显著的促进作用。但是对于国有企业，财政补贴和税收优惠均未通过显著性检验，说明政府扶持政策对国有企业并未产生显著的影响，扶持手段效果不明显。就控制变量而言，民营企业和国有企业的总资产规模的系数均为正，且都通过了 1% 水平上的显著性检验，表明资产规模显著促进了企业研发投入。民营企业的权益净利率系数为正，且通过了 5% 水平上的显著性检验，而国有企业的权益净利率则未通过显著性检验。另外，资产负债率对民营企业和国有企业的影响均不显著。可见，分所有制回归结果基本与总样本回归结果保持一致，进一步验证了前文结果的正确性。国有企业存在软预算约束、代理问题，获取财政资源相对容易，对财政资源不珍惜，在获取政府扶持资金后很可能挪作他用，不是用于研发投入，降低了财政资源的利用效率。

（二）分地区比较

目前，我国各地区的战略性新兴产业的发展情况以及财政补贴和税收优惠的金额和比例差别都是比较大的，因而，将战略性新兴产业分成东部、中西部地区①两个子样本，进行回归分析。因为中部、西部企业数量较少，故将中西部合并处理。

财政补贴和税收优惠对东部、中西部地区企业研发投入影响的回归结果如表 6 - 8 所示。

表 6 - 8　　　　　　　　战略性新兴产业分地区子样本回归结果

变量	东部地区	中西部地区
sub	0. 0317 （1. 51）	0. 133 *** （2. 87）
tax	0. 0307 ** （2. 49）	0. 0334 （1. 42）
$asset$	0. 658 *** （17. 18）	0. 695 *** （7. 43）
roe	0. 00765 *** （2. 83）	－ 0. 00531 （－ 0. 94）

---

① 本部分把北京、天津、河北、辽宁、上海、江苏、浙江、福建、山东、广东和海南 11 个省份划分为东部地区，把黑龙江、吉林、山西、安徽、江西、河南、湖北和湖南 8 个省份划分为中部地区，把内蒙古、广西、重庆、四川、贵州、云南、西藏、陕西、甘肃、青海、宁夏和新疆 12 个省份划分为西部地区。

续表

变量	东部地区	中西部地区
dar	0.00143 (0.88)	0.00288 (0.76)
C	0.0161 (0.04)	− 1.310 (− 1.22)

注：***、**分别表示在1%、5%的水平上显著，括号内为t统计量。

由表6 - 8分析可得，从我国东部、中西部两个地区来看，政府扶持对这两个地区战略性新兴产业企业研发投入的影响是不同的。根据回归结果，对于东部地区，税收优惠的回归系数显著为正，通过了5%水平上的显著性检验，而财政补贴的影响则不显著。对于中西部地区，财政补贴的回归系数显著为正，且通过了1%的显著性检验，而税收优惠的影响则不显著。回归结果说明，东部地区税收优惠更能显著促进企业研发投入，适宜采用税收优惠政策，而相对落后的中西部地区采用财政补贴的扶持政策更为适宜。这一结论也与我国目前的地区产业发展情况相符，东部地区具有较明显的地理优势和资源优势，聚集了大量高科技的新兴产业企业和大批优秀人才，产业资本非常活跃，在技术、人才和资金上与中西部地区相比都具有明显的优势，市场化程度高，经济发展水平领先于中西部地区，在战略性新兴产业的发展上也远远领先于中西部地区。经济发达、市场化程度高的地区较适宜采用税收优惠的政策，有利于保证政府扶持的公平公正，避免财政补贴的扭曲作用，而经济发展水平相对落后的地区较适宜采用财政补贴的政策，有利于发挥政府财政补贴直接高效的特点。

其余变量的回归系数在各地区之间也呈现出了一定的差异性，但基本与总样本回归系数保持一致，进一步印证了前文回归结果的正确性。

（三）分资产规模比较

在线性回归模型中，控制变量包含了总资产规模这一因素，用以分析总资产规模对战略性新兴产业企业研发投入的影响。但是，在不同的资产规模下，财政补贴和税收优惠对企业研发费用投入的影响可能不同。为了验证财政补贴和税收优惠是否会因资产规模不同对企业研发投入产生不同的影响，将战略性新兴产业企业按照资产规模的大小从高到低划分为两组，分别进行回归。回归结果如表6 - 9所示。

表 6 - 9　　　　　　　　战略性新兴产业不同总资产规模子样本回归结果

变量	资产规模大	资产规模小
sub	0.0914 *** (3.24)	0.0298 (1.25)
tax	0.0465 *** (2.74)	0.00155 (0.12)
asset	0.621 *** (11.88)	0.665 *** (14.03)
roe	0.0102 *** (2.8)	- 0.00236 (- 0.73)
dar	0.00165 (0.77)	0.00286 (1.46)
C	- 0.0677 (- 0.11)	0.0618 (0.13)

注：*** 表示在 1% 的水平上显著，括号内为 t 统计量。

由表 6 - 9 可得，对于资产规模大的企业而言，财政补贴和税收优惠的系数均显著为正，且都通过了 1% 水平下的显著性检验，而资产规模小的企业两个核心变量的系数均不显著。可见，资产规模对战略性新兴产业的企业影响非常大，如果企业规模小，即使企业收到政府的财政补贴和税收优惠，由于抗风险能力不足，企业对于研发活动的开展持谨慎的态度，企业增加研发投入的意愿仍然很小，政府扶持政策对企业研发费用投入的影响较小。如果企业规模大，抵御风险能力强，在一定程度上会减轻对风险的顾虑，在收到财政补贴和税收优惠后，一般会积极开展研发活动，增加研发投入。

其余变量的回归系数在各地区之间也呈现出了一定的差异性，但基本与总样本回归系数保持一致，进一步印证了前文回归结果的正确性。

（四）分领域比较

战略性新兴产业中的不同细分领域，不管是从规模上还是发展速度上，目前的发展情况都是存在一定差异的，政府对各产业的扶持情况也存在着较大差距，本部分将总样本按细分领域分别进行回归分析，以分析政府扶持对企业研发投入的影响。节能新能源类企业往往采取多元化经营，新能源产业、新能源汽车产业和节能环保产业可能都有涉及，故分析时将这三个细分领域合并。

对战略性新兴产业分领域子样本回归的结果如表6-10所示。

表6-10　　　　　　　战略性新兴产业分领域子样本回归结果

变量	新一代信息技术产业	生物产业	高端装备制造产业	新材料产业	新能源、新能源汽车和节能环保产业
sub	0.0786 ** (2.25)	0.0868 * (1.80)	0.0871 (1.56)	0.0339 (0.82)	-0.0157 (-0.40)
tax	0.0417 ** (2.19)	0.000159 (0.01)	0.00103 (0.05)	0.0234 (0.84)	0.0454 * (1.79)
asset	0.687 *** (12.75)	0.663 *** (6.97)	0.609 *** (6.36)	0.634 *** (7.06)	0.631 *** (7.76)
roe	-0.00421 (-0.91)	0.0166 ** (2.43)	-0.00436 (-0.89)	0.000875 (0.20)	0.0282 *** (4.38)
dar	-0.000893 (-0.33)	-0.00187 (-0.56)	0.00743 ** (2.01)	0.000277 (0.08)	0.00350 (1.12)
C	-0.269 (-0.45)	-0.408 (-0.39)	0.254 (0.23)	0.234 (0.23)	0.0765 (0.09)

注：***、** 和 * 分别表示在1%、5%和10%的水平上显著，括号内为 t 统计量。

由表6-10的回归结果可得，政府扶持对战略性新兴产业细分领域的影响是不同的。新一代信息技术产业的财政补贴和税收优惠的系数均显著为正，且均通过5%水平上的显著性检验，说明财政补贴和税收优惠对于新一代信息技术产业企业研发投入具有显著的促进作用。对于生物产业，财政补贴的系数显著为正，而税收优惠的系数则未通过显著性检验，说明对于生物产业财政补贴比税收优惠更为有效。对于高端装备制造产业和新材料产业，财政补贴和税收优惠的系数未通过显著性检验，说明政府扶持并没有显著促进这两个产业的企业研发投入。值得注意的是，高端装备制造产业的资产负债率的系数显著为正，且通过了5%水平上的显著性检验，原因可能是高端装备制造产业是典型的重资产行业，企业进行研发活动所需要的投入也是巨大的，需要靠举债来推动研发活动的进行。对于新能源、新能源汽车和节能环保产业，财政补贴的系数未通过显著性检验，而税收优惠的系数显著为正，说明对于该领域税收优惠相比财政补贴更为有效。

其余变量的回归结果虽然在系数大小和显著性水平上有所差异，但基本与总体回归结果保持一致，进一步验证了总体样本回归结果的正确性。

第5节 结论与政策建议

一、主要研究结论

本章重点分析了战略性新兴产业政府扶持对企业研发投入的影响，并分所有制和地区进行异质性分析。在归纳整理当前学者对政府扶持与战略性新兴产业企业研发投入研究的基础上，描述分析产业发展的现状及政府扶持存在的问题。接着本章从理论角度出发，分析政府扶持与战略性新兴产业企业研发投入的理论关系。主要研究结论如下。

一是从总体来看，政府扶持对战略性新兴产业企业的研发投入产生了显著为正的促进作用，表明政府扶持确实可以有效地激励企业开展研发活动。对于战略性新兴产业整体而言，政府扶持是促进产业发展的有效手段。

二是从所有制角度看，通过对分所有制子样本回归分析发现，政府扶持对于促进民营企业研发投入效果显著，对于促进国有企业研发投入效果不显著。政府扶持对于民营企业确实发挥了效力，而对于国有企业则相对失效。

三是从地区角度看，通过对分地区子样本回归分析发现，税收优惠对于促进东部地区研发投入效果显著，财政补贴对于促进中西部地区研发投入效果显著。对于东部地区，税收优惠是促进产业发展的有效手段；对于中西部地区，财政补贴手段更为有效。

四是从资产规模角度看，资产规模越大，企业研发投入越多。通过对不同资产规模的子样本回归发现，政府扶持对不同资产规模的企业影响是不同的。对于资产规模大的企业，政府扶持对于促进企业研发投入效果也越显著。但当企业资产规模相对小的时候，政府扶持的效果不再产生显著的促进作用。

二、政策建议

现阶段，发展战略性新兴产业是适应新常态、实现经济结构转型升级的必由之路。政府扶持是弥补产业发展过程中存在的市场失灵问题的重要手段，对于推动战略性新兴产业发展至关重要。从实证分析的结果可以看出，政府对战略性新兴产业的扶持是必要的，但扶持手段和效率有待改善。根据本章的研究结果，并结合我国当前的实际，提出以下政策建议。

一是政府扶持应破除所有制壁垒。长期以来，我国的财政补贴向国有企业倾斜，但国有企业研发热情远没有民营企业高涨，创新产出也远低于民营企业。这种投入与产出严重不配比的状况迟迟没有得到改善。而自主创新型中小企业是我国产业创新的活跃分子和成功者，它们基本上垄断了具有革命性突破的创新活动。因此，政府今后在配置财政资源时应适度向民营企业倾斜，强化政府对民营企业创新发展的支持，充分发挥民营企业自主创新的积极性。为切实提升国有企业利用财政资源的效率，逐步硬化国有企业预算约束，妥善处理所有权、法人产权和管理权的关系，实现产权关系明晰化，有效解决委托代理问题，是十分重要的措施。

二是政府扶持应充分考虑我国地区间发展的差异。东部地区由于独特的区位优势和资源优势，经济比较发达，市场化程度高，市场竞争环境相对公平有序，政府课税不扭曲市场机制的正常运行，以税收优惠作为主要的扶持手段，有助于维护市场公平、公正，财政补贴可作为辅助手段；中西部地区经济发展水平相对落后，市场化程度低，以财政补贴作为主要的扶持手段，可发挥补贴手段直接高效、针对性强的特点。

三是政府应加大扶持力度，全力促进企业做强做大。资产规模是企业实力的一种体现，是公司承担风险能力的一种象征。企业的资产规模越大，可在一定程度上减轻企业对于研发投入的顾虑，企业开展研发活动、加大创新投入的热情越高，产业创新产出也会相应增加，因此，政府应在财政能力可承受的范围内全力支持战略性新兴产业做强做大。

四是对于不同的细分领域，政府扶持手段应更具有针对性。扶持手段对战略性新兴产业不同细分领域产生的影响是有差异的，政府今后应充分考虑不同细分领域的特点和发展实际，判断出最适合各细分领域的扶持手段，给予企业最优的扶持资金，使有限的扶持资源发挥最大的绩效，提升财政资金的使用效率。

五是扶持政策应坚持市场驱动与政府激励相结合。我国战略性新兴产业发展尚不成熟，并存在市场失灵的问题，因而需要政府扶持推动产业走向成熟，政府引导在产业发展过程中是不可或缺的。但是，产业的发展不能忽视市场在资源配置中的决定性作用，战略性新兴产业的发展需要经受市场的考验。产业的发展必须建立在市场驱动的基础上，不能由政府代替市场。新能源汽车的补贴从补给生产厂家逐步转变为补给购车的消费者，可有效培育市场需求，间接支持了生产者，也缓解了新能源汽车厂商骗补的现象。可见，市场驱动与政府引导并不矛盾，在扶持政策制定和执行过程中，政府应充分考虑扶持手段的特点和市场的现状，寻求市场驱动与政府引导相容的扶持思路。

第 7 章 五年规划与战略性新兴产业发展

第1节 导论

为了提高整体的经济实力和国际影响力，各国纷纷把创业创新和产业升级放在了经济发展的首位，各国的创新型产业如战略性新兴产业的健康发展，能够促进国家的经济快速转型和高效的战略制定。战略性新兴产业具有低成本高产出的特点，无论是从环境改善角度还是从经济发展的角度考虑，战略性新兴产业都具有非常高的发展前景。目前，我国经济发展正处于结构转型的关键时期，亟待加快培育发展潜力大、带动作用强、综合效益好的战略性新兴产业，我国也在不遗余力地抓住这一难得的发展机遇，2009 年 5 月，李克强总理在出席关于财政支持新能源和节能环保等战略性新兴产业发展的座谈会时，第一次提出"战略性新兴产业"这一概念，他指出，"在新形势下，我国要立足当前，着眼未来，用长远的眼光来分析形势，从国情出发统筹策划，加大经济结构的调整力度，推动经济发展方式的转变……通过战略性新兴产业来培育新的经济增长点"，同时也给战略性新兴产业奠定了"新的经济增长点"的基调。

长期以来，"五年规划"是中国国民经济规划的重要组成部分，也是把握宏观经济调控目标的重要保证。伴随着中国的成长，一个又一个"五年规划"不断调整着中国经济、社会发展航程的节奏和航向。此外，为配合全国，各级地方政府也同时编制本级人民政府的"五年规划"，从而形成了自上而下多层级的发展纲要。然而，长期以来，对于"五年规划"的实施效果的评估，只是对当前的部分行业进行描述性统计，从产业结构等视角进行分析，且缺乏对政策进行定量的绩效衡量，尤其很少有研究分析规划与绩效的直接数量关系。与战略性新兴产业相配合，大量的支持政策陆续出台，包括直接补贴、税收减免、金融支持等，这些政策对相关产业的发展起到了一定的导向和鼓励作用，但是，由于利润最大化的潜在动机，企业的实际行为不一定符合政府所预期，最典型的问题是，产业政策一定会有效刺激战略性新兴企业创造价值吗？从目前我国学术界对这一问题的研究情况来看，绝大多数都是从国家政策和影响机理出发，以区域政策和企业绩效为出发点的研究相对较少。因此，对战略性新兴产业区域政策的绩效评估既显得必要，也显得迫切。

从 1953 年第一个"五年计划"开始至今，中国已经编制了十个"五年计划"和四个"五年规划"，且从 2011 年公布的"十二五"规划开始提到"战略性新兴产业"发展目标和发展路径，2018 年正处在"十三五"规划实施中期，此时针对"十二五"规划对战略性新兴产业的绩效影响进行评估和分析，日后辅之以"十三五"规划数据加以验证，有助于以后针对战略性新兴产业的五年规划制定变得更有战略性和全局性。

第 2 节　中国省级层面规划解读

一、各地区"十二五"规划的分析

"一五"到"八五"时期，中国基本上还是实施计划经济，政府直接通过资源配置干预经济，因此，在这个意义上，产业政策的作用并没有得到明显体现。而 1992 年邓小平南方谈话以及党的十四大明确提出，中国要建立社会主义市场经济运行模式，使得政府干预经济发展的模式发生了根本性改变，国民经济和社会发展"计划"纲要，尤其是此后的"九五"计划、"十五"计划和"十一五"规划，在市场经济中的地位就变得尤为特殊，"九五"到"十一五"期间的主要目标依然是"增长"和"发展"，除了"三农"问题、城市化发展、区域经济、和谐社会等目标以外，转变经济增长方式以及优化产业结构一直是国家关注的重点；"十二五"规划的主要目标是经济平稳较快发展、结构调整取得较大进展。

除了国家制定的国民经济和社会发展规划纲要以外，各省（自治区、直辖市）也分别制定本地区的经济和社会发展规划纲要，进而自上而下形成了完整的国家规划体系。由于各省份国民经济和社会发展规划纲要都是由各级人民政府牵头单独编制，并提交各省份人民代表大会审议批准，因此，地区规划纲要的形式和内容具有一定的差异性，但基本上都包含以下主要核心内容：国民经济和社会发展的总体目标、经济发展或经济结构调整、科技与教育、城市化水平、促进经济可持续发展、社会发展等。其中，"经济结构调整"这部分内容则限定了该地区在一段时期内产业政策所支持的产业发展方向，并且会特别提出针对战略性新型产业的政策方向。因此，我们对各地区规划纲要中的相关内容进行分析，从而判断中国对于战略性新兴产业发展的变迁。

从本质上而言，地区规划是建立在国家规划基础上的，但是，由于各地区有着不同的经济社会条件，因此，地区规划也有着其特殊性。分析比较各省份地区"十二五"规划纲要，我们发现以下特点。

第一，从总体趋势来看，各地区规划大都以国家规划为基础，地区规划反映了国家规划的总体方向。例如，国家"十二五"规划强调以重大技术突破和重大发展需求为基础，促进新兴科技与新兴产业深度融合，在继续做强做大高技术产业基础上，把战略性新兴产业培育发展成为先导性、支柱性产业。而与此相适应，各地区在"十二五"时期也不同程度地进行配合，例如，江苏"十二五"规划指出，加强规划引导，深入实施新兴产业倍增规划，重点发展新能源、新材料、生物技术和新医药、节能环保、软件和服务外包、物联网和新一代信息技术等六大新兴产业，同时大力发展高端装备制造、光电、智能电网等新兴产业，形成江苏经济新的支柱产业和重要增长点；四川"十二五"规划提出以重大技术突破和重大发展需求为导向，加快推进科技成果产业化步伐，推动战略性新兴产业规模化、集群化发展，尽快把战略性新兴产业培育成四川重要的先导性、支柱性产业等。所以，从发展目标来看，各省份"十二五"规划时期战略性新兴产业的发展目标集中在以突破技术为导向，将战略性新兴产业培育成支柱性产业。此外，部分省份结合自身产业基础和区位优势，提出多元化的发展目标，以北京、上海和广东为代表的发达地区主要以发展高精尖产业、建设国家战略性新兴产业重要基地、辐射带动更大区域的创新发展为主要目标；山东、福建等沿海城市提出将海洋高新产业作为重点发展方向；河北强调要充分发挥毗邻京、津优势，打造环首都科技谷创新平台，加强与京、津高等院校、科研院所的合作，加快建设钢铁、能源等十大工业技术研究院，组建循环经济、生态城市、电动汽车等省级工程技术研究中心、重点实验室和产业技术创新联盟，推动京津冀协同发展。

第二，发达地区的规划制定通常比同期的国家规划要超前，甚至国家规划要比发达地区的规划落后 5 ~ 10 年。例如，北京在"十二五"规划的结构调整中提出，"形成半导体材料、金属磁性材料、生物医药材料、化工新材料、太阳能电池材料、新型绿色建材、非晶材料以及高温超导材料等特色产业集群，构建集新材料生产、加工、集散和技术研发为一体的新型产业基地"。而国家"十二五"规划关于新材料产业部分，只提及"重点发展高性能纤维及其复合材料、共性基础材料"等，对于新型绿色建材、生物医药材料新功能只字未提，五年后国家"十三五"规划中提出发展智能材料等。同时，上海和广东的"十二五"规划已经提到将"海洋产业"作为其中一项重点发展的产业，但是，国家"十二五"规划对于战略性新兴产业的描述中并未提及将海洋相关产业作为战略性新兴产业加以发展，2016 年公布的"十三五"规划中提到，"加强前瞻布局，在空天海洋、信息网络、生命科学、核技术等领域，培育一批战略性产业"，由此才正式将海洋相关产业列入战略性新兴产业重点发展行列。

第三，比较各地区的规划可以发现，对于大多数省份来说，规划中重点支持的行业，往往是该地区原来的支柱产业或优势产业，例如，山东继续将发展现代海洋产业列入战略性新兴产业，提出"重点发展以海洋油气装备、海上作业及救捞工程、海洋资源调查等为主的海洋资源勘探与开发"；山西根据本省的产业特点，从能源新技术产业提炼形成现代化煤化工产业及煤层气产业的基础上，将现代化煤化工产业确定为"气、醇、烯、苯、油"五条主线，作为新的战略性新兴产业发展目标；甘肃提出发展煤化工、公共安全、现代服务业等产业。

第四，随着经济发展以及各地方政府竞争程度的加剧，各地区规划的制定都开始有跟风的端倪。地区经济转型的巨大压力迫使各地区纷纷将信息、电子、计算机、生物工程等产业作为重点发展的对象。例如，以装备、石化、能源、食品等支柱产业的辽宁、以旅游业和房地产业为支柱产业的海南、以电力、煤炭能源等为支柱产业的贵州均将新一代信息技术产业作为最受重视、优先发展的战略性新兴产业。

二、各地区"十三五"规划的解读

表 7 - 1 梳理汇总了全国部分省份制定的"十三五"时期计划战略性新兴产业将实现的发展目标以及拟重点布局的发展领域。结合该表可以观察到我国战略性新兴产业发展存在以下两个方面的问题。首先，从各省份所确定的战略性新兴产业发展目标来看，一些本身就缺乏产业基础的中西部城市不顾现实情况，提出了较高的发展目标。例如，湖南提出到 2020 年，增加值占地区生产

总值达到 16%，全省年均增长达 16%；甘肃提出到 2020 年，战略性新兴产业增加值占生产总值比重达到 16%。两省的上市公司数量分别仅有 16 家和 5 家，而确定的发展目标却超过了《"十三五"国家战略性新兴产业发展规划》提出的比重达到 15% 的发展目标。其次，从各省份确定的"十三五"时期将重点发展的领域来看，大都选择了《战略性新兴产业重点产品和服务指导目录》（2016 版）确定的八大战略性新兴产业（未包括相关服务业）作为重点发展对象，虽然应当与中央政府确定的五大领域八大产业发展方向有所呼应，但是，不一定要一一对应。地方政府应该结合当地的产业基础、自然资源、科技实力等，深度挖掘具有较大市场需求、能够带来地方产业结构升级的战略性新兴产业作为重点发展对象。如果不考虑实际情况，各地区产业发展同质化现象严重，可能造成盲目投资、产能过剩、恶性竞争、资源浪费等老问题再次出现。

表 7 - 1　　　　全国部分省份战略性新兴产业发展目标和拟重点发展领域

省份	发展目标（到 2020 年）	拟重点发展领域
上海	战略性新兴产业增加值占全市 GDP 比重预期达到 20% 左右	航空航天、新材料、智能制造装备、高端能源装备、生物医药与高端医疗器械、节能环保、新一代信息技术、新能源与智能网联汽车、海洋工程装备等产业
江苏	战略性新兴产业销售收入突破 7 万亿元，增加值占地区 GDP 的比重力争达到 15%	新能源汽车、生物技术和新医药、高端装备制造、新材料、新一代信息技术、高端软件和信息服务业、空天海洋装备、节能环保、新能源和能源互联网、数字创意等产业
浙江	战略性新兴产业主营业务收入突破 2.5 万亿元，年均增速超过 13%	新能源、人工智能、节能环保、信息技术、新材料、物联网、高端装备制造、生物、新能源汽车、数字创意十大产业
安徽	战略性新兴产业总产值翻番，力争达到 2 万亿元	绿色低碳、高端装备和新材料、新一代信息技术、生物和大健康、信息经济五大产业
江西	战略性新兴产业主营业务收入突破万亿元，占全省工业比重力争达到 30% 以上	节能环保、新材料、航空、新能源汽车、电子信息、生物医药、新能源、集成电路、先进装备制造、智能机电等产业
山东	战略性新兴产业增加值占 GDP 比重达到 16%	现代海洋、生物、绿色低碳、新一代信息技术、高端装备、新材料、数字创意等产业
福建	战略性新兴产业增加值力争达到 5850 亿元，年均增长 17.5%，占地区生产总值比重约为 15%	海洋高新、生物与新医药、新能源、新一代信息技术、新能源汽车、高端装备制造、节能环保、新材料等产业

续表

省份	发展目标（到2020年）	拟重点发展领域
天津	战略性新兴产业总产值规模达1.5万亿元，战略性新兴产业增加值占全市生产总值的比重达到20%	网络经济、生物经济、高端制造和数字创意、绿色低碳等重点领域
河北	战略性新兴产业增加值占GDP比重达到12%以上，其中，规模以上工业中战略性新兴产业增加值占比达到20%以上	新材料、先进装备制造业、新能源汽车、新一代信息技术、新能源、节能环保、生物、数字创意等产业
山西	总产值达到4500亿元左右，增加值达到1500亿元左右	煤层气、节能环保、现代煤化工、新能源、新材料、新一代信息技术、生物、高端装备制造、新能源汽车等产业
河南	战略性新兴产业增加值占规模以上工业比重达到15%左右	数字创意、生物、节能环保、高端装备、新能源、先进材料、新一代信息技术、新能源汽车等领域
湖南	全省战略性新兴产业年均增长16%，增加值超过7000亿元，占地区生产总值比重力争达到16%	生物、绿色低碳、高端装备、新一代信息技术、新材料、数字创意产业
广东	战略性新兴产业增加值占GDP比重达到16%，高技术制造业增加值占规模以上工业比重达30%	战略性产业、绿色低碳、生物、新一代信息技术、数字创意、高端装备与新材料
广西	力争战略性新兴产业增加值年均增长15%以上，占地区生产总值比重为15%左右	大健康、智能装备制造、新材料、新一代信息技术、新能源汽车、节能环保等六大产业
四川	战略性新兴产业总产值大幅度增长，增加值占地区生产总值比重力争达到15%	高端装备、节能环保、新一代信息技术、生物、新能源汽车、新材料、数字创意、新能源等产业
贵州	战略性新兴产业年均增长15%以上，总产值约6000亿元，增加值约1500亿元、占GDP比重约8%	节能环保、生物、大数据、新能源、高端装备、数字创意、新材料、新能源汽车等产业

续表

省份	发展目标（到 2020 年）	拟重点发展领域
陕西	战略性新兴产业增加值突破 4500 亿元，占 GDP 比重达到 15%	生物技术、高端装备制造、节能环保、新材料、新能源、新一代信息技术、新能源汽车等战略性新兴产业
甘肃	战略性新兴产业增加值占生产总值比重达到 16%	新型煤化工、生物医药、新能源、信息技术、新材料、节能环保、先进装备和智能制造、现代服务业和公共安全等领域
宁夏	战略性新兴产业增加值占地区 GDP 比重达到 12% 以上	先进装备制造业、新能源、新材料三大优势产业，数字创意、生物、新一代信息技术、节能环保四大潜力产业
吉林	战略性新兴产业产值规模达到 10000 亿元	新能源和节能环保、生物、新材料、信息技术、高端装备、新能源汽车、数字创意等产业
辽宁	战略性新兴产业主营业务收入占规模以上工业企业主营业务收入的比重达到 20% 以上	新能源汽车、新材料、高端装备制造、生物医药、新一代信息技术、新能源、节能环保等产业

资料来源：根据各省份"十三五"战略性新兴产业发展规划整理。

三、各地区"十二五"规划评分

根据政策文本做量化处理（韩超等，2017），根据不同的语境和语言的表述方法进行打分，具体得分是 1～7 分，进而体现各个地区对不同的战略性新兴产业的政策扶持力度差异。各地区"十二五"规划纲要主要来自国家发展改革委网站，表述用语转换为行业具体得分主要依据如下五条原则。

第一，各个规划是由不同的省份单独制定的，因此，各地区在理解同一个表述用语的含义时可能存在较大的偏差，因此，同一表述在不同地区的规划纲要中打分情况可能并不相同。

第二，一般来说，政府需要重点扶持的行业都会体现在规划纲要中结构调整部分的较前位置，而且表述用语相对更为强烈一些，如"积极扶持""大力振兴""大力发展""重点培育"等，因此，在规划纲要中表述顺序较早的并且力度表述较为强烈的行业，则打分较高。

第三，在同一个地区，规划纲要中的同一个表述用语后的行业得分相同，并不明显区分在同一表述后各行业出现的先后顺序。

第四，规划纲要中对于行业的描述与中国标准产业分类存在明显的差异，因此，需要将各省份规划纲要中对于不同行业的具体表述整理为战略性新兴产业的行业类别。

第五，部分行业在规划纲要中被多次提及，但可以归入同一个行业分类中，在这种情况下，以在其规划纲要中出现的先后顺序及其表述程度强烈为准，即采取从高原则。

严格按照上述原则，本部分对全国 31 个省份（不包括香港、澳门、台湾）"十二五"规划纲要中涉及的不同战略性新兴产业的表述进行汇总打分，结果如表 7-2 所示，分数越高，代表省份政府对该类行业重视程度越高，一般来说，政府对某类行业越重视，相对来说资源倾斜力度越大，比如政府补贴、税收优惠、限制准入等，所以，某行业的评分越高，意味着受到的政府扶持力度也就越大。考虑到下文实证分析中采用的企业效益指标等面板数据的可获得性及连续性，本部分重点选择了战略性新兴产业的大类行业进行分析。

表 7-2　　　　　"十二五"规划中分地区分行业评分情况

区域	省份	节能环保产业	新一代信息技术产业	生物产业	新能源产业	新能源汽车产业	新材料产业	高端装备产业
东北	黑龙江	4	3	5	4	3	6	7
	吉林	5	3	3	6	1	7	4
	辽宁	3	7	4	6	1	5	2
华北	北京	4	7	6	5	3	2	1
	河北	2	4	5	7	1	6	3
	内蒙古	3	4	4	5	5	6	7
	山西	2	4	3	5	2	6	7
	天津	6	5	4	3	1	3	7
华东	安徽	6	7	4	5	1	2	3
	福建	4	7	6	4	1	3	5
	江苏	3	6	5	7	1	5	2
	江西	2	1	3	7	5	6	4
	山东	1	6	7	3	2	5	4
	上海	2	5	4	7	7	1	3
	浙江	7	4	3	6	6	1	2

续表

区域	省份	节能环保产业	新一代信息技术产业	生物产业	新能源产业	新能源汽车产业	新材料产业	高端装备产业
华南	广东	5	7	4	6	1	3	2
	广西	7	1	5	2	4	3	6
	海南	4	7	6	5	5	5	4
华中	河南	4	7	2	2	6	5	3
	湖北	3	7	4	2	1	5	6
	湖南	1	2	5	4	4	6	7
西北	甘肃	4	2	5	7	2	6	3
	宁夏	2	3	4	7	7	6	5
	青海	7	4	4	7	4	6	5
	陕西	1	2	3	5	5	6	7
	新疆	5	3	4	2	2	6	7
西南	贵州	3	6	4	2	1	7	5
	四川	2	7	3	1	6	5	4
	西藏	4	4	4	6	6	7	5
	云南	3	4	7	3	3	6	5
	重庆	5	7	2	2	6	3	4

第3节 模型设计及实证研究

一、模型设定

我们建立如下计量模型来分析各地区制定的"十二五"规划纲要对战略性新兴产业发展的重要影响。

$$Income_{it} = \beta_0 + \beta_1 Score_{it} + \beta_2 Fix_{it} + \beta_3 Salary_{it} + \beta_4 RD_{it} + \mu_{it} \qquad (7.1)$$

其中，i 的取值范围是 $1 \sim 31$，分别代表全国 31 个省份；t 代表时间，考虑到"十二五"规划纲要的实施时间是 2011 ~ 2015 年，因此，我们也重点分析了这 5 年工业发展受规划纲要影响的程度。模型中涉及的具体指标说明如

表 7-3 所示。

变量类型	变量名称	符号	定义
被解释变量	主营收入年均值	*Income*	各省份各行业有效样本主营业务年均收入
解释变量	规划评分	*Score*	各省份各行业"十二五"规划评分（1~7分）
控制变量	固定资产年均净额	*Fix*	各省份各行业有效样本固定资产年平均净额
	年均人力成本	*Salary*	各省份各行业有效样本年均人力成本
	年均研发投入	*RD*	各省份各行业有效样本年均研发投入

表 7-3　　　　　　　　　　模型指标说明

资料来源：国家发展改革委网站、各省份发展改革委网站、Wind 资讯客户端等。

衡量一个行业发展水平的指标通常有规模产出指标和产出效率两个方面。考虑到数据的可获得性，我们选取有效样本在 2011~2015 年的主营业务年均值 *Income* 来近似地衡量产业发展，作为模型的被解释变量。

此外，本节还选取如下控制变量：以有效样本的固定资产净值年平均余额 *Fix*，近似反映行业的资本有机构成和资本投入；同时，借鉴申俊喜等（2017）[1] 的处理方式，选择支付给职工以及为职工支付的现金作为劳动要素的投入指标，符号为 *Salary*，之所以这样做，是由于劳动力投入的货币化指标比劳动力数量更为直接和有效，反映人力资本对行业发展的贡献；战略性新兴产业面临诸多挑战，如资源的稀缺和竞争的激烈等，而合理的研发资本投入可以提高研究创新能力，推动技术进步帮助企业/行业提高盈利水平，因此，选取年均研发投入 *RD* 为第三个控制变量。

此外，在进行具体的实证回归时，以上指标均采用自然对数形式。

二、样本选取与数据来源

上海证券交易所官网于 2017 年公布《关于发布中国战略新兴产业综合指数和成份指数的公告》，正式发布中国战略新兴产业综合指数，综合指数共含有 1217 只成份指数样本股，选取方法是在样本空间内，选取属于节能环保产业、新一代信息技术产业、生物产业、高端装备制造产业、新能源产业、新材

---

[1]　申俊喜、杨若霞：《长三角地区战略性新兴产业全要素生产率及其影响因素研究》，载《财贸研究》2017 年第 11 期。

料产业、新能源汽车产业等产业的上市公司作为样本股。本节在这些样本股的基础上剔除重复样本、ST 及 *ST 类上市公司以及核心变量数据为零或负值或缺值的样本，最终得到有效样本股企业 743 家，具体样本分布情况如表 7-4 所示。将这些样本股企业作为代表性企业，近似地代替各个战略性新兴产业的行业发展。

表 7-4　　　　　　　　样本企业在地区维度的分布　　　　　　　单位：家

区域 （企业总数）	省份	企业数	区域 （企业总数）	省份	企业数
华东（305）	江苏	85	华中（57）	湖北	24
	浙江	84		河南	20
	上海	61		湖南	13
	山东	27	西南（41）	四川	26
	福建	26		重庆	9
	安徽	13		贵州	3
	江西	9		云南	3
华南（150）	广东	143	东北（27）	辽宁	12
	海南	4		吉林	10
	广西	3		黑龙江	5
华北（138）	北京	113	西北（25）	陕西	17
	天津	11		新疆	4
	河北	8		甘肃	4
	山西	6			

资料来源：上海证券交易所官网和 Wind 资讯客户端等。

依照国家统计局于 2012 年公布的《战略性新兴产业分类（2012）》，将 743 家有效样本股企业按照其主营业务类型，划分为应该归属的战略性新兴行业，如表 7-5 所示。如丽珠集团（证券代码 000513. SZ）的主营业务为中药制剂，则所属行业归为生物产业；中环股份（证券代码 002129. SZ）的主营业务为新能源材料，则所属行业归为新材料产业；川大智胜（证券代码 002253. SZ）的主营业务为软件行业，则所属行业归为新一代信息技术产业，以此类推。

表7-5　　　　　　　　　　样本企业在产业维度的分布　　　　　　　单位：家

产业名称	企业数量	产业名称	企业数量
新一代信息技术产业	261	生物产业	62
高端装备制造产业	166	新能源汽车产业	25
节能环保产业	121	新能源产业	24
新材料产业	84		

资料来源：上海证券交易所官网和 Wind 资讯客户端等。

第4节　实证分析结果

一、基于地区层面的结果及分析

基于 2011～2015 年战略性新兴产业的样本企业实证研究，回归结果如表7-6所示，整体政府规划排名 Score 系数为 -0.08，并且通过了 5% 的显著性水平，这意味着政府在"十二五"规划中对企业的重视程度的确可以影响产业的发展绩效，但整体影响方向是负向的，即政府对某个产业的重视程度的排名 Score 提升 1，可能导致该产业的主营收入 Income 降低 8%。

为检验各个地区"十二五"规划纲要对产业发展的扶持效果，我们进行了地区层面的实证分析，其估计结果如表7-6所示。为进一步分析地区效应，我们又对七大地区省份进行了细分。

由于"十二五"规划纲要的制定是由各省份分别制定的，因此，必然带有强烈的地区色彩，各地区都是根据其资源禀赋条件来发展自己的优势产业；但同时，由于其规划制定要服从国家的总体发展趋势，因此，又不可避免带有一定的攀比和竞争，出现"彩车效应"，进而导致其制定的产业发展规划部分失效。通过实证分析，我们可以得到如下发现。

第一，比较发达的省份，如北京、广东、江苏三地，"十二五"规划纲要在对各类产业不同程度的支持大多有着明显的反向效果，即规划不仅失效，还会起到反向的作用，在某种程度上限制产业自身的发展。可能的原因：一是在更加发达的城市中，产业的自由竞争程度更加白热化、市场自身的机制更加完善，如果政府这只"看得见的手"干预过多，可能会妨碍市场的自由竞争；二是由所在地区的产业结构特点决定的，北京是全国的政治和经济中心，在全球价值链中主要占据研发设计、品牌营销等服务环节，因此，在产业结构上也表现为第三产业占 GDP 比重较高。因此，本研究主要基于工业来进行分析，可能使得北京地区的估计结果不具有代表性。

表 7 - 6

基于地区层面的实证分析

变量	整体	东北		安徽	福建	华东					华南
		吉林	辽宁			江苏	江西	山东	上海	浙江	广东
$Score$	-0.08** (0.04)	0.29 (0.50)	0.13 (0.29)	0.18 (0.31)	-0.92 (0.65)	-0.27** (0.13)	-0.17 (0.37)	-0.04 (0.10)	-0.19 (0.16)	0.1 (0.12)	-0.21* (0.11)
Fix	0.27*** (0.02)	0.44** (0.12)	0.88*** (0.23)	-0.38 (0.27)	0.09 (0.21)	0.36*** (0.06)	0.97** (0.29)	0.26*** (0.07)	0.30*** (0.06)	0.33*** (0.06)	0.15*** (0.04)
$Salary$	0.62*** (0.03)	0.18 (0.20)	-0.1 (0.34)	1.50** (0.48)	1.25*** (0.36)	0.55*** (0.08)	0.23 (0.25)	0.49*** (0.12)	0.60*** (0.12)	0.39*** (0.11)	0.84*** (0.08)
RD	0.11*** (0.02)	0.27 (0.15)	0.05 (0.25)	-0.13 (0.20)	-0.2 (0.27)	0.11* (0.06)	0.05 (0.18)	0.27*** (0.10)	0.14 (0.09)	0.26*** (0.09)	0.02 (0.07)
常数项	2.21*** (0.31)	3.39 (4.01)	4.76* (2.45)	2.5 (3.57)	0.99 (2.87)	1.92** (0.95)	-3.38 (2.99)	2.08** (0.96)	1.56 (1.12)	2.22** (0.99)	2.23*** (0.75)
N	743	10	12	13	26	85	9	27	61	84	143
R^2	0.85	0.89	0.88	0.78	0.79	0.85	0.97	0.95	0.86	0.82	0.83

续表

变量	整体	华北				华中			西北	西南	
		北京	河北	山西	天津	河南	湖北	湖南	陕西	四川	重庆
Score	-0.08** (0.04)	-0.20** (0.08)	1.88* (0.66)	0.61** (0.03)	0.82* (0.35)	-0.09 (0.29)	-0.27 (0.16)	-0.01 (0.34)	0.12 (0.22)	-0.41* (0.21)	0.62* (0.28)
Fix	0.27*** (0.02)	0.24*** (0.04)	0 (0.04)	1.45** (0.12)	0.58*** (0.13)	0.40*** (0.13)	0.32** (0.13)	0.08 (0.25)	0.21 (0.15)	-0.07 (0.13)	0.22* (0.10)
Salary	0.62*** (0.03)	0.61*** (0.08)	0.21 (0.35)	-0.33* (0.05)	-0.02 (0.26)	0.76*** (0.17)	0.58** (0.21)	1.08** (0.35)	0.81*** (0.16)	0.98*** (0.20)	0.57** (0.16)
RD	0.11*** (0.02)	0.12** (0.06)	0.16 (0.11)	-0.32** (0.01)	0.32** (0.09)	-0.03 (0.08)	0.05 (0.15)	-0.09 (0.31)	-0.04 (0.14)	-0.02 (0.11)	0.20** (0.06)
常数项	2.21*** (0.31)	2.86*** (0.69)	11.43 (5.15)	3.09** (0.14)	2.56 (2.25)	-0.58 (1.90)	3.16* (1.77)	0.65 (1.94)	1.88 (1.95)	4.99*** (1.40)	1.74 (1.38)
N	743	113	8	6	11	20	24	13	17	26	9
R^2	0.85	0.9	0.92	1	0.97	0.92	0.87	0.96	0.92	0.89	0.99

注：本表由 Stata 12 软件计算而得。其中，***、** 和 * 分别表示在 1%、5% 和 10% 的水平上显著，括号内值为标准误差。特别说明，由于受到样本数量的限制，黑龙江、甘肃、新疆、贵州和海南这六个省份的回归效果不明显，故未做展示。

第二，华北地区省份制定的"十二五"规划纲要在对各类产业不同程度的支持大多有着明显的效果。河北、山西、天津等地区的规划纲要基本上都发挥了重要的作用。

第三，从西南地区的情况来看，四川和重庆的回归结果均在10%的水平上显著，但是，四川和重庆的"十二五"规划纲要对各类产业不同程度的支持作用结果完全相反，重庆的规划纲要能有效促进产业发展，四川的产业政策在一定程度上抑制了产业的有效发展。

需要指出的是，表中回归结果不显著并不意味着规划纲要的彻底失效。本研究仅仅是对战略性新兴产业进行的回归，这只能说在促进新兴产业发展、结构调整方面可能成效甚微。具体在诸如服务业发展、城市化、社会发展等层面上的效果，可能还需要进行深入细致的分析。

二、基于产业层面的结果及分析

为进一步分析"十二五"规划纲要对于战略性新兴产业的具体影响程度，我们接下来基于产业层面进行进一步估计。国务院公布的《战略性新兴产业分类（2012）》，将产业共分为节能环保产业、新一代信息技术产业、生物产业、新能源产业、新能源汽车产业、新材料产业和高端装备制造产业七大类。本部分针对七大产业研究的实证结果如表7－7所示。

表7－7　　　　　　　　　　基于产业层面的实证分析

变量	节能环保产业	新一代信息技术产业	生物产业	新能源产业	新能源汽车产业	新材料产业	高端装备制造产业
Score	-0.05 (0.08)	0.06 (0.13)	-0.15 (0.12)	-0.31 (0.18)	-0.01 (0.10)	0.03 (0.14)	-0.10^* (0.05)
Fix	0.22^{***} (0.04)	0.17^{***} (0.03)	0.30^{***} (0.05)	0.21 (0.19)	0.17 (0.16)	0.38^{***} (0.07)	0.28^{***} (0.04)
Salary	0.63^{***} (0.07)	0.68^{***} (0.06)	0.54^{***} (0.09)	1.01^{***} (0.22)	0.60^{***} (0.18)	0.51^{***} (0.09)	0.59^{***} (0.06)
RD	0.12^{***} (0.04)	0.09^* (0.05)	0.24^{***} (0.07)	-0.14 (0.16)	0.28^* (0.15)	0.04 (0.06)	0.16^{***} (0.05)
常数项	2.83^{***} (0.79)	3.06^{***} (0.64)	0.70 (0.89)	0.84 (1.98)	1.43 (1.10)	3.24^{***} (1.03)	1.79^{***} (0.46)

续表

变量	节能环保产业	新一代信息技术产业	生物产业	新能源产业	新能源汽车产业	新材料产业	高端装备制造产业
N	121	261	62	24	25	84	166
R^2	0.84	0.78	0.90	0.86	0.96	0.82	0.92

注：本表由 Stata 12 软件计算而得。其中，***、* 分别表示在 1%、10% 的水平上显著，括号内值为标准误差。

表 7-7 的实证结果显示，节能环保产业、生物产业、新能源产业、新能源汽车产业、高端装备制造产业这五大产业政策系数为负，与总体回归结果类似，而且与汪秋明等（2014）的结论吻合度较高。下面将举出两个现实的例子加以佐证。

其一，自 2005 年 3 月 1 日起，政府对节能家电产品实施节能补贴政策，覆盖了空调、电视、冰箱、洗衣机、热水器五大类产品，仅 2012 年 6 月 1 日到 2013 年 5 月 21 日的投放额就达到 265 亿元。但补贴政策出台不久，就有媒体曝出海信、创维等知名家电品牌多款平板电视突击变更产品能效备案信息[1]，其实并未进行相应研发投入以达到能耗标准，其他多个品牌的空调和洗衣机也屡屡被披露出这种情况。与巨大的补贴诱惑相比，违规骗补的成本显然是极低的。根据《能源效率标识管理办法》，如果有企业虚标能效，受到的处罚仅仅是"由地方节能管理部门或者地方质检部门责令限期改正和停止使用能源效率标识；情节严重的由地方质检部门处 1 万元以下罚款"。而且应该注意，这种惩罚还不是由发放补贴的政府部门来实施，因而，并没有与补贴额挂钩。可以推测的是，发放政府补贴的部门（目前主要是发展改革委、财政部负责）并不具备专业的检测产品节能达标的能力，因而，要实施这种检查的成本非常高，即便有惩罚措施，也难以发挥作用。

其二，我国是较早启动新能源汽车财政补贴政策的国家之一，自 2009 年至 2015 年底，中央财政已累计为新能源汽车推广应用安排补助资金 334.35 亿元。在财税扶持政策推动和各方共同努力下，截至 2015 年底，新能源汽车累计生产 49.7 万辆，销售约 44 万辆，我国已成为全球新能源汽车保有量最大的国家，但是，在 2016 年 9 月 8 日，财政部曝光了苏州吉姆西客车制造有限公

---

[1] 《创维被疑突击修改能效备案信息或存集体造假》，环球网，2012 年 8 月 10 日；《多家彩电厂商被质疑为骗补突击变更备案信息》，腾讯网，2012 年 8 月 6 日。

司等5家新能源汽车生产企业意图骗补国家财政补贴超10亿元。① 此次骗补事件的深层次原因，除了"企业受到利益驱动恶意骗补""多级补贴导致补贴过度"等外，政府监管力度和处罚力度明显不足，按照国家补贴资金拨付流程，企业生产的车辆应在检验合格后出厂、销售上牌后才能逐级向国家申请补贴，地方政府应对本地企业申报补贴资料严格把关。但在实际操作中，部分地方在新能源汽车推广应用目标的压力下，放松了相关审核和监管，部分企业存在车辆未出厂就已获得车辆牌照的情况。

也就是说，政府在宏观上通过产业政策的方式，引导某些产业积极、快速、健康的发展，在具体实施的层面可能落实到政府补贴、税收等微观层面，一般来说，政府给予政策利好的初衷是希望企业投资发展战略性新兴产业，但是，由于政府与企业的信息不对称且企业利润最大化的动机，企业很有可能通过"寻租""骗补"等手段更多地获取补贴等优惠扶持政策支持，维持其优势地位；通过虚报产品生产数量、以次充好、虚假销售等行为骗取产品补贴等；为更多地获得产品补贴，部分企业还通过盲目扩大生产规模的手段，造成产业的低端技术锁定和重复性建设问题，而政府监督的不足则会使产业政策无效成为可能。

三、部分产业政策无效性的原因

新兴产业的发展依赖创新活动和市场培育，由于创新过程和市场形成过程本身存在市场失灵现象，这就需要产业政策在其发展过程中发挥积极作用，但是，产业政策失效的案例还是比比皆是。不过依然有学者认为，产业政策可以促进企业生产率增长和产业发展，并且产业政策可以成为社会所需要的。更加不容忽视的一个现实是，产业政策虽然遭到了众多学者的抨击与诟病，但是，各国政府依然广泛使用各种形式的产业政策。可见，如果仅对产业政策做出需要和不需要、有效和无效的对立二分法的判断，对真正认知产业政策并无裨益，对于产业政策来说，问题并不在于是否需要实行产业政策，而在于能否准确判断产业政策失灵的原因，以及如何正确实施产业政策。

对于战略性新兴产业来说，部分产业政策失效的根本原因可能在于中国的战略性新兴产业扶持政策存在较为明显的双重委托代理问题，在中央政府与地方政府之间的第一重委托代理关系中，地方政府表面上是产业政策的代理人，

---

① 《财政部关于地方预决算公开和新能源汽车推广应用补助资金专项检查的通报》，中央人民政府官网，2016年9月8日。

事实上却是产业政策的委托人，因为中央政府很多宏观方向性的产业政策事实上需要地方政府细化和落实，甚至是政策对象——企业的选择都是经由地方政府完成的（存在地方政府选择某个产业优胜者的可能性），地方政府在细化落实中央政府的产业政策时，往往出于谋利一方的考虑，将产业政策作为区域间竞争的一个手段，形成横向的区域间政策竞争，对各地方企业而言，地方政府作为事实上的产业政策委托人，就此与企业间形成了第二重委托代理关系，而在这一重委托代理关系中，它与企业之间达成合谋，共同面对中央政府产生道德风险。由此可见，在这双重委托代理关系中，地方政府是一个重要的存在主体，它作为代理人可能扭曲中央政府的政策意图，它作为委托人又可能被企业所蒙蔽或是俘获，对地区间激烈的产业政策竞争起到关键的发酵作用。比如，近几年中国新能源汽车产业政策扶持力度的不断加强，引发了社会资本的强烈投资意愿，但同时也加剧了地区间的竞争，存在低水平重复性建设和产能过剩的风险。与此同时，也不缺乏一些地方政府的扶持规划制定者理性且目光长远，能够保持本心依据区位特点和优势制定切合实际的发展战略，但是，我们依然要想办法规避中央政府、地方政府和地方企业的二重委托代理关系可能产生的风险。

第 5 节　结论与政策建议

本章通过研究产业政策与战略性新兴产业的绩效关系，发现新兴产业的创新过程和市场形成过程本身需要产业政策在其发展过程中发挥积极作用，但是，产业政策失效的案例还是比比皆是。从整体效果来看，针对战略性新兴产业的产业政策基本是失效的，甚至可能起到抑制产业发展的负面作用，即政府对某个产业的重视程度的排名提升 1 位，可能导致该产业典型企业的主营收入降低 8% 左右；从地区维度来看，地区间产业政策的效果存在明显的差异性；从产业维度来看，针对节能环保产业、新一代信息技术产业、生物产业、新能源产业、新能源汽车产业、新材料产业的产业政策基本无效。

可以这样认为，产业政策仅仅是一种外部力量，即使是正确的产业政策，也要通过产业自身的努力才能获得实际效果，如果产业缺乏自我调节和自我发展能力，再完美的产业政策设计也会失效。为降低新兴产业政策失灵给产业发展带来的负面影响，提升产业政策的实施效果，笔者认为，地方政府在针对战略性新兴产业制定产业政策时，应该把握产业政策的核心含义：产业结构优化升级的过程中，既要保证市场起决定性作用，也要重视政府的作用，任何产业的快速发展都需要政府积极参与、协调和监督，问题的关键在于，政府要把握好介入市场的度，应该将宏观把控与微观实施相结合，从宏观角度确定适合自身长远发展的产业，并辅助相关企业建立公平透明的市场环境；同时从微观的角度加强对产业内企业的监督力度和惩处力度，使市场在资源配置中起到决定性的作用，协助市场选出带有地方特色的新兴产业"领头羊"。

第一，地方政府应该正确把握自身的定位，在面对中央政府的业绩考核压力和其他区域的竞争压力时，要综合评估自身的经济实力和执政能力，选取适宜发展的新兴产业加以扶持推广，将优胜劣汰交给市场，促进产业联盟的形成和发展，推动企业集成创新，有效对接国家和资本市场，引导社会投资结构和方向，推动战略性新兴产业的健康快速发展，千万不能在竞争初期自主选择所谓的行业"领头羊"。

第二，产业政策需要实施"胡萝卜加大棒"政策。由于存在较大风险，企业最大化收益和地方最大化收益之间肯定存在某种摩擦。作为后危机时期的一种必然选择，地方政府在为战略性新兴产业的相关企业提供政策支持的同时，必须立足全球视角来调整、转型和创新。要改变过去传统产业政策通常从纵向上采用行政性或其他手段、以单一的产业扶持为主的"倾斜型"产业政策状况，而采用法律性、诱导性手段等，从横向上为战略性新兴产业创造一种公平竞争的政策环境，成为一种"竞争型"产业政策，也要加大监管和惩罚的力度，整肃市场氛围，维护市场的公平竞争环境。

第三，产业政策在制定过程中应尽量细致具体，阶段目标明确，增强政策的实践性与操作性，同时要正确选择战略性新兴产业政策的调控时机。审时度势，密切跟踪、准确把握经济运行和战略性新兴产业发展的变化，有针对性地采取产业政策措施，出现问题，迅速解决。例如，在产业的萌芽期，重点监督大学、科研机构、企业研发部门等，制定详细的目标考核机制，执行透明化且责任到人；在产业的导入期，将大部分补贴投入市场需求的开发，为所在区域的企业开辟良好的竞争环境，通过企业间的自由竞争，优胜劣汰；在产业的成长到成熟期，应该实施无偏的产业政策，确立扶持政策退出机制。

第四，政府必须建立和完善扶持事后的监管制度。在目前的扶持制度下，政府大力提供资金给战略性新兴产业，但是，当资金投入企业后，却对资金的运用情况并不了解，资金监管缺乏。尤其是由于法律法规制度的不完善，惩罚的标准不明确，会让政府补助资金违规使用的现象屡禁不止，所以，对于一些创新项目的事前补助，政府应制订明确事后监管方案，定期了解补助款的资金流向。同时，对于违规使用补助款的行为，应明确违约标准，将违约的事后责任具体落实到人，对挪用补助资金的人员进行及时有效的处罚措施，同时，政府还需依据企业在创新项目完结后所产生的实际活动成本，来完善事后补助制度，为企业提供更加贴合实际的补助政策。这样既可以提高创新的动力，也可化有效避免道德风险。

第8章 补贴门槛调整与战略性新兴产业发展

第1节 导论

自"十二五"规划正式提出要加快培育发展战略性新兴产业以来，从中央到地方出台了众多政策，并投入了大量资金支持战略性新兴产业发展。总体而言，大量的政府补贴在客观上加速推动了战略性新兴产业的发展（陈林、朱卫平，2008；郭晓丹等，2011；陆国庆等，2014），但是也产生了很多问题，尤其在补贴效率和补贴效果上争议很大，例如，存在新兴产业的产能过剩、产业大而不强以及激励错位下的企业寻租等问题（Shleifer & Vishny，1994；耿强等，2011；刘海洋等，2012；王红建等，2014；赵璨等，2015）。也正是基于上述情况，国务院在"十三五"国家战略性新兴产业发展规划中明确提出，要进一步调整和完善相关战略性新兴产业的补贴政策。

伴随着部分战略性新兴产业的培育初见成效，一批掌握核心技术且具有国际竞争力的龙头企业陆续成长起来，政府补贴逐步让位于市场竞争机制，例如，2016年，国家发展改革委提出随着光伏发电成本的持续下降，要逐步下调补贴并逐步取消。同年，随着新能源汽车产业骗补事件的曝光，政府又进一步加速对相关补贴政策的调整和完善，其中的一个重要内容就是在强化监管的同时，从低门槛的高额补贴转向高门槛的低额补贴。那么，这一政策转变是否会在纠正之前过度补贴导致的激励扭曲和逆向选择的同时，损害整个战略性新兴产业的创新能力呢？由于新兴产业中的主体是中小企业，提高补贴门槛作为一把"双刃剑"，在优化补贴筛选机制的同时，也有可能损害小企业的创新能力。一方面，中国战略性新兴产业的发展具有一定的不均衡性，依然有部分产业发展相对缓慢，政府补贴对于此类企业的成长和培育至关重要，"一刀切"地提高补贴门槛极有可能对中小创新企业产生资金约束，让前期的培育努力白白浪费；另一方面，伴随着大量央企和外资企业纷纷布局战略性新兴产业，这些强势企业往往会利用资金和技术优势挤压原有中小企业的生存空间，形成新的市场垄断，最终对战略性新兴产业的整体技术创新产生负面影响。因此，针对战略性新兴产业的补贴政策调整，需要同时考虑不同产业的发展现状以及产业内部的市场竞争状况。

政府补贴对新兴产业发展的促进效果会受到不同因素的影响。第一，政府补贴的效果与被补贴对象自身特点有关。这其中既包括被补贴企业的所属行业和生产率，也包括企业的所有制性质（施炳展等，2013；周世民等，2014；杨洋等，2015）。而在补贴对象的选择上，政府往往存在着所有制偏好，国有企业相对民营企业可以获得更多的补贴（Röller & Zhang，2005；孔东民等，2013）。很多国有企业自身竞争力偏弱，但是，在激烈的市场竞争中反而能获得更多的政府补贴，这就部分解释了为何政府补贴效果不佳。唐清泉、罗党论（2007）则发现，政府补贴虽然对上市公司的经济绩效没有显著的影响，但是，有利于社会效益的增进。政府更倾向于补贴那些能帮助政府实现目标的企业。企业承担的政府目标越大，获得的补贴也就越多。第二，政府补贴的效果还与不同的补贴方式有关。安同良等（2009）发现，在信息不对称的情况下，当 R&D 补贴用于提供专用性人力资本时，会产生逆向激励作用。王宇、刘志彪（2013）发现，当产业间存在双向知识溢出时，产量补贴不仅会对传统产业形成冲击，还会阻碍经济的长期增长，而研发补贴能够让新兴产业的创新能力得到提高。巫强、刘蓓（2014）则认为，定额补贴对先行厂商的创新激励效果不佳，但是，比率补贴可以促进企业产品质量的提升。第三，政府补贴的效果也会受到补贴额度的影响。毛其淋、许家云（2015）指出，适度补贴可以取得较好的效果，高额补贴反而会抑制企业的产品创新。一般来说，适度补贴还会延长产品创新的持续时间，但是，补贴额度过高会强化企业的寻租动机，由此产生的非生产性支出会抑制企业的创新活动，因此，高额补贴带来的企业利润反而会削弱企业的创新动力。邵敏、包群（2012）也发现，政府补贴额度较低时，可以提高企业生产率，并且生产率随着补贴额度的提高而降低。当生产率高于某个临界值时，甚至会出现抑制作用。张杰、郑文平（2015）发现，较小的补贴规模可以促进企业高端出口能力，反之则会抑制出口能力。

与现有研究相比，我们认为，政府补贴对新兴产业发展的影响，除了上述影响因素之外，不仅要考虑补贴对企业的微观激励，也要考虑补贴对市场竞争的整体影响。成功的补贴政策不仅要对微观企业产生正向的质量改进激励，同时还要通过市场竞争环境的优化来进一步督促企业提升产品质量。从这个意义上来说，补贴门槛与补贴额会同时影响企业自身的产品质量选择，以及行业内部的整体竞争水平。一般来说，补贴门槛过高会弱化市场竞争，补贴额度过低容易导致激励不足。本章从质量补贴入手，通过建立一个基于纵向差异化的双寡头质量竞争模型，来综合分析在小额度的均匀补贴模式下，政府针对补贴门槛的调整对企业、消费者以及整个产业的影响。研究结论显示，当企业之间存在较高的成本差异时，在保证较高监管效率的前提下，较低的补贴门槛可以实现市场竞争与微观企业质量激励的良性互补，有利于社会总福利的改善。与此同时，政府补贴对生产者和消费者往往存在着结构性和异质性的影响，并且政府的监管效率也会极大地影响补贴效果。

第2节 政府补贴与战略性新兴产业中
厂商的质量竞争

假定战略性新兴产业中有两个相互竞争的厂商，两者之间的两阶段竞争博弈具体如下：在第一阶段，两个厂商同时选择质量水平 q_1 和 q_2，并且各自的成本分别为 $C_1 = \frac{1}{2}q_1^2$ 和 $C_2 = \frac{1}{2}\alpha q_2^2$，其中，$\alpha \geq 1$。因此，我们将厂商 1 称为优势厂商，而将产商 2 称为劣势厂商。[①] 与此同时，我们假设产品生产不存在可变成本。在第二阶段，两个厂商同时决定产品价格 p_1 和 p_2，然后消费者做出购买决策。我们假设市场中的代表性消费者的效用函数为：

$$U = \begin{cases} \theta q_i - p_i, \text{如果他从厂商 } i \text{ 那里购买产品} \\ 0, \text{如果他选择不购买任何产品} \end{cases} \tag{8.1}$$

其中，θ 表示消费者对于产品质量的偏好程度，我们假设 $\theta \in [0, \bar{\theta}]$，即认为

---

① 两个厂商之间的成本差异，我们认为主要来源于两个方面。第一，厂商之间"硬实力"的差异。具有成本优势的厂商由于采用了较为领先的技术或者工艺，从而可以在同等质量下维持较低的生产成本。第二，厂商之间"软实力"的差异。这包括由于经营管理水平或者所有制上的差异，使得优势厂商能够凭借更低的融资成本和交易成本来实现高质量。

市场上潜在的消费者数量为 $\bar{\theta}$。事实上，我们也可以将 θ 看成是消费者关于质量和收入的边际替代率（Tirole，1998），即消费者愿意为质量的提升花费多少代价。因此，从某种意义上来说，越高的 θ 也代表着收入越高的消费者，消费者之间对于质量偏好的差异，也可以被解释成消费者之间的收入差异（Shaked & Sutton，1982）。

假设两个厂商同时在第一阶段选择质量水平 q_1 和 q_2，且 $q_1 \geqslant q_2$，在第二阶段同时选择价格 p_1 和 p_2，来最大化各自在第二阶段的利润。在上述质量和价格之下，两个厂商的需求函数将分别为 $d_1 = \bar{\theta} - (p_1 - p_2)/(q_1 - q_2)$ 以及 $d_2 = (p_1 - p_2)/(q_1 - q_2) - p_2/q_2$。通过最优化求解后，我们可以知道两个厂商在第二阶段的最优定价为：

$$p_1^* = 2\bar{\theta} q_1(q_1 - q_2)/(4q_1 - q_2) \tag{8.2}$$

$$p_2^* = \bar{\theta} q_2(q_1 - q_2)/(4q_1 - q_2) \tag{8.3}$$

并且均衡利润为：

$$\pi_1^{2*} = 4(q_1 - q_2)\left[\bar{\theta} q_1/(4q_1 - q_2)\right]^2 \tag{8.4}$$

$$\pi_2^{2*} = q_1 q_2(q_1 - q_2)\left[\bar{\theta}/(4q_1 - q_2)\right]^2 \tag{8.5}$$

在第一阶段，两个厂商将通过选择 q_1 和 q_2 来最大化两阶段的总利润 $\pi_1 = \pi_1^{2*} - \frac{1}{2}q_1^2$ 和 $\pi_2 = \pi_2^{2*} - \frac{1}{2}\alpha q_2^2$，并得到此时最优质量为：

$$q_1 = 4\bar{\theta}^2(4u^3 - 3u^2 + 2u)/(4u - 1)^3 \tag{8.6}$$

$$q_2 = \bar{\theta}^2 u^2(4u - 7)/\left[\alpha(4u - 1)^3\right] \tag{8.7}$$

其中，$u = q_1/q_2$ 表示两个企业的产品质量比值，可以理解为质量差异。将上述两式对比，我们可以计算出均衡时两个厂商产品的质量比 u^*，并且 $\partial u^*/\partial \alpha > 0$。通过进一步计算可知，均衡两个厂商的质量、市场份额以及利润关系为 $q_1^* > q_2^*$、$d_1^* > d_2^*$ 和 $\pi_1^* > \pi_2^*$。厂商之间的成本差距对均衡质量水平的影响为 $\partial q_1^*/\partial \alpha < 0$ 且 $\partial q_2^*/\partial \alpha < 0$，对均衡利润的影响为 $\partial \pi_1^*/\partial \alpha > 0$ 且 $\partial \pi_2^*/\partial \alpha < 0$。因此，我们可以得到以下定理。

定理 8.1：当战略性新兴产业中厂商之间存在成本差异时，优势厂商将生产质量更高的产品，获得更大的市场份额和更高的利润。随着成本差异的不断扩大，整个产业会出现质量升级惰性，即两个厂商会同时调低质量水平，此时两者间的质量差异会不断扩大。

当厂商之间成本差距较大时, 成本约束会导致劣势厂商主动降低产品质量, 而原本能够生产较高质量产品的优势厂商, 在竞争对手主动选择降低质量的情况下, 也会选择随之降低质量。但是, 低质量相对高质量的下降幅度更大。在这一过程中, 优势厂商的利润会增加, 而劣势厂商的利润会减少。这就意味着成本差距的扩大会使产业内部的质量竞争强度下降, 最终导致所有厂商产生质量升级惰性, 整个产业质量水平下降的同时, 优势厂商依然能够通过市场势力来增加利润。

为了推动战略性新兴产业的发展, 激励厂商提高产品质量, 政府选择对两个企业进行质量补贴, 且政府的行为会影响补贴结果 (潘峰等, 2015)。假设政府设定的质量补贴门槛为 q_s, 即只要厂商的产品质量超过预设的质量标准就可以获得政府补贴。由于现实中政府难以观察到企业的真实质量, 因此, 我们假设政府的观察值 $\tilde{q}$ 和企业产品的真实质量 q_i 存在偏差, 两者之间的关系为 $\tilde{q}_i = q_i + x$, 其中, 随机变量 x 分布于区间 $[-\varepsilon, \varepsilon]$, 且 ε 足够小。这里 ε 可以用来表示监管效率的高低, ε 越小就意味着更高的监管效率。x 的密度函数和分布函数分别为 $f(x)$ 和 $F(x)$, 且 $\int_{-\varepsilon}^{\varepsilon} f(x)\,\mathrm{d}x = 0$。当政府观测到厂商的质量水平高于补贴标准 q_s 时, 政府对相关厂商的补贴额度为 $t = s(\tilde{q}_i - q_s)$。[①] 因此, 两个厂商的利润函数为:

$$\pi_1^s = \pi_1^{2*} - \frac{1}{2}q_1^2 + \int_{q_s-q_1}^{\varepsilon} s(q_1 - q_s + x)f(x)\,\mathrm{d}x \qquad (8.8)$$

$$\pi_2^s = \pi_2^{2*} - \frac{1}{2}\alpha q_2^2 + \int_{q_s-q_2}^{\varepsilon} s(q_2 - q_s + x)f(x)\,\mathrm{d}x \qquad (8.9)$$

一阶条件为:

$$\frac{\partial \pi_1^s}{\partial q_1} = \frac{\partial \pi_1^{2*}}{\partial q_1} - q_1 + s(1 - F(q_s - q_1)) = 0 \qquad (8.10)$$

$$\frac{\partial \pi_2^s}{\partial q_2} = \frac{\partial \pi_2^{2*}}{\partial q_2} - \alpha q_2 + s(1 - F(q_s - q_2)) = 0 \qquad (8.11)$$

我们进一步可以得到:

---

　① 我们假设单位补贴额度 s 需要足够的小, 否则会导致利润最大化条件只存在边角解。换句话说, 过度补贴会导致激励扭曲, 每个企业都会选择不停地提高产品质量至最高值。

$$\begin{pmatrix} \dfrac{\partial q_1}{\partial q_s} \\[2mm] \dfrac{\partial q_2}{\partial q_s} \end{pmatrix} = \dfrac{1}{|J|} \left(\begin{matrix} \left(\dfrac{\partial^2 \pi_2^{2*}}{\partial q_2^2} + sf(q_s - q_2) - \alpha \right) sf(q_s - q_1) - \dfrac{\partial^2 \pi_1^{2*}}{\partial q_1 q_2} sf(q_s - q_2) \\[3mm] \left(\dfrac{\partial^2 \pi_1^{2*}}{\partial q_1^2} + sf(q_s - q_1) - 1 \right) sf(q_s - q_2) - \dfrac{\partial^2 \pi_2^{2*}}{\partial q_2 q_1} sf(q_s - q_2) \end{matrix} \right) \quad (8.12)$$

$$|J| = \left(\dfrac{\partial^2 \pi_1^{2*}}{\partial q_1^2} + sf(q_s - q_1) - 1 \right) \left(\dfrac{\partial^2 \pi_2^{2*}}{\partial q_2^2} + sf(q_s - q_2) - \alpha \right) - \dfrac{\partial^2 \pi_1^{2*}}{\partial q_1 q_2} \dfrac{\partial^2 \pi_2^{2*}}{\partial q_2 q_1}$$

$$(8.13)$$

根据式（8.4）和式（8.5）的二阶条件可得：

$$q_1 \frac{\partial^2 \pi_1^{2*}}{\partial q_1^2} + q_2 \frac{\partial^2 \pi_1^{2*}}{\partial q_1 q_2} = q_1 \frac{\partial^2 \pi_2^{2*}}{\partial q_2 q_1} + q_2 \frac{\partial^2 \pi_2^{2*}}{\partial q_2^2} = 0 \quad (8.14)$$

$$\frac{\partial^2 \pi_1^{2*}}{\partial q_1^2} < 0, \frac{\partial^2 \pi_2^{2*}}{\partial q_2^2} < 0, \frac{\partial^2 \pi_1^{2*}}{\partial q_1 q_2} > 0, \frac{\partial^2 \pi_2^{2*}}{\partial q_2 q_1} > 0 \quad (8.15)$$

并且根据式（8.14）我们可以进一步推导出 $\dfrac{\partial^2 \pi_1^{2*}}{\partial q_1^2} \dfrac{\partial^2 \pi_2^{2*}}{\partial q_2^2} = \dfrac{\partial^2 \pi_1^{2*}}{\partial q_1 q_2} \dfrac{\partial^2 \pi_2^{2*}}{\partial q_2 q_1}$，因此，当补贴额度 s 较小时，必然可以得到 $|J| > 0$。同时根据式（8.8）和式（8.9）的二阶条件：

$$\frac{\partial^2 \pi_1^{2*}}{\partial q_1^2} + sf(q_s - q_1) - 1 < 0 \quad (8.16)$$

$$\frac{\partial^2 \pi_2^{2*}}{\partial q_2^2} + sf(q_s - q_2) - \alpha < 0 \quad (8.17)$$

我们可以得到：

$$\partial q_1 / \partial q_s < 0, \partial q_2 / \partial q_s < 0 \quad (8.18)$$

再由式（8.12）分别对 a 和 s 求导可以得到：

$$\frac{\partial(\partial q_1 / \partial q_s)}{\partial \alpha} > 0, \frac{\partial(\partial q_2 / \partial q_s)}{\partial \alpha} > 0, \frac{\partial(\partial q_1 / \partial q_s)}{\partial s} < 0, \frac{\partial(\partial q_2 / \partial q_s)}{\partial s} < 0 \quad (8.19)$$

接下来，我们讨论质量差异 u 和补贴门槛 q_s 之间的关系，主要考虑以下情况①：补贴门槛满足 $q_2 - \varepsilon < q_s < q_2 + \varepsilon < q_1 - \varepsilon$。此时，$f(q_s - q_1) = 0$，$f(q_s -$

---

① 事实上完整的情形应该是四种，另外三种情况分别为 $q_1 - \varepsilon < q_s < q_1 + \varepsilon$、$q_s < q_2 - \varepsilon < q_1$ 以及 $q_2 + \varepsilon < q_s < q_1 - \varepsilon$。我们可以证明在第一种情况下 $\partial u / \partial q_s < 0$，而在后两种情况下补贴门槛的变化不会对企业的质量差距产生影响，由于和我们的分析重点并不相关，因此，我们将略去这三种情况的分析和讨论。在后面的分析中，我们也将只讨论 $q_2 - \varepsilon < q_s < q_2 + \varepsilon < q_1 - \varepsilon$ 的情形。

$q_2) > 0$, $F(q_s - q_1) = 0$, $0 < F(q_s - q_2) < 1$。在这种情况下，优势厂商总可以获得补贴，而劣势厂商有一定的概率获得补贴，并且获得补贴的可能性随着补贴门槛的增加而下降。根据式（8.14）和式（8.16），我们可以得到 $\partial u / \partial q_s > 0$ 总成立。

综上所述，关于补贴门槛调整对厂商质量水平的选择及其质量差异的影响，我们可以得到以下定理。

定理 8.2：当战略性新兴产业中的厂商存在较高的成本差异时，低门槛的小额质量补贴可以有效地激励所有厂商提高质量水平，并且缩小企业之间的质量差异。

降低补贴门槛会对厂商产生两种完全相反的效应：一种是"质量提升"效应，即厂商有更强的激励提高质量水平，进而获得更高的政府补贴；另一种则是"质量抑制"效应，厂商在更低的质量水平也依然能够获得一定量的政府补贴，因此，反而会诱导企业降低质量水平。当两个厂商之间的成本差距较大时，劣势厂商在成本约束下所选择的均衡质量已经处于较低水平，如果补贴额度又相对较低，那么补贴门槛的降低在客观上会对劣势厂商产生更加显著的"质量提升"激励，进而强化市场中的质量竞争，此时提升质量水平成为优势厂商的最佳选择，这样一方面可以获得更多的政府补贴，另一方面市场竞争也让它不得不通过提高产品质量来维持利润水平。因此，总体来看，低门槛的小额补贴会激励产业中存在较高成本差距的两个厂商同时提高质量水平。

降低补贴门槛能够激励两个厂商同时提高质量水平，但是，这种影响对于不同的厂商来说存在差异。当补贴门槛较低时，小额的政府补贴会对劣势企业产生更高的质量激励，因为这在客观上有效地缓解了它提升质量的成本约束。而在成本差距较大的背景下，优势厂商原本的质量水平要高于劣势企业，较小的补贴额度难以对其形成足够高的质量激励。尽管优势厂商会由于竞争强度的提升来提高质量水平，但是，质量提升幅度会小于劣势厂商，因此，较低的补贴门槛下实行小额补贴还能够缩小厂商之间的质量差距。

第 3 节　政府补贴门槛调整对福利的影响分析

在这一部分中，我们将讨论补贴门槛变化对厂商与消费者，以及最终对社会总福利的影响。消费者福利可以定义为：

$$CS = \int_{\theta_2}^{\theta_1} (q_2\theta - p_2)\mathrm{d}\theta + \int_{\theta_1}^{\overline{\theta}} (q_1\theta - p_1)\mathrm{d}\theta \tag{8.20}$$

将 p_1，p_2，θ_1，θ_2 表达式代入化简后可得：

$$CS = (4q_1 + 5q_1q_2)\overline{\theta}^2/\left[2(4q_1 - q_2)^2\right] \tag{8.21}$$

由式（8.21）对 q_s 求导可得：

$$\frac{\mathrm{d}CS}{\mathrm{d}q_s} = \frac{2q_1(4q_1 - 5q_2)(2q_1 + q_2)\frac{\partial q_1}{\partial q_s} + (28q_1 + 5q_1q_2)\frac{\partial q_2}{\partial q_s}}{(4q_1 - q_2)^3} < 0$$

因此，如果政府降低对战略性新兴产业的补贴门槛，那么，总体来看，消费者剩余将会严格提高。消费者福利上升主要有以下两个原因：第一，补贴门槛的下降，使得行业整体的产品质量水平出现提升；第二，补贴门槛的下降会导致相对质量差距缩小，这就意味着厂商之间质量竞争强度的提高，消费者为同等质量的产品将支付更低的价格。与此同时，通过进一步分析我们可以发现，补贴门槛的调整对不同类型的消费者的影响存在着显著的结构性差异。随着政府降低门槛，两个厂商将同时提高产品的质量水平 q_1 和 q_2，由于厂商之间的相对质量差距 u 缩小，产品价格 p_1 和 p_2 同时下降。

很显然，质量和价格的变化最终导致两个厂商产品的用户数量同时上升。在这种情况下，一部分质量偏好较低的消费者在补贴门槛降低之前不会从任何厂商那里购买产品，但是，在门槛降低之后由于质量和性价比提升，他们将会选择从劣势厂商那里购买相对质量较低的产品，因此，这部分消费者的福利将会严格提升。而那些在补贴门槛调整之前就选择从某个厂商那里购买产品的消费者，同样由于产品的性价比的提升，即为更高的产品质量支付更低的价格，他们的福利也会严格改善。具体来说，不同区间消费者的福利变化可参见表8-1。最后，对比不同类型的消费者的福利变化，我们不难得到一个结论：那些具有更高质量偏好，或者说收入更高的消费者（更大的 θ）会在补贴门槛降低过程中获益更多，那就意味着如果伴随着高收入消费者在人口中比例的提高，或者说消费者收入的持续提升，降低补贴门槛对于消费者福利的增进作用将愈发显著。

表 8 – 1　　　　　　降低补贴门槛后不同区间消费者的福利变化

区间	补贴门槛降低前	补贴门槛降低后	消费者福利变化
$[0, \theta_2']$	不购买	不购买	不变
$[\theta_2', \theta_2]$	不购买	购买低质量 q_2'	严格变好
$[\theta_2, \theta_1']$	购买低质量 q_2	购买低质量 q_2'	严格变好
$[\theta_1', \theta_1]$	购买低质量 q_2	购买高质量 q_1'	严格变好
$[\theta_1, \bar{\theta}]$	购买高质量 q_1	购买高质量 q_1	严格变好

在厂商利润方面，由式（8.8）和式（8.9）分别对 q_s 求导数，并结合式（8.10）和式（8.11）可知：

$$\frac{\mathrm{d}\pi_1^s}{\mathrm{d}q_s} = \frac{\partial \pi_1^{2*}}{\partial q_2} \frac{\partial q_2}{\partial q_s} + s(1 - F(q_s - q_1)) \tag{8.22}$$

$$\frac{\mathrm{d}\pi_2^s}{\mathrm{d}q_s} = \frac{\partial \pi_2^{2*}}{\partial q_1} \frac{\partial q_1}{\partial q_s} + s(1 - F(q_s - q_2)) \tag{8.23}$$

根据之前的分析我们不难得到 $\dfrac{\partial \pi_2^{2*}}{\partial q_1} = \dfrac{(2q_1 + q_2)q_2}{(4q_1 - q_2)^3} > 0$ 且 $\dfrac{\partial \pi_1^{2*}}{\partial q_2} = -4u^2 \dfrac{\partial \pi_2^{2*}}{\partial q_1} < 0$，并且当补贴门槛满足 $q_2 - \varepsilon < q_s < q_2 + \varepsilon < q_1 - \varepsilon$ 时，$F(q_s - q_1) = 0$ 且 $0 < F(q_s - q_2) < 1$，因此，我们总可以得到 $\dfrac{\mathrm{d}\pi_1^s}{\mathrm{d}q_s} > 0$。但是，在式（8.23）中第一项总是小于 0，而第二项大于 0，因此，$\dfrac{\mathrm{d}\pi_2^s}{\mathrm{d}q_s}$ 的符号并不确定，这取决于具体的补贴额度和补贴门槛。与此同时，行业利润受到的影响为：

$$\frac{\mathrm{d}(\pi_1^s + \pi_2^s)}{\mathrm{d}q_s} = \left(-4u^2 \frac{\partial q_2}{\partial q_s} + \frac{\partial q_1}{\partial q_s} \right) \frac{\partial \pi_2^{2*}}{\partial q_1} + s(1 - F(q_s - q_1)) + s(1 - F(q_s - q_2))$$

$$\tag{8.24}$$

显然，我们总可以得到 $\dfrac{\mathrm{d}\pi_1^s}{\mathrm{d}q_s} + \dfrac{\mathrm{d}\pi_2^s}{\mathrm{d}q_s} > 0$。

政府降低质量补贴门槛事实上等同于增强对整个行业的补贴力度，尽管两个厂商都选择提高质量水平，但是，各自的利润将受到完全不同的影响。对于优势厂商来说，补贴门槛的降低会让他们遭受严格的利润下降，这主要是由于一方面质量提升带来的补贴收益不足以弥补提高质量增加的成本；另一方面劣势厂商在提升质量水平的过程中缩小了与优势厂商之间的差距，客观上强化了市场竞争，进一步压缩了后者的利润。对于劣势厂商来说，补贴门槛降低的影响对其利润的影响则不太确定。在提高质量的过程中，好处是其既可以享受到政府补贴，同时又扩大了用户数量，但是，坏处是成本同样会随着质量的提高而增加，并且客观上与强势企业的质量竞争强度也在提高。那么，最终对劣势厂商的利润影响情况取决于单位补贴额度和补贴门槛的下降幅度。总体来看，补贴门槛的降低会使行业总利润减少，但是，将这一结果和产品质量提升以及消费者剩余增加的结论对照，我们不难看出，行业利润的下降换来了消费者福利严格上升。

社会总福利可以定义为：

$$SW = q_2 \int_{\theta_2}^{\theta_1} \theta \mathrm{d}\theta + q_1 \int_{\theta_1}^{\overline{\theta}} \theta \mathrm{d}\theta - \frac{q_1^2}{2} - \alpha \frac{q_2^2}{2} \tag{8.25}$$

式（8.25）对 q_s 求导，并结合式（8.10）和式（8.11）。可得：

$$\frac{\mathrm{d}SW}{\mathrm{d}q_s} = -\frac{\partial u}{\partial q_s}\left(\theta_2 \frac{\partial \theta_2}{\partial u}q_2 + \theta_1 \frac{\partial \theta_1}{\partial u}(q_1 - q_2)\right) +$$

$$\frac{\partial q_1}{\partial q_s}\left(\int_{\theta_1}^{\overline{\theta}} \theta \mathrm{d}\theta - \frac{\partial \pi_1^{2*}}{\partial q_1} - s(1 - F(q_s - q_1))\right) +$$

$$\frac{\partial q_2}{\partial q_s}\left(\int_{\theta_2}^{\theta_1} \theta \mathrm{d}\theta - \frac{\partial \pi_2^{2*}}{\partial q_2} - s(1 - F(q_s - q_2))\right) \tag{8.26}$$

根据之前的分析框架，我们不难发现，当 $q_2 - \varepsilon < q_s < q_2 + \varepsilon < q_1 - \varepsilon$ 时，式（8.26）中右侧每一项都小于 0，因此，我们可以得到 $\mathrm{d}SW/\mathrm{d}q_s < 0$。

上述结论显示，降低补贴门槛会对社会福利产生积极影响。在较低的补贴门槛下，所有厂商都可以享受到质量补贴，相比原有的均衡质量水平，都会出现显著提高。因此，降低补贴门槛会改善质量提升的激励效果，并且两个厂商在提高产品质量的过程中还会进一步缩小质量差异，客观上提高了市场竞争强度。尽管行业的总体利润在这一过程中会降低，尤其是优势厂商会严重受损，但是，消费者剩余的显著提升完全可以弥补生产者剩余的下降。综上所述，我们提出以下定理。

定理8.3：降低补贴门槛可以严格提升社会总福利，但是，会在生产者和消费者之间产生利益冲突，即降低补贴门槛在增进消费者福利的同时会损害行业利润，并且还会在消费者和生产者内部产生结构性的差异化影响。

最后，我们需要讨论一下政府的监管效率对补贴政策效果的影响。在之前的分析中，我们默认假设政府的监管效率较高（$\varepsilon \rightarrow 0$）。换句话说，即使政府不能完美地观察到厂商产品的真实质量，但是偏差较小。在现实中，由于产品自身特性以及政府管理水平等各种主客观因素上的差异，很有可能存在政府监管效率较差的情形。在这种情况下，之前的研究结论极有可能会受到影响。

我们假设政府质量监管效率较低，也就是说 $0 \ll \varepsilon < \Delta q$。首先，根据之前的分析，即使政府监管效率较低，$\partial q_1 / \partial q_s < 0$，$\partial q_2 / \partial q_s < 0$ 依然成立，因此，降低质量补贴门槛依然会对产品质量水平产生促进作用；其次，关于补贴门槛调整对产品质量差距 u 的影响，我们需要考虑两种情况。

一是补贴门槛极低时，即 $q_s < q_2 - \varepsilon < q_1$。此时 $f(q_s - q_1) \approx 0, f(q_s - q_2) \approx 0, f(q_s - q_1) < f(q_s - q_2), F(q_s - q_1) \approx 0, F(q_s - q_2) = 0$。此时，两个厂商都总是可以获得补贴。由于 $q_1 f(q_s - q_2) - \alpha q_2 f(q_s - q_1) > s f(q_s - q_1) f(q_s - q_2)(q_1 - q_2)$，所以，我们可以得到 $\partial u / \partial q_s > 0$。根据之前的分析框架，我们可以得到 $dSW / dq_s < 0$。

二是补贴门槛满足 $q_1 - \varepsilon < q_s < q_2 + \varepsilon$。此时 $f(q_s - q_1) > 0, f(q_s - q_2) > 0$。在这种情况下，两个厂商都有一定的概率获得补贴，并且获得补贴的可能性随着补贴门槛的下降而提高。此时，调整补贴门槛对产品质量差距和社会总福利的影响存在不确定性。要想得到确定性的结果，我们需要 q_s 非常靠近 q_2。此时，$f(q_s - q_1) < f(q_s - q_2)$，并且两者之间的差距会随着 q_s 接近 q_2 而不断扩大，从而使 $u[1 - s f(q_s - q_1)] > f(q_s - q_1)[\alpha / f(q_s - q_2) - s]$，因此，$\partial u / \partial q_s > 0$，最终我们进一步可以得到 $dSW / dq_s < 0$。综上所述，我们提出以下定理。

定理 8.4：在政府监管效率较低的情况下，补贴门槛调整对社会福利的影响存在着很高的不确定性。但是，维持较低的补贴门槛，或者让补贴门槛接近没有补贴情况下劣势企业的产品质量水平，依然有利于社会福利的增进。

第 4 节　案例分析：补贴门槛调整
与新能源汽车行业的发展

我国的汽车工业由于起步较晚，与欧美发达国家差距很大，即使经过多年的市场培育，包括发动机等核心技术环节依然受制于人，汽车工业大而不强。在国家环保力度进一步加大的情况下，新能源汽车产业很可能成为我国"弯道超车"的机会。培育具有国际竞争力的新能源汽车产业，不仅可以让我国实现从汽车大国到汽车强国的转变，还能通过上下游的传导机制推动环保产业和新能源产业的发展。正是由于上述原因，我国在2009年正式将新能源汽车确立为七大战略性新兴产业之一，并随后从中央到地方进行了大量的补贴。

我国新能源汽车在发展初期与国外差距依然不小。一方面，包括通用和丰田等老牌汽车巨头很早就意识到了新能源汽车的发展潜力，已经投入巨资进行研发；另一方面，以特斯拉为代表的创新企业通过电池核心技术上的突破和全新的生产模式，受到了众多资本的追捧，也在行业内部确立了领先优势。我国的新能源汽车企业，无论在技术还是在体量上均无法与国外巨头抗衡。为了加快我国新能源汽车产业的发展，政府开始补贴新能源汽车行业。2007年是我国新能源车发展元年，国家发展改革委制定《新能源汽车生产准入管理规则》，从2009年开始，我国首次发布新能源汽车领域补贴文件《关于开展节能与新能源汽车示范推广试点工作的通知》，开始对公共服务领域的节能与新能源车辆进行补贴。此后，新能源汽车财政补贴政策历经几轮补充修订，补贴范围从刚开始的13个试点城市逐步扩大到88个城市，而补贴领域也从公共领域拓展到私人领域。鉴于2009年新能源汽车市场上商用车销量明显优于乘用车的情况，2010年6月开始，国家开始对在上海、长春、深圳、杭州和合肥购买新能源汽车的客户进行私人补贴。对满足支持条件的新能源汽车，按3000元/千瓦时给予补贴，其中，插电式混合动力乘用车每辆最高补贴5万元，纯电动乘用车每辆最高补贴6万元。2012年继续发布《节能与新能源汽车产业发展规划（2012—2020年）》，对于购买纯电动汽车、插电式混合动力汽车将免征车辆购置税；并将企业销售新能源汽车及其关键零部件的增值税税率调整为13%。鼓励技术研发，当新能源汽车及其关键零部件企业在计算应纳税所得额时，可按研究开发费用的100%加计扣除。

随着补贴额度和范围的持续扩大，我国新能源汽车产业迎来了持续发展。2008年，中国的新能源乘用车和商务车的销量分别仅为899辆和1536辆。[①]但是，经过短短7年的发展，中国从2015年起就已经超过美国成为世界最大的新能源汽车产销国。2016年，国内新能源乘用车销量达32.9万辆，排名前5位的厂家分别为比亚迪、吉利汽车、北汽新能源、众泰汽车和奇瑞汽车。其中，2016年，插电式混合动力汽车（PHEV）全球销量前10位的车型第一就是比亚迪唐，另外比亚迪秦和荣威550均进入前10位。除了销售体量的扩大，

---

① 《新能源车：梦想何时能照进现实?》，第一电动网，2014年1月13日。

我国新能源技术与国外的差距也在缩小。目前，我国纯电动乘用车最高车速超过 140 公里/小时，其中，续驶里程、百公里加速性能和能耗水平等核心指标与国外差距均在缩小。虽然电池技术尚存在差距，但是，在比亚迪、宁德时代等国内电池技术领先企业的带动下，我国电池技术水平也在不断提高。比亚迪公报显示，比亚迪的明星产品比亚迪秦在 2015 年共销售约 3.2 万台，同比增长 116.3%。其之所以能够成为当前中国新能源乘用车中最受消费者欢迎的车型，主要原因就在于其行业标杆式的优异性能：百公里加速 5.9 秒，百公里油耗仅 1.6L 并且纯电状态续驶里程 70 公里，而这一切都离不开核心零部件之一的磷酸铁锂电池。比亚迪磷酸铁锂电池技术及制造工艺均属世界领先水平，不仅拥有核心的专利技术，并且能够实现全产业链的自主生产。目前，我国新能源汽车市场基本形成了以比亚迪、宇通客车等几家大公司为主，带动上下游产业联动发展的格局。

对于政府在新能源汽车产业的补贴政策效果，一直都存在着很多争议。尤其随着一批龙头企业的快速崛起以及市场的逐步成熟，补贴政策的逐步退出也进入了政府的议事日程，而 2016 年曝光的骗补风波更是加速了政府补贴退坡。2016 年底，国家发布新能源补贴新政策显示，在规范补贴范围和整顿骗补现象的同时，补贴额度在未来将持续下降。补贴新政策中对动力电池密度实施差异化补贴，加速落后产能的淘汰，并激励国内技术先进企业发挥技术优势，推动我国在新能源车电池领域取得突破，并且新的政策将更加注重完善市场竞争，例如，2017 年 9 月 28 日推出的双积分制，并将于 2019 年正式考核实施，已经在 2017 年下半年提出的传统燃油车禁售提案，均是代替补贴政策的更优方案。

通过表 8 - 2 中 2013 ~ 2020 年的新能源汽车国家补贴标准的变化，我们不难看出，补贴门槛持续提升，补贴额度不断下降。但是，综合新能源汽车产业从 2007 年至今的发展状况，我们也应该看到，低门槛的补贴事实上的确让该产业快速地从幼稚期过渡到了成长期，甚至部分市场已经接近成熟期，政府补贴对于市场的培育效果不言而喻。更重要的是，在补贴政策的扶持下，一批从零起步的本土企业在抓住全球技术革命机遇的同时，得益于政府的扶持和帮助，实现了企业的高速成长，在新能源汽车领域拥有了一席之地，初步具备了一定的国际竞争力。伴随着这些龙头企业的崛起以及与国外竞争者之间技术差距的缩小，补贴政策让位于市场机制也是战略性新兴产业发展的必然要求。

表 8 - 2   2013～2020 年新能源汽车补贴标准对比

车型类别	里程数（公里）	2013 年（万元）	2014 年（万元）	2015 年（万元）	2016 年（万元）	2017 年（万元）	2018 年（万元）	2019 年（万元）	2020 年（万元）
纯电动乘用车	2013～2015 年（80≤R<150）	3.5	3.325	3.15	—	—	—	—	—
	2016～2020 年（100≤R<150）	—	—	—	2.5	2	2	1.5	1.5
	150≤R<250	5	4.75	4.5	4.5	3.6	3.6	2.7	2.7
	R≥250	6	5.7	5.4	5.5	4.4	4.4	3.3	3.3
插电式混合动力乘用车（含增程式）	R≥50	3.5	3.325	3.15	3	2.4	2.4	1.8	1.8
燃料电池乘用车	—	20	19	18	20	20	20	20	20

资料来源：电动汽车时代网。

与此同时，我们还观察到一个有趣的现象。尽管针对纯电动和插电式混合动力乘用车的补贴门槛在提高且补贴额度在下降，但是，针对燃料电池乘用车的补贴门槛依然很低，并且补贴额度在 2013～2015 年逐年递减 5% 之后，从 2016 年再次恢复到原有的 20 万元的补贴水平。这一变化与燃料电池企业的商业化进程的持续推进以及我国的发展现状有着密切的联系。近年来，日本的燃料电池企业产业发展迅速，在解决了原有续航里程短与充电时间长的关键技术"瓶颈"后，通过商业化和政府补贴，燃料电池汽车的成本出现了显著下降。作为清洁能源和绿色交通的终极解决方案，燃料电池汽车具有巨大的发展潜力，欧、美、日的汽车巨头都已经投入了大量的研发资金，在拥有核心技术的同时，已经纷纷推出了成熟度很高且性能不俗的商用化车型。但是，我国的汽车企业在该领域的技术研发几乎是一片空白，仅有上汽集团有一些技术储备，与国外领先企业的差距仍然非常大。为了激励国内企业在燃料电池领域积极投入，缩小与国外企业的差距，政府继续采用了极低的补贴门槛，希望以此来帮助国内企业在研发初期降低成本，缩小技术差距，尽快地通过商用化来加速技术进步。

最后，尽管针对新能源汽车厂商的补贴门槛在提升且补贴额度在下降，但是，政府在转变补贴方式和调整补贴门槛的同时，依然有大量的隐性方式来扶持该产业的发展，只不过重心从生产侧转向需求侧，并且针对消费者的补贴门槛依然很低。例如，随着很多城市开始加入限行行列，汽车牌照的获得成本持续提升。2017 年，上海私家车牌照的拍卖价格已经逼近 10 万元大关，而在北京等需要摇号的城市，中签率仅为 0.119%。新能源汽车的购买者却可以不用参与拍卖或者摇号而直接获得牌照，这种隐性补贴显然可以提高消费者对于新能源汽车的需求。与此同时，政府还在大力推动充电桩等新能源汽车的配套设施的普及，并且相关成本在持续下降。这些低门槛的间接性扶持政策客观上也是对新能源汽车产业的扶持。

第 5 节　结论与政策建议

本章通过建立一个基于纵向产品差异的双寡头质量竞争模型，讨论了政府调整质量补贴门槛对整个产业的产品质量水平、行业利润以及社会福利的影响。研究结论显示，第一，当战略性新兴产业中的厂商之间存在较大的成本差距时，整个产业会产生"质量升级惰性"。劣势厂商受到成本约束难以提高质量水平，进而导致两个厂商会同时选择在降低质量水平的过程中扩大质量差异来缓解市场竞争，最终导致整个行业的质量下滑。第二，低门槛的补贴政策可以有效激励厂商提升产品质量。低门槛的小额补贴政策，可以缓解劣势厂商的成本约束，在激励它提升质量水平的同时，也间接推动优势厂商提高产品质量，最终实现整个产业质量水平的提升。在这一过程中，厂商之间的质量差距也会随之缩小。第三，降低补贴门槛会对消费者和生产者带来不同的影响，但是，总体上可以严格增进社会福利。补贴门槛的降低，不仅能让所有厂商提高产品质量，同时还强化了市场竞争，这一行为尽管会让行业利润严格下降，但是，消费者福利却可以显著提升，总体上依然改善了社会福利。与此同时，补贴门槛的调整还会在生产者和消费者内部产生结构性的差异化影响。维持较低的补贴门槛会让优势厂商利润下降，但是，有可能会让劣势企业严格获益，而绝大部分消费者都会从中受益，并且高收入消费者会获益更多。

根据研究结论，我们针对性地提出以下政策建议。第一，针对战略性新兴产业的补贴门槛，要根据不同产业内部企业的具体发展状况实行差异化的设定和调整。对那些发展相对缓慢的战略性新兴产业，尤其是当中小企业与国外企业由于技术或者管理水平差距存在显著的成本劣势时，政府应当维持较低的补贴门槛，避免优势企业利用市场垄断势力导致的质量升级惰性。对于那些发展相对成熟的产业，厂商之间的技术和成本差距相对较小，此时政府可以逐步退出补贴，转向让市场竞争机制更好地发挥作用。第二，政府在实施和调整战略性新兴产业的补贴政策时，始终要以社会总体利益为导向，而不能以单个企业或者群体的得失作为参考。在调整补贴门槛的过程中，市场参与各方的利益会受到完全不同的影响，政府应当始终坚持中性立场，即使部分厂商在这一过程中会遭受损失，只要能够增进社会总福利就应当坚决执行。第三，提高政府的监管效率，降低补贴政策执行过程中的不确定性。政府对企业产品质量水平监管效率的高低，会对政府能否有效执行补贴政策产生直接的影响。因此，政府在提升监管队伍素质的同时，应当积极利用新技术来增强自身的监管能力。

第 9 章　制度环境与战略性新兴产业发展

第 1 节　导论

为应对国际金融危机带来的各种挑战，世界主要国家纷纷将目光聚焦在战略性新兴产业上，希望通过发展战略性新兴产业刺激经济新增长。2008 年国际金融危机后，美国政府颁布了一系列推进新兴产业发展的政策，如《重整美国制造业框架》《2009 年美国复苏和再投资法案》《政府的创新议程》等，将新能源、生物医药、智能电网、健康信息作为国家优先发展的领域，其中，新能源、生物医药为基础研究的重中之重。2015 年 10 月，美国又公布《美国创新新战略》，以期进一步强化在太空领域、先进制造业、精密医疗等领域的布局。日本制造业受金融危机、日本大地震、福岛核事故等事件的影响进入发展低谷期，2014 年，日本政府在政策制定上继续优先扶持 3D 打印机。2015年 1 月日本公布《机器人新战略》，6 月公布《2015 年版制造白皮书》，提出要积极发挥 IT 的作用，将制造业转型为利用大数据的"下一代"制造业。韩国政府投资 6 万亿韩元用于研发绿色新能源技术，并着力打造包括智能型服务机器人、未来型汽车、新一代信息技术、生物科技等在内的一系列新兴产业。德国发布《信息与通信技术 2020 创新研究计划》，以期增强其在信息通信领域的国际竞争力。英国则重点发展包括海洋风力发电、潮汐发电、民用核电、超低排放汽车研制以及可再生建筑材料等在内的本国优势产业。俄罗斯则大力投资发展纳米技术，欲将其打造成为国家"科技战略的火车头"。

历史经验表明，每一次危机都孕育着新生，每一次重大产业革命，都同时伴随着一个或几个大国的崛起。面对世界新的技术革命形势，大力发展战略性新兴产业已成为世界各主要国家为增强国际竞争力而采取的重大发展战略。我国正处于经济转型的关键时期，加快培养战略性新兴产业使之尽快成长为我国的主导和支柱产业，是我国在新一轮产业竞争中占据全球价值链高端、实现"弯道超车"的重要举措。

发展战略性新兴产业也是中国经济产业结构调整和经济发展方式转型升级的内在要求。改革开放以来，我国经济蓬勃发展，从 1978 年经济总量仅居世界第十位到 2010 年成为世界第二大经济体，但是长期以来，我国经济的高速增长严重依赖于自然资源的过度消耗和廉价劳动力资源，具有粗放型特征；产业发展中没能掌握核心技术，导致在国际竞争中优势不足。这种粗放的过度依赖廉价劳动力和物质资源的发展方式是不可持续的，如果不寻求其他新的经济增长方式，在资源约束和环境约束日益趋紧的情况下，未来发展会变得更加"举步维艰"。而战略性新兴产业以重大需求和技术突破为发展基础，可持续性发展能力强，具有物质资源消耗少、综合效益好等特点，因此，大力培育和发展战略性新兴产业成为我国转变经济发展方式、调整产业结构、打造制造业强国的必然选择。

新旧产业的升级换代是维持经济持续稳定增长的关键因素。现代经济学理论证明，在经济发展过程中，任何产业的发展都会经历从诞生、成长、成熟到衰退的过程，当原本支撑一个国家经济发展的主导产业进入成熟和衰退期时，资本的流动性和逐利性将使其从已成熟产业撤离并积极寻求新的具备发展性的其他支柱产业。如果新旧产业更替没能有效地进行对接，就会导致经济增速下滑甚至停滞不前。因此，政府应该及时主动选择和培育新兴产业，促进新旧动能之间的有效转换，保持经济的持续稳定增长。

近年来，中央政府出台了一系列政策规划指导战略性新兴产业发展。2009年，国家就已开始着手制定战略性新兴产业发展规划。2010 年，《国务院关于加快培育和发展战略性新兴产业的决定》发布并从我国现阶段产业基础和技术水平出发，将战略性新兴产业划分为新能源、生物技术、新一代信息技术、新能源汽车、高端装备制造、新材料、节能环保七大产业。2012 年，《"十二五"国家战略性新兴产业发展规划》出台，提出到 2020 年，力争增加值占国内生产总值的比重达到 15%。2016 年，《"十三五"国家战略性新兴产业发展规划》指出，"十三五"时期，战略性新兴产业要在经济社会发展中发挥更加重要的作用，形成新一代信息技术、高端制造、生物、绿色低碳、数字创意等5个10万亿元级的新支柱产业。

在中央政府系列规划的顶层设计和统筹指导下，地方政府也出台相应政策支持战略性新兴产业发展，主要包括税收减免、政府采购支持、对消费端进行补贴、支持企业研发以及设立战略性新兴产业发展专项资金等扶持政策。在中央和地方一系列政策的刺激下，我国战略性新兴产业表现出了良好的发展态势，在金融危机之后表现出明显高于国民经济和工业的平均增速。截至"十二五"末，战略性新兴产业增加值占国内生产总值比重达到8%左右，完成了既定发展目标。战略性新兴产业27个重点行规以上企业收入达16.9万亿元，占工业总体收入比重达15.3%，较2010年提升了3.4个百分点，"十二五"期间年均增速达18%。[①] 但我国战略性新兴产业在发展过程中还存在着诸如没有掌握战略性新兴产业的核心技术和关键技术（朱瑞博、刘芸，2011）、基础研究、原始创新不足、产业层级普遍偏低等问题。战略性新兴产业是创新驱动型产业，其典型特征是不确定性、高风险性，这一特征决定了大力培育和发展战略性新兴产业需要一系列有效的制度供给和制度创新为其能够生存、成长到不断壮大创造有利的"土壤"条件。因此，定性、定量分析制度环境与战略性新兴产业发展之间的关系具有重要意义。

《"十三五"国家战略性新兴产业发展规划》指出，未来5到10年是一个关键时期，全球新一轮科技革命和产业革命将面临从蓄势待发到群体迸发的发展形势，战略性新兴产业也将面临重大战略机遇期。当前我国战略性新兴产业呈快速发展态势，涌现出一批快速成长的企业，但产业层级偏低，国际竞争力不强，部分战略性新兴产业仍没有掌握核心技术和关键技术，各地政府出台的许多鼓励战略性新兴产业发展的政策同质化现象严重，在未充分论证本地区是否具备发展战略性新兴产业的相关资源条件、科技人才力量和产业基础情况下，不考虑本省份产业发展的一般规律，盲目投资发展短期见效快的产业项目。而从根本上解决这些问题的关键在于破除一系列制度障碍，加强体制机制改革。目前，已有大量文献研究制度对于战略性新兴产业发展的重要性，但主要以规范性分析为主，较少有文献实证研究制度对战略性新兴产业的影响程度究竟有多大。本章将利用粤港澳大湾区研究院发布的《2017年中国城市营商环境报告》中我国各城市营商环境指数作为各省份制度环境的衡量指标，实

---

① 《战略性新兴产业"十二五"实现翻番占我国GDP 8%》，中央人民政府官网，2016年11月15日。

证分析营商制度环境对于战略性新兴产业发展的影响程度，这对于理解各省份战略性新兴产业发展差异、深化对营商环境重要性的认识，以及根据营商制度环境细分指标来优化本地营商环境，增强政府政策的有效性和针对性以及提高制度质量具有重要的现实意义。

第2节　现有相关文献研究梳理

一、制度对经济发展的一般影响

科斯（Coase，1992）认为，"是制度性因素而非技术性因素对经济增长起决定性作用，如果没有适当的制度就不可能有任何重要性的市场经济"。根据前文可知，科斯定理1认为，在交易费用为零的情况下，市场这只"看不见的手"能够自动实现资源配置效率最大化。科斯定理2认为，当存在交易费用时，制度的作用就被突显且被置于决定性的位置——不同的制度安排会带来不同效率的资源配置，合理的制度安排能显著提高资源配置效率。道格拉斯·诺斯和罗伯斯·托马斯在《西方世界的兴起》（2009）一书中指出，经济增长的关键是存在一个有效率的经济组织，近代西方世界之所以能够兴起，其原因就是在西欧发展出了一个有效率的经济组织，社会制度的漫长孕育和发展是经济增长的决定性因素。阿西莫格鲁（Acemoglu，2007）认为，制度是一个国家经济发展背后更深层次的原因，起决定性作用。尽管科技创新是第一生产力，促进产业发展，但是，科技创新的成果和收益需要科学的制度如知识产权制度和契约制度的保障。如果制度功能缺失，那么技术供应者就会丧失研发新技术、进行再创新的动力。"制度至关重要"这一命题已得到大量文献研究的证实。纳克和基弗（Knack & Keefer，1995）的研究证实了经济增长和趋同的制度根源是非常重要的；阿西莫格鲁等（2001）以历史上欧洲殖民者在殖民地的死亡率作为制度的工具变量，研究了制度对经济发展的影响；伊斯特利和李维（Easterly & Levine，2003）研究发现，地域禀赋条件如温带地区相比热带地区具备更适宜农作物和特定经济作物生长的环境，不直接对经济收入增加产生影响，而是通过制度条件产生影响；里哥本和罗迪克（Rigobon & Rodrik，2005）的研究表明，民主、法治对经济发展都有好处，但法治的作用对经济发展的影响更大；费尔丁和托雷斯（Fielding & Torres，2008）研究发现，那些在田园农业上具备自然比较优势的殖民地更有可能吸引欧洲人在此定居从而导致非攫取性制度；法布罗和J. 艾克斯拉（Fabro & J. Aixalá，2009）对制度在经济增长中的重要性进行了量化分析。而对于制度是什么，这个问题的答案有很多。青木昌彦（2001）认为，制度是内生的，他将制度视为一种博弈均衡，是博弈参与人在长期的互动中形成的共享信念。就比如如果人们不把政府推出的法律和管制规制当作一回事，那么他们就不构成制度。在青木昌彦看来，制度并非一次博弈下形成的不变均衡，而是博弈参与者的共享信念不断得到修改，发生变化从而形成新的博弈均衡，形成制度变迁的过程。诺斯（1999）认为，制度提供了规范人们协作和竞争以及其他各种行为的社会经济秩序，表现为社会游戏规则。他把制度分为正式制度（如政治规则、经济规则、合同）和非正式制度（如社会规范、惯例、道德准则）。诺斯认为，制度变迁是经济增长的根本原因。制度变迁分为诱致性制度变迁和强制性制度变迁。前者是指经济个体在面对新的获利机会时对制度变迁产生的新的需求，从而产生的自发性制度变迁；后者是由政府主导的、通过强制性手段实施的制度变迁。肖特（Schotter，1981）认为，社会制度是指受到社会成员接受和赞同的带有规则性的东西。董志强（2008）认为，从结构上可以将制度分为"建制的制度"和"认知的制度"。前者是指人类组织，比如国家、央行、企业、财团等组织；后者是指被所有行为主体一致认同的精神观念，比如货币、信任、共享信念或者分配规范等。从影响的深远程度可分为"创立性制度"和"调节性制度"。前者使新的社会行为，比如新货币、新金融市场或者原创技术语言等成为可能；而后者如专利、商业合同、交通规则等，只是作为既存社会行为之间的调停者。可以看到，由于不同学者的研究定位于不同层面，关注的制度内涵就不同，学者对制度的定义也就不同。

二、制度对战略性新兴产业的发展

制度对于战略性新兴产业发展的重要性可以从以下两个方面来理解。

一方面，制度是新兴产业发展的内生要素，战略性新兴产业发展会催生一系列的制度供给。袁中华、冯金丽（2012）认为，新兴产业从诞生到壮大的过程中会产生对市场准入制度、产权制度、融资制度、企业兼并制度等的需求，只有资本、劳动力、制度等要素综合发展，才能构成各个产业的发展。制度是产业发展的内生性要素。制度的内生性，是指制度供给与需求是由社会经济体系内部的各种因素共同决定的，政府虽然具有影响与变革制度的权力，但只有遵循社会经济系统运行机制的要求才能有效地影响社会经济进程。制度变迁理论认为，相对价格的变化是制度变迁的根本原因。随着生产力的发展，资本、技术、劳动力等要素的相对价格发生变化后，就会出现新的获利机会。如果当前的制度框架不能满足经济主体对新出现利益的追求，经济主体便会产生制度变迁的需求；当实施制度变迁的预期收益超过制度变迁成本时，制度供给存在可能。首先，现如今我国长期资源依赖型的经济增长方式会因为原材料、劳动力等要素价格的变化而出现成本越来越高的趋势，而战略性新兴产业所依托的资源由于属于新能源范畴，从长期来看会产生显著的外部规模经济效应，相应的要素价格优势也将显现出来；其次，随着互联网大数据技术的发展，战略性新兴产业在数据信息获取方面相比传统产业具有绝对优势；最后，技术创新将会给战略性新兴产业企业的经济绩效带来倍增效应，这些都显示了战略性新兴产业具备较大的发展潜力，从而提高社会对战略性新兴产业未来利润增长速度和规模的预期，强化制度供给激励。

另一方面，恰当适时的制度供给是构建良好市场结构、保障战略性新兴产业快速成长的保证。如前所述，战略性新兴产业是创新驱动型产业，不确定性是其发展过程中最重要的特征，而中小企业由于规模较小、经营灵活，在技术创新存在较强不确定性的情况下，可以发挥"船小好调头"的优势，更快地适应市场形势的变化，从而具备较大的创新动力，是促进战略性新兴产业发展的重要力量。然而对于传统大型企业来说，存在着明显的在位者惰性。一方面，传统企业在其已具备市场规模的传统产品上投入了大量的沉没成本，并且拥有较为成熟的产品技术，因此，企业往往不愿轻易涉足市场前景风险较大、不确定性较强的产业。同时，在位企业为了维护其既得的市场份额，往往会构筑和加固行业进入壁垒，限制新企业进入。另一方面，新兴企业一旦取得技术突破，研发的新技术和新产品在市场中由于缺乏竞争对手，在市场中会暂时处于垄断地位，享受垄断带来的巨额利润，容易变得不思进取、松懈和懒惰，不愿意从事更新的创造，极易导致创新陷入停滞状态。克里斯腾森（Christensen，1997）曾在《创新者的窘境》一书中指出，市场中现有的大企业难以发生"破坏性创新"，反而往往被低端和小型市场颠覆的根源就在于大企业的在位者惰性。以上两方面的在位者惰性需要政府积极的干预来解决，推动体制机制改革，尤其是完善金融制度功能。政府应鼓励具有风险投资功能的金融机构介入战略性新兴产业的发展中来，降低中小企业进入市场的门槛。阿罗（Arrow，1962）的研究表明，持续不断的进入者对在位垄断者创新具有显著的促进作用。阿吉翁等（Aghion et al.，2009）研究了国内外企业的进入对在位企业专利产出的影响，结果表明，需要时刻面对竞争者不断进入威胁的在位者，其专利产出能力和生产效率会不断增强。企业的不断进入对在位者创新具有促进作用，所以，随着拥有战略性新兴产业技术和产品的企业的进入，产业内企业数量增多，必然会对在位企业造成威胁，竞争程度会更加激烈，从而在一定程度增加了在位者惰性的成本、降低在位者转型的成本。因此，通过一定的制度激励，可以构造充满竞争活力、大中小企业共生的市场生态环境，促进战略性新兴产业企业技术创新效率的提高，推动战略性新兴产业又好又快发展。

现有文献关于制度环境与战略性新兴产业发展研究主要包括几个方面。资金支持对战略性新兴产业发展来说起到类似于"血液"的作用，因此，相关金融制度方面的研究成果较多。程宇（2013）认为，具有"适应性效率"的战略性新兴产业金融制度安排应具备金融制度结构的灵活度、制度结构的耦合度、制度变革的适应性等特征。胡吉亚（2013）对比分析了美国、日本、德国战略性新兴产业的融资机制，并在此基础上，提出我国应在政府金融政策扶持导向下，以银行间接融资为依托，大力发展直接融资资本市场。袁天昂（2010）分析了资本市场与战略性新兴产业结合的现实意义，并就建立多层次资本市场支撑体系提出对策和建议。宋智文等（2012）探讨了金融支持我国战略性新兴产业发展过程中存在的潜在金融风险。也有的学者通过比较分析发达国家发展战略性新兴产业的经验，得出对我国战略性新兴产业发展的启示。宋韬、楚天骄（2013）认为，美国政府主导的制度供给和制度变迁是美国生物医药产业保持全球龙头地位的根本原因，其通过建立政府对生物技术基础研究的投资制度、修改完善知识产权制度、改革卫生保健制度以扩大市场需求等制度供给对我国具有很好的借鉴意义。在制度环境与战略性新兴产业发展的实证分析方面，史丹、李晓斌（2004）通过问卷调研，得到影响高技术产业发展的因素按重要性依次排序为制度因素、市场因素、经济因素、技术因素和政策因素。每个因素又进行细分，其中，制度因素又分为产权制度、市场制度、国家科技管理制度、专利制度、企业制度、激励制度等。袁中华、冯金丽（2012）选取属于高技术行业中的 5 个子行业作为新兴产业的代表，运用 GLS方法评估制度变迁对新兴产业发展的影响。文启湘、胡洪力（2003）将制度作为一种增长要素引入生产函数方程中，实证分析了制度变迁对我国汽车工业增长的贡献，研究结果表明，制度落后抑制了技术和人力等要素在汽车工业增长中作用的发挥。

从以上研究成果可以发现，现有的研究主要聚焦于对战略性新兴产业的规范性分析，对战略性新兴产业的实证研究成果不多，这主要是因为战略性新兴产业作为一个刚刚提出来的概念，各界对于其统计口径不一致，有关方面的数据较为缺乏。已有的关于制度环境与战略性新兴产业发展的实证分析中，多是选取衡量我国整体制度质量的综合评价指标，如贸易开放度、金融部门深化度等，没有考察我国内部的制度差异对各省份战略性新兴产业发展的影响。本章以粤港澳研究院发布的《2017年中国城市营商环境报告》中各主要城市营商环境指数作为各省份制度环境的衡量指标，尝试在中国城市层面上从经验上分析营商制度软环境对于战略性新兴产业发展的重要性。

第3节　中国营商环境分析

营商环境是一个国家或地区发展的重要软实力和核心竞争力。2016年3月17日公布的《国民经济和社会发展第十三个五年规划纲要》中提出要"营造优良营商环境"——"营造公平竞争的市场环境、高效廉洁的政务环境、公正透明的法律政策环境和开放包容的人文环境"。习近平总书记在2017年召开的中央财经领导小组第十六次会议上强调——"要改善投资和市场环境，加快对外开放步伐，降低市场运行成本，营造稳定公平透明、可预期的营商环境"。2018年3月的"两会"也强调要"优化营商环境"，要求深化"放管服"改革。优化营商环境，被提升到"解放生产力、提高竞争力""破障碍、去烦苛、筑坦途，为市场主体添活力，为人民群众增便利"的高度，说明国家已充分认识到营商制度环境改革对我国经济实现稳定增长具有重要意义。

良好的营商环境有助于促进一个国家或地区的经济发展，这种促进作用表现为以下两个方面。首先，法治化、便利化的营商环境不仅可以吸引外资流入，促进经济发展，也有助于国内生产性私人投资的增加。世界银行的《世界发展报告》显示，世界银行对全球80个国家投资环境的调查结果表明，仅仅是通过提高政策的可预见性来改善投资环境，就能够将企业增加新投资的可能性提高30%。其次，良好的营商环境有利于营造企业创业氛围，推动大众创业、万众创新。便利的营商环境不仅能够简化企业创业手续和降低开办成本，而且能为各种商业创意和想法提供激励机制以及孕育、生根、发芽的土壤，有助于帮助企业提高生产效率和促进整个社会生产力的提高（董志强等，2012）。并且，更频繁的创业活动能促进市场竞争和经济活力，产生"创造性破坏"过程（熊彼特，1999），推动大众创业、万众创新的开展。公平透明、可预期的营商环境下，企业进入市场的门槛降低，激烈的市场竞争条件下，"适者生存法则"能够促进社会劳动生产率不断提高，从而持续推动经济增长和发展。

一、中国整体营商环境及国际比较

"营商环境"概念源于世界银行集团开展的"Doing Business"项目调查，

旨在评估一国内部企业营商环境便利程度。《全球营商环境报告》首次发布于
2003 年，对全球 133 个经济体、包括 5 项指标进行考察，到 2017 年发布的第
15 个报告《2018 全球营商环境报告》中已扩大至对全球 190 个经济体、包括
10 项指标进行考察。营商难易程度排名涵盖的 10 个领域，分别是开办企业、
登记财产、获得信贷、纳税、办理施工许可、保护少数投资者、获得电力、办
理破产、执行合同以及跨境贸易。《2018 全球营商环境报告》的数据搜集至于
2017 年 6 月 1 日，数据来源是通过选取每个经济体中最大的一个或两个城市
进行调研，根据两个城市的人口数加权平均得到经济体的得分，中国选取的是
北京和上海两个城市，其中，北京的指标数据所占权重为 45%，上海为 55%。
数据收集的方法是案例问卷调研法，世界银行团队通过设计商业案例，由于考
虑到数据的跨国可比性，对企业的规模、法律形式等做出了假定，向各经济体
的专家人员发放问卷，2018 年，全球 190 个经济体共有 13000 名专家参与了
调研。这种调查经济体在真实经济活动过程中面临的各种制度约束条件，相比
基于经济表现的调查活动，更加真实和确切（董志强等，2012）。表 9 - 1 列出
了中国与美国、日本、俄罗斯、印度营商环境排名情况。

表 9 - 1　　　　　　　　中国与其他国家营商环境排名情况

领域	中国 2018 年	中国 2017 年	中国 2016 年	中国 2015 年	中国 2014 年	印度 2018 年	日本 2018 年	俄罗斯 2018 年	美国 2018 年
整体排名	78	78	84	90	96	100	34	35	6
开办企业	93	127	136	128	151	156	106	28	49
办理施工许可	172	177	176	179	177	181	50	115	36
获得电力	98	97	92	124	121	29	17	10	49
登记财产	41	42	43	37	38	154	52	12	37
获得信贷	68	62	79	71	67	29	77	29	2
保护投资者	119	123	134	132	123	4	62	51	42
纳税	130	131	132	120	127	119	68	52	36
跨境贸易	97	96	96	98	98	146	51	100	36
执行合同	5	5	7	35	36	164	51	18	16
办理破产	56	53	55	53	52	103	1	54	3

资料来源：世界银行历年《全球营商环境报告》（Doing Business Report）。

如表 9-1 所示，2018 年，中国整体营商环境在全球 190 个经济体中排名第 78 位，与 2017 年齐平，但评分有所提高，2017 年，前沿距离分数（DTF）[①]为 65.29，2016 年为 64.89；相比 2014 年提升了 12 位，中国营商制度环境在不断完善和提升。观察世界各国营商环境排名，可以发现，经济发展水平和市场化程度较高的发达国家的营商环境较好，新西兰连续两年排名全球第 1 位，美国排名全球第 6 位，日本排名全球第 34 位；金砖国家中，俄罗斯营商环境较好，排名全球第 35 位，处于相对较高水平。印度排名为 100 位，相比 2016 年提升了 30 位，排名进步较快。从各项细分指标来看，中国在开办企业这一指标排名相比 2013 年提升了 58 位，提升幅度最大；执行合同这一项排名第 5 位，相比 2013 年排名提升了 31 位，这也是中国唯一排名进入前 10 的指标；办理施工许可指标排名为 172 位，说明在中国办理施工许可方面存在程序复杂、手续繁多、办理时限长等问题。保护少数投资者排名 119 位，说明在中国发生利益冲突时，中小投资者的权益不能得到有效的保护。缴纳税款排名全球 130 位，虽然较 2016 年提升了 1 个位次，但比 2014 年下降了 10 位，说明中国企业税负压力较大。

根据财政部经济建设司的《2013 年上半年产业经济运行分析及建议》，中国企业税费负担高达 40% 左右，超过经济合作与发展组织（OECD）国家企业税负的平均水平。在我国战略性新兴产业发展初期大都以中小企业为主，很多还是民营企业。根据国家信息中心的统计，我国 A 股市场上，战略性新兴产业上市公司中民营企业占比达到 63.3%，较高的税负压力会阻碍战略性新兴产业中小企业的发展，因此，应着力简化税收缴纳流程，降低企业税负水平，提升缴纳税款"软环境"。美国的获得信贷指标排名世界第 2 位，办理破产排名第 3 位，而中国这两个指标排名分别是第 68 位和第 56 位，这与美国具有较好的金融体系以及司法体系密切相关，我国应着力提升企业尤其是中小企业获得信贷的便利度，降低融资成本。俄罗斯在财产登记方面排名较为靠前，为全球第 12 位，中国排名第 41 位，说明我国的产权制度需要进一步完善，财产登记流程也有待进一步优化；日本的办理破产指标排名居全球第 1 位，具有较强竞争力。印度的投资者保护排名居全球第 4 位，中国排名第 119 位，中国政府应积极推动投资者保护立法工作开展和完善，比如在知识产权保护、吸引人

[①] 前沿距离分数（DTF）显示每个经济体与"前沿水平"的距离，它代表自 2005 年以来每个指标在《全球营商环境报告》样本中的所有经济体中观察到的最佳表现。经济体与前沿水平的距离反映在 0~100 的区间里，其中，0 代表最差表现，100 代表前沿水平。营商便利度排名范围为 1~190。

才、劳动者权利保护等方面做到有法可依、有法必依、执法必严，打造法治化营商环境。

二、中国各城市营商环境

2017 年，粤港澳大湾区研究院中国城市营商环境课题组，测算了中国 35 个城市的营商环境指数①，以便为一国内部的各地区改进营商制度环境提供参照标准和借鉴意义。各城市营商环境情况如表 9－2 所示。

表 9－2　　　　　　　2017 年中国城市营商环境指数及排名

排名	城市	营商环境指数	排名	城市	营商环境指数	排名	城市	营商环境指数
1	广州	0.658	13	成都	0.505	25	哈尔滨	0.457
2	北京	0.628	14	海口	0.499	26	沈阳	0.441
3	深圳	0.597	15	济南	0.496	27	南宁	0.440
4	上海	0.593	16	长春	0.488	28	厦门	0.436
5	重庆	0.583	17	南昌	0.482	29	太原	0.431
6	南京	0.535	18	福州	0.482	30	贵阳	0.426
7	杭州	0.532	19	大连	0.474	31	乌鲁木齐	0.425
8	宁波	0.528	20	长沙	0.470	32	西宁	0.423
9	青岛	0.526	21	呼和浩特	0.470	33	石家庄	0.422
10	武汉	0.513	22	昆明	0.466	34	银川	0.412
11	天津	0.507	23	郑州	0.464	35	兰州	0.403
12	西安	0.505	24	合肥	0.462			

注：小数点后第四位西安高于成都，同理长沙高于呼和浩特。

资料来源：粤港澳大湾区研究院公布的《2017 年中国城市营商环境评价报告》。

如表 9－2 所示，首先，从营商环境指数来看，东部沿海经济发达地区营商环境指数较高。全国营商环境指数排名前 10 位的城市广州、北京、深圳、

---

① 课题组选取全国直辖市、副省级城市、省会城市共计 35 个城市（西藏因为数据缺乏，不参加排名），根据 6 大类指标，即软环境（权重 25%）、市场环境（权重 20%）、商务成本环境（权重 15%）、基础设施环境（权重 15%）、生态环境（权重 15%）、社会服务环境（权重 10%），对 2017 年各城市营商环境指数进行测算。

上海、重庆、南京、杭州、宁波、青岛、武汉，其中，有 8 个城市为东部沿海城市，重庆和武汉是入选前 10 名中仅有的中西部城市。广州得分最高，为 0.658，北京位居其次，为 0.628，深圳和上海分别为 0.597、0.593，这 4 个地区均为中国一线城市。重庆、南京、杭州作为准一线城市紧随其后，其他要做准一线城市的宁波、青岛、武汉等排名也比较靠前。而一些中西部城市如兰州、银川、石家庄、西宁、乌鲁木齐、贵阳、太原等排名较为靠后。其次，从二级指标来看，如图 9 – 1 所示，东部沿海城市在软环境指数、基础设施指数、市场环境指数等方面具有较强的优势，中西部城市在生态环境指数、商务成本指数等排名较为靠前。具体来说，从软环境指数看，广州、南京、宁波、杭州、深圳排名前 5 位，明显好于中西部城市，比如执行合同，北京、上海、广州、深圳需要的成本占标的额的比例均低于 10%，而中西部地区一般在 20% ~ 40%，再比如登记财产指标，北京、上海、广州、深圳财产登记成本占财产价值的比例分别为 3.1%、3.6%、3.7%、3.7%，而其他地方该比例一般在 4% ~ 13%，表明东部地区的投资软环境比较好。从生态环境指数来看，海口、昆明、南宁位居前 3 位，上海、厦门、深圳等城市排名较为靠后。从商务成本指数来看，商务成本最高的 4 个城市是北京、深圳、上海、杭州，最低的城市为呼和浩特、郑州、南昌、西安等城市，这与一线城市绝对房价水平全国最高，房价收入比也最高密切相关，一些准一线城市的房价也在飞涨，比如杭州、南京，带来了商务成本的迅速攀升。从基础设施指数来看，北京、上海、广州、深圳位居前 4 位，海口、西宁、银川、兰州分别位列最后 4 位，这主要与东部经济发达地区基础设施较为完善相关，如东部地区在航空吞吐、货运、轨道交通等方面具有绝对优势。从市场环境指数来看，排名前 10 位的城市分别为深圳、上海、北京、广州、天津、重庆、杭州、南京、长沙、武汉，海口、南宁、银川、乌鲁木齐、兰州、西宁等中西部城市排名靠后，反映了我国区域之间各城市经济综合水平和活力水平差异较大。从社会服务指数来看，北京排名第 1 位，其次是太原、西安、广州、海口等城市，社会服务指数反映了该地区在科技、教育、融资、医疗、养老 5 个方面的服务情况。北京在科技服务方面领先全国，2016 年的科技研发投入占地区生产总值的比重达 6% 左右，高于上海和深圳的投入强度，居于全国首位。许多中西部城市这一比例只有 1% 左右，表明其创新转型的力度有待加强。

综上所述，整体上，中西部地区城市营商制度环境相比东部沿海经济发达地区具有很大的劣势，使其在高层次人才引进、创新发展等方面远远落后于东部地区。但也有部分城市表现突出，如重庆、武汉营商环境指数在前 10 位之

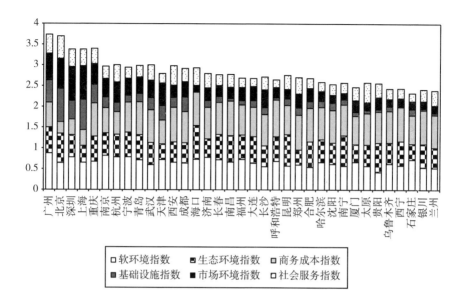

图 9 - 1 35 个城市营商环境二级指标情况

资料来源：粤港澳大湾区研究院公布的《2017 年中国城市营商环境评价报告》。

列。对于大部分的中西部地区城市而言，应该总结先进地区的发展经验和教训，找准自身问题，竭力优化地区营商制度环境，为地区经济可持续发展和战略性新兴产业的培育营造开放、包容、创新、发展的良好环境。

第4节 营商环境与战略性新兴产业发展实证研究

一、基于 30 个大城市层面的实证分析

（一）模型设定与数据说明

为分析营商制度环境对战略性新兴产业发展的影响，本节建立以下计量回归模型：

$$Stra_i = \beta_0 + \beta_1 Insti_i + \gamma X + \mu \tag{9.1}$$

其中，β_0 为常数项，β_1、γ 为待估参数，μ 为随机误差项。β_1 是关注的对象，因为它反映了营商制度环境对战略性新兴产业发展的影响。

被解释变量 $Stra_i$ 代表的是 2016 年城市 i 的高技术产业主营业务收入占 GDP 的比重。战略性新兴产业作为近年来刚出现的新概念，统计标准和口径

还未完全统一，较为系统的宏观数据库还处于刚刚建立的阶段，部分省份公布了战略性新兴产业增加值如北京、上海、深圳等，也有的省份公布了战略性新兴产业总产值如重庆、吉林、安徽等，而部分省份如山东、天津、辽宁等，在这方面的数据却是缺失的。通过查阅国家统计局对高技术产业的分类，《高技术产业分类（2013）》规定高技术产业包括，制造业：航空、航天器及设备制造、计算机及办公设备制造、电子及通信设备制造、医药制造、医疗仪器设备及仪器仪表制造、信息化学品制造 6 大类；服务业：检验检测服务、环境检测及治理服务、信息服务、科技成果转化服务、电子商务服务、知识产权及相关法律服务、研发设计服务、专业技术服务业的高技术服务和其他高技术服务 9 大类。对比战略性新兴产业分类能够发现，高技术产业和新提出的战略性新兴产业之间具有较强关联性，高技术产业中的高端产业和前沿部分被战略性新兴产业范围所涵盖（肖兴志、谢理，2011）。再从两者的特征来看，都具有高风险、高投入、高收益的特点。现有的文献研究中，肖兴志、谢理（2011）用高技术产业的创新效率近似代替战略性新兴产业的创新效率情况，探讨了不同的企业规模和创新方式选择对于战略性新兴产业创新效率的影响途径。赵喜仓（2014）利用 2000～2011 年江苏高技术产业的产值代替战略性新兴产业产值，实证研究江苏专利制度对战略性新兴产业的产值影响。因此，本节利用各省份高技术产业的总体发展情况来近似代替战略性新兴产业具有一定的可行性。本节选取 2016 年各省份高技术产业主营业务收入占 GDP 的比重衡量各省份高技术产业发展水平。数据来源于《中国高技术产业统计年鉴 2017》。

解释变量 $Insti_i$ 代表城市 i 的营商环境指数。本节利用各城市营商环境指数衡量各省份的营商制度环境，由于营商环境报告测算了个别省份中两个城市的营商环境指数，所以，取它们的平均数作为该省份整体的营商环境指数，数据来源于粤港澳大湾区研究院发布的《2017 年中国城市营商环境报告》，该报告是对 2016 年度各城市营商制度环境进行的评估。

X 表示主要控制变量。通过查阅现有文献，发现人均 GDP、R&D 经费、高技术产业投资额、人力资本、政府支持程度、工业化进程、税负水平、开放程度等主要变量也会影响战略性新兴产业的发展。一是人均 GDP，代表了各省份 2016 年的经济发展水平，它的高低意味着人均收入、社会基础设施的完善、教育和科研水平的投入能力等方面的差异，经济发展水平高的国家和地区具有发展高技术产业的有利条件，从国际上来看，经济发展水平较高的发达国家的技术发展水平远远高于经济发展较为落后的发展中国家。因此，本节假设在一国内部，各省份经济发展水平的差异也会影响该地区战略性新兴产业的发展。二是 R&D 经费。战略性新兴产业的发展依赖于基础研究和原始创新，经费投入是创新活动得以开展的必不可少的重要组成部分，是技术创新快速实现重大突破的基础。持续不断的资金投入支持也是实现科技成果实现转化的关键要素。因此，本节以各省份高技术产业 R&D 经费内部支出代表资金投入力度。三是高技术产业投资额。投资是影响产业发展的一个重要因素，除 R&D 投入外，高技术产业和战略性新兴产业中的精密医疗仪器设备制造业、电子通信设备制造业、航空、航天器及设备制造业等都需要较大的固定资产投入。对于这些产业，投资比重越大，说明其产业发展的基础越好，越有利于产业的发展。四是人力资本。战略性新兴产业是知识密集型产业，其发展是研发人员不断创造科研成果并将其商业化的过程，创新型人力资本是创新收益的源泉。本节利用 2016 年各省份 R&D 人员折合全时当量（人年）作为衡量人力资本水平。五是政府支持程度。对于政府支持程度，将采用 R&D 研发经费内部支出中政府资金所占比例表示。六是工业化进程。有些战略性新兴产业的发展与传统第二产业之间存在着联系，如高端装备制造产业、新能源汽车产业等都是在一定的产业基础上通过技术改造升级的方式发展的。因此，一个地区的工业化进程将会影响战略性新兴产业的发展。故利用各地区第二产业增加值占当地 GDP 的比重来表示该项指标。七是税负水平。利用各地区的税收收入表示当地的税负水平。八是开放程度。一般来说，企业的开放程度越高，面临的创新机遇和进出口学习效应就越大，产业的技术知识积累程度就越高，越有利于战略性新兴产业的发展。该指标采用高技术产业的出口交货值表示。以上数据来源于国家统计局网站和《2017 年中国高技术产业统计年鉴》。

（二）实证检验结果与分析

1. 描述性统计

表 9 - 3 先对文中各变量进行统计描述分析，包括各变量的均值、最大值、最小值和标准差，共 30 个城市的数据。可以发现各省份的高技术产业主营业务收入占各地 GDP 的比重存在很大的差异，最大值占到当地 GDP 比重到 46.7%，最小值所占比重不足 1%。各省份营商制度环境也存在较大的差异，最大值为 0.628，最小值为 0.403。其他变量之间均存在着较大差异，比如规模以上工业企业的 R&D 经费，最大值与最小值之间的对数值相差 5.371，意味着 R&D 经费投入最多的省份（广东）是投入最少省份（新疆）的 215.078 倍。

表 9 – 3   各变量的统计描述

变量	均值	最大值	最小值	标准差	N
高技术产业主营收入/GDP	0.137	0.467	0.009	0.107	30
营商环境指数	0.486	0.628	0.403	0.06	30
ln（人均 GDP）	1.666	2.469	1.017	0.399	30
ln（高技术产业投资额）	6.066	8.168	3.591	1.189	30
ln（出口交货值）	5.500	9.760	– 1.438	2.655	30
ln（R&D 经费支出）	3.485	6.824	– 0.039	1.640	30
R&D 人员	2.435	20.122	0.022	4.121	30
政府支持程度	0.111	0.404	0.018	0.103	30
工业化进程	0.416	0.489	0.193	0.078	30
ln（税收收入）	7.327	8.999	5.173	0.879	30

注：本表由 Stata 14.1 软件计算而得。

2. 实证结果与分析

初步检验控制变量与战略性新兴产业发展的关系。由于数据的可得性，本节一共只有 30 个城市样本数据，所以，为了确保计量结果的可靠性，采用分段（分类）回归方法。首先对控制变量进行一个简单回归检验，结果如表 9 – 4 所示。

表 9 – 4   控制变量估计结果

变量	方程 1	方程 2	方程 3	方程 4	方程 5	方程 6	方程 7	方程 8
C	– 0.112 (0.072)	– 0.234 ** (0.077)	– 0.035 (0.029)	0.087 *** (0.014)	– 0.036 (0.031)	0.169 *** (0.028)	0.047 (0.109)	– 0.493 *** (0.120)
ln（人均 GDP）	0.150 ** (0.042)							
ln（高技术产业投资额）		0.061 *** (0.012)						
ln（出口交货值）			0.031 *** (0.005)					
R&D 人员				0.021 *** (0.003)				

续表

变量	方程1	方程2	方程3	方程4	方程5	方程6	方程7	方程8
ln（R&D 经费支出）					0.049*** (0.008)			
政府支持 程度						−0.285 (0.188)		
工业化 进程							0.219 (0.257)	
ln（税收 收入）								0.086*** (0.016)
R^2	0.312	0.462	0.60	0.644	0.583	0.076	0.252	0.499
N	30	30	30	30	30	30	30	30

注：本表由 Stata 14.1 软件计算而得，其中，***、** 分别表示在1%、5%的水平上显著，括号内数值为标准误差。

对控制变量进行简单回归分析的意义在于初步了解各控制变量对战略性新兴产业的影响程度，初步判断出对战略性新兴产业发展具有核心影响力的控制变量。简单回归分析结果表明，人均 GDP、高技术产业投资额、出口交货值、人力资本、R&D 经费支出、地方税收收入控制变量对战略性新兴产业发展的影响是高度显著的，除了人均 GDP 的系数在5%水平上显著之外，其余的均在1%水平上显著。其中，人力资本（R&D 人员折合全时当量）对战略性新兴产业的发展的解释程度最高，为0.644，具有核心影响力。

营商制度环境的回归检验。营商制度环境与被解释变量的简单回归显示两者存在显著的正相关关系。

如表9-5所示，方程1的 $R^2 = 0.555$，表明营商制度环境可以在约56%的程度上解释各省份战略性新兴产业发展水平的差异，系数1.328在1%的水平上显著，表明两者之间存在极为显著的关系。通过比较甘肃和广东的战略性新兴产业发展水平和营商环境指数，可以对两者之间的关系有更为直观的感受。广东的高技术产业主营业务收入占 GDP 比重和营商环境指数都位于75%分位以上，甘肃的高技术产业主营业务收入占 GDP 比重和营商环境指数都位于25%分位以下。广东和甘肃的营商环境指数相差 0.628 − 0.403 = 0.225，回归系数 $\beta_1 = 1.328$，表示由营商制度环境差异导致的两省高技术产业主营业务收入占 GDP 比重相差 $1.328 \times 0.225 \approx 30\%$，也就是说，按照这一因果关系进行推测，如果甘肃政府对标广东的营商制度环境情况，找准自身存在的问题，努力改善各项营商环境细分指标，将甘肃的营商制度环境提升到和广东同等的水平，则甘肃的高技术产业主营业务收入占 GDP 的比重可以显著提高 30%，能够在很大程度上促进高技术产业和战略性新兴产业（二者有交叉）的发展。

表 9 − 5　　　　　　　　　营商制度环境计量回归

变量	方程 1	方程 2	方程 3	方程 4
C	− 0.508 *** (0.110)	− 0.257 * (0.098)	− 0.361 *** (0.094)	− 0.215 * (0.085)
营商制度环境	1.328 *** (0.225)	0.740 ** (0.211)	0.791 ** (0.220)	0.506 * (0.193)
R&D 人员		0.0145 *** (0.003)		0.011 *** (0.003)
ln（出口交货值）			0.0208 *** (0.005)	0.015 ** (0.004)
R^2	0.555	0.755	0.729	0.829
N	30	30	30	30

注：本表由 Stata 14.1 软件计算而得，其中，***、** 和 * 分别表示在 1%、5% 和 10% 的水平上显著，括号内数值为标准误差。

方程 2、方程 3 分别加入人力资本和出口交货值两个控制变量，可以看到两者对城市高技术产业发展的影响是显著的且是正向的，这验证了前文所提出的假设，即人力资本是影响高技术产业和战略性新兴产业发展的核心解释变量。从中还可以看出，在控制了人力资本、出口交货值的条件下，营商制度环境的系数在 5% 的水平上显著，且系数值的变化也很小。不过，在将人力资本和出口交货值同时纳入模型进行回归（方程 4）会发现营商制度环境的系数在 10% 的水平上显著，显著水平下降。这主要是因为 t 检验的显著性会受到样本容量（由于数据可得性，一共只有 30 个城市的样本数据，样本容量较小，在解释变量个数过多的情况下会造成 t 检验显著性的下降）的影响。董志强（2012）针对该种小样本（或临近小样本）的计量经济问题采用了分段（分类）的处理方法，笔者参考该做法，以确保计量结果的稳健性。史长宽、梁会君（2013）指出，在运用该方法时要确保核心解释变量的引入，否则即使确保了 t 值的稳定性及显著性，也会因为遗漏了重要解释变量而顾此失彼，造成其他问题。根据前文对控制变量初步检验结果，下文将选择人力资本（R&D 人员数）这一控制变量参与每一次的计量回归。

此外，一般经验认为，t 分布在 $n-k \geqslant 8$（k 为回归元个数）时才比较稳定，检验也才能被认为是比较有效可信的，故当样本量 $n \geqslant 30$ 或至少 $n \geqslant 3(k+1)$ 时，可认为样本量基本满足了计量经济模型估计的要求。本节共有 30 个城市的营商环境数据，样本量 $n = 30$，刚好满足一般经验所认为的满足计量经济分析样本量 $n \geqslant 30$ 的临界值。因此，在后续的检验中，将参与回归的解释变量的个数控制在 3~5 个，以满足计量经济分析的基本要求和确保计量结果的有效性。值得指出的是，由于样本量较小的情况下，t 统计量容易不显著，但如果即使在小样本的情况下，t 统计量依然显著，则更能说明营商制度环境的重要性。下面将对营商制度环境进行稳健性检验，计量模型的稳健性可以通过增加或减少解释变量的方法来检验，每次选择进行回归的解释变量控制在 3~5 个。

如表 9-6 所示，随着控制变量的加入（方程 1 至方程 7），营商制度环境对战略性新兴产业的影响程度也在发生着变化，整体来看，每个方程中，营商制度环境的影响都是显著的（方程 2、方程 7 在 1% 水平上显著；方程 3、方程 5 在 5% 水平上显著；方程 1、方程 4、方程 6 在 10% 水平上显著）。在 7 个回归方程中，营商制度环境的系数均显著为正，且数值变化相差不大，表明其具有较强的稳健性。虽然目前的检验支持了营商制度环境对战略性新兴产业发展具有显著且稳健的影响，但考虑到小样本容量因素，在稳健性检验中得到的人均 GDP、R&D 经费支出、税负水平等因素不显著，并不能得出这些因素对战略性新兴产业发展不具有重要影响的结论，但这也不影响在控制了一系列变量后，得出营商制度环境对战略性新兴产业发展的影响是显著且正向的这一结论。

表 9-6　　　　　　　　　　考虑更多控制变量情况

变量	方程 1	方程 2	方程 3	方程 4	方程 5	方程 6	方程 7
C	-0.256*	-0.409***	-0.251**	-0.221*	-0.252*	-0.537***	-0.295*
	(0.104)	(0.093)	(0.085)	(0.101)	(0.098)	(0.132)	(0.122)
营商制度环境	0.728*	0.698***	0.632**	0.579*	0.761**	0.668*	1.010***
	(0.280)	(0.177)	(0.201)	(0.239)	(0.210)	(0.211)	(0.251)
R&D 人员	0.015***	0.010**	0.013***	0.012**	0.014***	0.014***	0.011***
	(0.003)	(0.003)	(0.003)	(0.004)	(0.003)	(0.003)	(0.004)

续表

变量	方程1	方程2	方程3	方程4	方程5	方程6	方程7
ln（人均GDP）	0.003 (0.038)						
ln（高技术产业投资额）		0.030** (0.008)					
ln（出口交货值）			0.023** (0.007)				
ln（R&D经费支出）			−0.023 (0.013)	0.014 (0.010)			
政府支持程度					−0.122 (0.101)		
工业化进程						0.375** (0.132)	
ln（税收收入）							0.010 (0.019)
R^2	0.755	0.835	0.846	0.788	0.768	0.813	0.758
N	30	30	30	30	30	30	30

注：本表由 Stata 14.1 软件计算而得，其中，***、** 和 * 分别表示在 1%、5% 和 10% 的水平上显著，括号内数值为标准误差。

二、基于 OECD 国家营商环境数据的分析

（一）模型设定与数据说明

由于目前较权威的测度我国城市营商环境指数的报告只有世界银行在 2008 年发布的《中国营商环境报告》和 2017 年粤港澳大湾区研究院发布的《中国城市营商环境报告》，分别评估了 2007 年和 2016 年中国各大城市的营商环境情况。所以，关于营商制度环境方面的数据较为缺乏。为扩大样本数据来源，进一步分析营商制度环境对战略性新兴产业发展的影响，同时考虑到国际上对高技术产业的界定存在 OECD、日本、美国使用的三种不同的方法，以及虽然我国对高技术产业的划分参照了 OECD 国家的方法，但由于我国统计高技术产业发展的时间较短，且自 2008 年始《中国高技术产业统计年鉴》不再公

布高技术产业增加值和产值数据等原因，笔者选择对 OECD 国家的高技术产业面板数据进行分析，揭示营商制度环境在多大程度上影响 OECD 国家高技术产业的发展，这对我国高技术产业和战略性新兴产业发展也具有重要的参考价值。

考虑到数据的一致性，被解释变量选取 OECD 国家高技术产业增加值（ADD）衡量高技术产业发展水平；主要关注的解释变量是各国营商环境（Insti）的总体排名，具体使用世界银行在历年《全球营商环境报告》公布的各国前沿距离分数表示，前沿距离分数越大排名越靠前，营商环境情况越便利。选取的主要控制变量有：人均 GDP（Pgdp）；R&D 经费（RD）使用研发经费投入占 GDP 比重表示；R&D 人员（RDHR）使用每 1000 就业人员中从事 R&D 人员数量表示；政府支持程度（GOV）使用 R&D 经费支出中政府支出所占比例表示；开放程度（EXP）使用高技术产业出口额占制造业出口额的比重表示。

被解释变量和解释变量的数据均来源于 OECD 国家的 STAN 和 MSTI 数据库、世界银行发布的历年《全球营商环境报告》、世界银行 WDI 数据库等。进行数据筛选后剔除数据严重缺失的部分国家，共有奥地利、比利时、加拿大、捷克、丹麦、爱沙尼亚、芬兰、法国、德国、希腊、匈牙利、爱尔兰、意大利、拉脱维亚、荷兰、新西兰、挪威、波兰、葡萄牙、斯洛伐克、斯洛文尼亚、西班牙、英国 23 个国家的数据。由于世界银行公布的《全球营商环境报告》的实际样本区间为 2003~2016 年，故选择对这一时段的数据进行分析。数据集结构显示，这是一个截面个体数 n 为 23，时期数 t 为 14 的短面板数据。

为分析 OECD 国家营商制度环境对高技术产业发展的影响，建立以下计量模型：

$$\ln(ADD)_{it} = \beta_0 + \beta_1 Insti_{it} + \gamma X + \mu_{it} \qquad (9.2)$$

式中，ADD 代表各国高级产业增加值，β_0 为常数项，β_1、γ 为待估参数，X 代表主要控制变量，μ 为随机误差项。

（二）实证结果与分析

在处理面板数据时，首先要解决的一个问题是选择使用固定效应还是随机效应模型。根据样本选择的不同，如果选取的是全部样本数据比较适用固定效应模型，如果数据样本是从总体中随机抽取的，可能需要考虑使用随机效应模型。为此，先进行豪斯曼检验。结果显示，P 值为 0.1277，故不能拒绝原假设，RE 估计认为应该选用随机效应模型，而非固定效应模型。回归结果如

表 9 – 7 所示。

表 9 – 7   OECD 国家整体营商环境回归结果

指标	OECD 国家
C	1. 375 (0. 825)
$Insti$	0. 369 ** (0. 167)
$\ln（Pgdp）$	0. 559 *** (0. 050)
RD	0. 184 *** (0. 058)
$RDHR$	0. 007 * (0. 008)
EXP	0. 0145 *** (0. 003)
GOV	– 0. 005 ** (0. 002)
N	322
R^2	0. 571

注：本表由 Stata 14.1 软件计算而得，其中，＊＊＊ 、＊＊ 和 ＊ 分别表示在 1%、5% 和 10% 的水平上显著，括号内数值为标准误差。

对 OECD 的 23 个国家进行回归检验，结果表明，整体营商环境系数为 0. 369，在 5% 水平上显著有效，也就是说营商环境排名提升 1%，能带动高技术产业增加值提升 0. 369 个百分点，提升效应明显。其他指标如人均 GDP、R&D 经费投入占 GDP 比重、高技术产业出口额占制造业出口额比重对被解释变量的影响显著为正，并且通过 1% 的显著性检验。值得指出的一点是政府对高技术产业的扶持程度即政府支出占国家 R&D 经费总支出的比重，对被解释变量的影响是负向的，即政府支持程度越高，对高技术产业发展负面影响程度越大，这一结论也支持了其他学者的研究（汪德华等，2007）。

第5节 结论与政策启示

在我国经济发展进入"新常态",增速放缓的背景下,战略性新兴产业成为经济下行压力下实现逆势增长的重要力量,为稳增长、调结构、发展新经济提供了重要且关键的支撑作用。事实证明,大力发展战略性新兴产业是转变经济增长方式、提升产业结构水平,继续推进我国经济快速发展,获取未来竞争新优势的新路径和最有效的举措。

本章首先从战略性新兴产业上市公司的上市地点分布、行业分布、企业构成、地区分布四个方面,对战略性新兴产业上市公司的发展概况进行了描述,发现我国战略性新兴产业发展速度较快,产业规模不断扩大,对整体经济的支撑作用越来越显著。但各大产业发展呈现不均衡态势,其中,新一代信息技术产业发展最为强劲,居各大产业发展之首;新能源汽车产业发展相对最为缓慢,未来发展空间和潜力较大。我国战略性新兴产业上市公司中主要以民营企业为主,民营上市企业数量占据绝大部分,其发展呈现出"数量众多、规模较小、盈利强、成长速度快"的特征。我国战略性新兴产业在区域上集中分布在东部沿海经济发达地区,中西部发展较慢。战略性新兴产业作为一个新生事物,离不开政府政策的有效扶持,自2009年下半年正式提出大力发展战略性新兴产业并上升为国家发展战略之后,在中央政府的顶层规划之下,各地方政府也纷纷出台相应的扶持政策,如财政资金补贴、大力建设产业园区等载体平台、人才激励政策等,但这些支持政策并没有起到预期的作用,各地产业发展盲目跟风、同质化现象严重,极易造成产能过剩和行业无序竞争等问题。对战略性新兴产业发展过程中出现的一系列问题分析需要寻求深层次和根本性的原因。本章认为,任何产业的培育、壮大都离不开良好的制度环境作为支持。研究结果表明,能最大限度激发人力资本潜力的制度安排是决定一个国家、一个地区经济和产业发展状况的最主要的因素,而非物质资本多寡与好坏。战略性新兴产业是典型的创新驱动型产业,不确定性是其发展过程中最突出的特征之一,作为知识密集型产业在发展过程中又不可避免地产生正的外部性,这些特征使得其对制度环境有着更高的要求,有效、适时的制度供给也更加迫切。因此,从这些意义上,探讨分析营商制度环境究竟在多大程度上影响着战略性新兴产业的发展,对于各地区政府增强对营商环境重要性的认识、提高制定战略性新兴产业发展政策的有效性和针对性具有很强的现实意义。

本章利用粤港澳大湾区研究院发布的《2017年中国城市营商环境评价报

告》从城市层面上分析了营商制度环境对战略性新兴产业发展的影响。从整体营商环境指数来看，东部经济发达地区的排名要高于中西部城市，这与东部地区战略性新兴产业发展水平高于中西部地区的事实是吻合的。实证研究表明，各省份营商制度环境的差异确实影响着其战略性新兴产业的发展。在控制了人均 GDP、高技术产业投资额、出口交货值、R&D 经费支出、政府规模、该省工业化进程、税负水平之后，上述结果仍然是显著有效的，表现出了相当的稳健性。同时，对 OECD 的 23 个国家 2003~2016 年面板数据的回归结果也支持了营商制度环境是重要的这一结论。上述结果既说明了营商制度环境对战略性新兴产业发展的重要作用，也有助于深化对营商制度环境重要性的认识。

通过前面的研究，可以得到以下政策启示。一是营商制度环境对战略性新兴产业发展起到了较为重要的作用，对一个国家或地区来说是重要软实力，也是核心竞争力。政府除了制定包括税收减免、政府采购支持、对消费端进行补贴、支持企业研发以及设立战略性新兴产业发展专项资金等扶持政策外，还应该关注本地区整体营商环境的提升。通过瞄准营商制度环境内容，对标具有良好营商软环境的地区，找到自身存在的问题，着力提升和优化本地整体营商环境，尤其是在产权保护、投资者保护、加大合同执行力度、降低合同执行成本、缓解融资约束、办理破产等方面做出实质性改革并且在执行过程中确保逐项落实。二是完善人才引进激励机制。自 2017 年以来，尤其是 2018 年上半年，国内多个城市如武汉、西安、杭州、南京、长沙、天津等纷纷加入"抢人大战"中，人才引进优惠政策主要集中表现为放松落户限制条件、发放住房就业补贴等方面。人力资本投入是产业创新发展的核心资源，所以，各地出台的各项揽才新政，也正凸显了人才红利在新一轮产业发展中的重要性，也有助于实现人才要素在全国各城市间自由流动，推动人才资源的均衡化分布和发展，有效缓解一线城市人才集中分布，二、三线城市人才匮乏的局面。然而，比起大力引进人才，更为重要的也许是留住人才。从政府角度来看，持续推动产业创新，加快发展战略性新兴产业和高新技术产业，夯实本地经济社会发展基础，以提供人才得以施展才华的空间和舞台，将人才优势与城市发展结合起来，使人才优势得以发挥最大化效应；同时，还要持续改善本地营商制度软环境，如完善人才考核评价、激励机制和社会保障体系，创造有利于创新创业的软环境，提高人才创新的积极性。

第10章 战略性新兴产业集群的发展和培育

党的十九大报告明确提出，贯彻新发展理念，建设现代化经济体系，必须把发展经济的着力点放在实体经济上，把提高供给体系质量作为主攻方向，加快建设制造强国，加快发展先进制造业，加快培育若干世界级先进制造业集群，促进我国产业迈向全球价值链中高端。这一任务的提出，是当前强调高质量发展、建设现代化经济体系的目标下，党中央对当前我国产业发展，尤其是制造业发展现状做出的重大决策，具有重大的时代意义。

从具体产业来看，先进制造业是战略性新兴产业的重要构成，因此，加快培育若干世界级先进制造业集群，本质上就是需要培育世界级战略性新兴产业集群。

早期中国的传统产业集群大多是自发形成的，由于自然资源或其他生产要素的优势，在某些地区"历史性"或"偶然性"形成了部分产业的集聚，并通过一些"自我强化"机制，如学习效应、协调性等相互模仿，最终形成了现有的传统产业集群。当经济进入高质量发展阶段，在构建现代体系的当下，产业集群的培育需要瞄准世界级的战略性新兴产业集群，依托高端和专业性的生产要素，通过知识和技术的溢出，提升集群内企业利润和附加值，促进中国制造业迈向全球价值链中高端。培育世界级战略性新兴产业集群作为中国未来的重点发展对象，被寄予了推动科技创新、产业转型，实现经济新一轮增长的厚望。中国需要在新一轮的全球产业革命和科技革命中抢占制高点，提高自主创新能力，使经济发展模式从长期依靠低成本要素转向依靠创新驱动的道路，使中国在资源环境约束的条件下完成新旧动能转化进而实现经济的高质量发展。

正如上文所提出的，中国培育世界级先进制造业集群，在一定程度上也是对战略性新兴产业集群的培育。本章首先对战略性新兴产业集群的内涵和特点进行分析，其次借鉴发达国家在产业集群培育方面的经验，进而提出中国培育战略性新兴产业集群的路径，在此基础上最后得出相应的政策。

第1节　战略性新兴产业集群的内涵和特点

从中国与世界的比较看，培育战略性新兴产业集群是要基于产业组织结构的空间布局调整，提升产业集聚的水平和高度，推进高质量经济的发展。战略性新兴产业集群，要以世界先进发展理念为引领，以世界先进技术手段为支撑，以具有高新技术和高附加值的先进制造业为主体，现代服务业与先进制造业融合发展，形成具有世界知名品牌和较强国际竞争力的创新型产业集群。

一、战略性新兴产业集群的基本内涵

（一）战略性新兴产业集群的先进性

战略性新兴产业是和传统的制造业相对应的，其产业载体要能引领未来的科技方向，需要在以下方面有所体现。首先，产业具有先进性，集群内的行业需要是具有高技术含量以及高附加值的高端产业，要以当代高新技术为基础，代表着未来的产业革命发展方向，具有强大的战略引领性，能够引领其他相关产业技术进步、产业调整升级和产品创新；其次，技术具有先进性，企业要有较强的自主创新能力，具有较高水平的关键工艺，掌握一批具有自主知识产权的前沿技术和关键核心技术；再次，产品具有先进性，产品技术含量高，具有较高的质量和工艺水平，具有较大的国际竞争力，占有较大的国际市场份额；最后，组织管理具有先进性，企业生产组织具有良好的经营理念，集群内有高效优质的服务平台和合作平台。

（二）战略性新兴产业的集群性

集群性也包含了两个方面的内容。首先，战略性新兴产业在特定区域的地理集中和空间发展，是一批产业链上相关的企业在特定区域空间的集聚，囊括从原材料到终端生产制造的产业链的上下游环节，拥有较为完整的产业链、供应链和服务链。不仅包括加工生产制造环节，而且还包括价值链上下游的生产性服务环节。因此，战略性新兴产业集群不再是传统意义上的某些特定产品的"生产加工基地"，而是具有自主核心技术、自主知识产权和自主品牌的"服务型制造基地"。且集群具有较强的溢出效应，对本地产业发展乃至相邻区域经济发展具有较大的带动和辐射作用。其次，战略性新兴产业在空间组织形态的虚拟集聚。互联网的发展导致产业可以在网络空间而非地理空间进行虚拟集聚。互联网降低了传统产业地理空间集聚的优势效应，但是，促使新的物流形式的形成，降低了地理空间集聚的运输成本。此外，各种交流以及讨论可以通过互联网进行，大大节约了交易成本、信息匹配和选择成本。

（三）战略性新兴产业集群的世界性

首先，战略性新兴产业集群，强调的是该特定区域的产业集群在全球分工和世界经济格局中具有重要的地位。集群中的产业高度融入全球化，积极参与经济全球化和国际产业分工体系，其制造业产品能够深度嵌入全球价值链，集群内企业能够组织运用全球范围内的生产要素生产出适应全球市场需求的产品。其次，产业集群在全球价值链和创新链中占据主导地位，在产业价值分配中具有较大的话语权，产品具有较高的附加值，在国际市场上具有较强的市场份额和市场势力。

二、战略性新兴产业集群的特点

（一）具有显著的规模优势和较高的市场份额

战略性新兴产业集群通常具有全球领先的综合竞争力，不仅具有较强的规模效应，同时，其产业规模在本国以及全球都占据较大的市场份额。例如，美国华盛顿州的西雅图埃弗里特航空产业集群，在长期产业结构变迁中逐渐形成了以波音公司为核心的航空产业集群，素有"飞机城"之称，是世界航空业巨头波音的商用客机生产中心和波音 737、波音 757 和波音 747、波音 767、波音 777 和波音 787 客机的生产线所在地，航空就业人数占西雅图主要都市区制造业就业人数的 40.6%，其中，波音公司 7 个业务部门中有 5 个业务部门位于西雅图地区，涵盖了生产部门、售后服务和安全训练服务部门、波音联通公司、波音空中交通管制部门以及波音资产公司等，拥有全球 60% 的客机市场份额，波音全球 5200 多个配套商，有 1000 多家坐落在西雅图，形成了以波音飞机的制造装配基地为龙头的研发、制造集聚，初步构建成完整的航空制造产业链。①

（二）具有全球竞争力的龙头企业和世界一流品牌

战略性新兴产业集群，必然有一大批在全球价值链中处于中高端地位的龙头企业。这些龙头企业，不仅具有较大的产出规模，在资产总量、销售收入等总量指标排名世界前列，而且在绩效产出，如技术、品牌、利润指标等方面也处于全球领先水平，并且能够主导行业的国际标准的设定。例如，美国加州的硅谷地区，集中了美国近 1/3 的大型科技公司，目前，英特尔、苹果公司、谷歌、思科、脸书、特斯拉、英伟达等都集聚在硅谷地区。美国底特律汽车产业集群，则集聚了美国通用、福特和克莱斯勒三大汽车公司，其产值和销售额约占美国总份额的 80%。以底特律为中心的汽车产业集群，在三大汽车巨头的品牌引领下以其强大的竞争优势，长期保持了美国汽车产业在国际中的领先地位。

（三）掌握世界领先的核心技术和创新能力

战略性新兴产业集群要具备可持续的创新能力，不仅掌握着某个领域具有国际先进水平的关键核心技术，也要瞄准前沿、颠覆性等技术，引进技术变革、产业、标准的发展方向，推动技术不断从低级到高级演进、上升和发展。例如，美国硅谷是最具创新能力的高技术产业集群，引领全球科技革命和技术创新的潮流，英国伦敦能够形成世界级生物医药产业集群，主要原因就在于伦敦拥有卓越的研发能力，集聚了剑桥、牛津两大世界著名高校以及国际知名的生命科学研究机构，成为生命科学领域的技术创新孵化中心和产业策源地。

（四）具有规范而高效的集群治理模式

集群治理，是指基于一定的产业关联和社会网络关系的集群各行为主体，在相互信任和互动的基础上，为保证集群整体利益最大化而存在的各种正式或非正式的内生性协调机制的总称。战略性新兴产业集群代表着产业组织发展的高级形态，为保持网络化组织的稳定与顺利运转，在治理机制上也在不断探索创新，

---

① 张耘：《美国民用航空产业集群的发展和政策支持》，上海情报服务平台网，2015 年 12 月 10 日。

通过正确协调集群行为主体间的关系，建立和维护集群竞争优势，实现集群集体行动的高效率。集群的治理机制包括政府及部门的公共治理、集群内领导企业的层级治理、集群行业的自律自治以及集群隐性规范的自发协调四个层面。

第2节 中国培育战略性新兴产业集群面临的挑战

一、制造业整体技术水平落后，全球竞争力不强

中国实施制造强国的战略部署主要是实施五大工程，包括创新中心建设工程、智能制造工程、工业强基工程、绿色制造工程和高端装备创新工程。当前五大工程稳步推进，一批重大标志性的项目和工程陆续落地，制造强国迈上一个新台阶。但是，从整体来看，制造业技术水平还比较落后，缺乏全球竞争力。

第一，在全球价值链中，中国制造业以劳动力成本较低的比较优势加入全球分工，赚取微薄的加工费，获得的附加值比较低，且在十几年来没有明显的改善反而一定程度上出现了恶化。以苹果公司在中国的代工企业生产为例，2005 年中国企业给美国苹果公司生产 iPod 音乐播放器，售价约为 299 美元，每台 iPod 的组装加工费是 8.46 美元，占售价的 2.8%；2017 年中国继续代工生产 iPhone 7 Plus 手机，售价约 669 美元，每部手机所赚取的组装费依然是 8 美元左右，占售价的 1.2%。[①]

第二，制造业的技术含量相对较低。虽然经过 40 多年的赶超，中国制造业在各方面都有了长足进步，但高技术产业发展与发达国家还有不小的差距。尤其是在机械制造领域，在高档数控系统、数字化工具系统及量仪，高档 DCS、FCS 和 PLC，涡扇发动机智能控制系统与美国约有 20 年的巨大差距。此外，虽然中国高技术产业占 GDP 的比重在逐年提高，但是，很多产业仅仅是占据高技术产业中的低技术密集型环节，从事的依然是低技术附加值的加工组装等生产。

第三，制造业企业研发投入相对较低。《2017 年全国科技经费投入统计公报》显示，2017 年全国 R&D 投入经费 17606.1 亿元，增长 12.3%，R&D 经费投入强度（占 GDP 比重）约为 2.13%，但投入总量与美国依然有较大差距，约占美国 R&D 经费投入的 60%，投入强度也仅处于全球第 13 位。但是，企业研发投入增长相对较慢，企业 R&D 经费增速分别较上年提高 0.9 个百分

[①] 《2017 年全球苹果手机成本构成及产业链分析》，产业信息网，2018 年 1 月 19 日。

点，而同期政府所属研究机构和高等学校的 R&D 经费投入则分别提高了 2 个百分点和 10.7 个百分点。普华永道 2018 年的报告指出，美国上市科技公司在研发方面的投入是中国上市公司的 5 倍，即中国上市公司在研发方面每投入 1 美元，美国投入 5 美元。中国共有 175 家企业进入全球研发前 1000 强，领先的是阿里巴巴和腾讯，但都排名在 45 名以外。其中，阿里巴巴研发投入 36 亿美元，腾讯研发投入 27 亿美元，而美国亚马逊是 226 亿美元，谷歌母公司 Alphabet 的研发投入则为 162 亿美元。中国企业与美国企业的研发投入差距依然很明显。

二、缺乏具有世界级影响力的战略性新兴制造业龙头企业

战略性新兴产业集群需要有一批在全球价值链处于中高端地位的龙头企业，在其行业中处于领先地位，如在营业收入、资产规模、利润、技术水平、创新能力等都处于全球同行业领先水平。中国目前大部分制造业还处于全球价值链中低端，本土龙头企业，尤其是战略性新兴制造业龙头企业缺乏，对战略性新兴制造业集群的带动作用有限。

《财富》杂志评选的 2018 年世界 500 强企业，根据营业收入排名沃尔玛位居全球第 1 位，排名 2~4 位的分别是中国的国家电网、中石化和中石油。全球制造业企业排名最靠前的是日本丰田汽车公司、德国大众公司、美国苹果公司和韩国三星公司，分别位居 500 强企业的第 6、第 7、第 11 和第 12 位。我们可以发现，虽然在上榜公司数量上来看，中国公司达到了 120 家，与美国的 126 家企业数量相差无几，远超第 3 位日本的 52 家数量，但上榜企业产业分布面临重要挑战，排名靠前的基本上是垄断性国有企业，其行业集中在能源、电力、金融等产业领域，虽然互联网公司排名大幅提升，但具有影响力的也仅有京东和阿里巴巴两家企业。中国制造业企业排名最前的是鸿海精密工业股份有限公司（中国台湾），2018 年排名第 24 位，比 2017 年提升了 3 位；其次是上海汽车集团股份有限公司，排名第 36 位；华为排名第 72 位。在汽车制造领域，中国有 7 家上榜公司，但都是国有汽车制造商，吉利是中国唯一一家上榜的民营汽车制造商。

龙头企业还要求具有较强的创新能力，引领技术前进方向。美国三大商业媒体之一《快公司》（Fast Company）公布了全球具有颠覆性创新能力的企业领导者，2018 年排名第 1 位的是美国苹果公司，中国企业有 4 家入选前 50 名，腾讯公司凭借着微信和庞大的内容位居第 4 位。而在"2018 中国企业创新能力 100 强"的排名显示，华为技术有限公司排名第 1 位，排名前 10 位的

企业分布大多是电子计算机和通信产业领域，地域分布主要是广东、上海、浙江和北京等地区。

三、制造业集群效应没有充分发挥，缺乏有强大战略引领性的新兴产业集群

中国传统制造业空间组织形态是地理上的集聚，如广东的"特色专业镇"、浙江的"块状经济"。从中国制造业产业集聚情况看，按照区域分，中国目前形成了三类制造业集聚区：第一类是由北京、上海、广州、深圳为代表的国家高精尖制造业集聚区；第二类是以长三角的无锡、苏州和珠三角的佛山东莞为代表的大众制造业高端制造中心；第三类是承接大量制造业转移的内陆城市，如武汉、重庆、成都、合肥等地区。大致说来，现有的制造业集群效应还没有充分发挥。

第一，产业集群发展相对分割，基本覆盖范围均为设区市、县以及以下，甚至镇和村，还没有跨市以及覆盖至全省层面的产业集群，更缺乏跨地区的产业集群。产业集群空间分布主要集中在长三角、珠三角和渤海湾地区，如浙江义乌的小商品市场、浙江永康的中国科技五金城、广东西樵的中国纺织面料名镇、江苏无锡的电动车产业集群等。各个产业集群基本上都是在各地区行政区划内发展，行政区划所形成的界限大大制约了产业集群的自然发展，各个集群"各自为政""行政分割"现象较为严重，要素和各种资源流动严重受阻，资源分散、市场分割、重复建设问题较为突出。

第二，从行业分布来看，主要集中在化纤纺织、丝绸、服装、制鞋、五金制品、精细化工等劳动密集型轻工领域，如浙江嵊州的领带集群、温州的打火机集群、青岛的家电产业集群等。重工业中只有交通运输设备制造业的集群特点相对较为明显，如安徽芜湖的汽车产业集群、唐山钢铁产业集群等。高新技术产业集群也仅有较少的科技园区。总体来说，产业规模较小，集群的竞争优势主要还是低成本，大多数集群还处于低端发展道路。

第三，现有产业集群内链条的延展性相对欠缺，集群内的制造业企业专注于价值链低端环节，产业上下游的链条联动效应薄弱，影响了协作配套效率。作为产业集群竞争优势的专业化分工、创新能力、品牌声誉和网络协作能力等优势还未得到充分体现。

第四，集群内公共服务水平也较为欠缺，基础设施建设相对滞后，现代物流、金融服务、研发设计、公共平台、信息技术服务等发展都相对欠缺，限制制造业集群整体竞争力发挥。

第 3 节　发达国家先进制造业集群的发展
模式及经验

世界发达国家都高度重视先进制造业的发展①，进入 21 世纪，尤其是 2008 年全球金融危机以来，美国、德国、日本等发达国家都开始试图将先进制造业集群作为提升自身国际竞争力和影响力的主要手段，纷纷提出各自的集群战略和计划，作为其谋求全球竞争优势的核心战略，鼓励和引导本国优势产业集群向世界先进水平迈进。各个国家都形成了不同的发展模式，也有着不同的经验。认真分析发达国家先进制造业的发展模式以及其培育先进制造业集群的做法与经验，对我国建设战略性新兴产业集群有着非常重要的启示。

一、美国

美国政府高度重视制造业以及制造业的集群建设。早在 19 世纪末期，美国首任财政部长汉密尔顿就向国会提交了《关于制造业的报告》，论证了发展制造业的重要性，提出国家扶持制造业发展的措施。而近年来，尤其是 2008 年全球金融危机后，美国政府将改革重点也放在促进创新和振兴实体经济上，提出了重振制造业的战略计划。如 2009 年的《重振美国制造业框架》；2012 年实施"国家制造业创新网络"（NNMI）计划；2014 年通过《振兴美国制造业和创新法案》（RAMI 法案）；2016 年，"国家制造业创新网络"正式更名为"制造美国"，美国制造业创新战略进入新阶段；2018 年，美国又出台《美国先进制造业领导战略》。

在先进制造业集群的建设方面，美国政府也有丰富的经验。具体可以借鉴的经验有以下四个方面。

第一，推进政府多部门协作机制，促进先进制造业集群发展。从联邦政府层面看，美国商务部、美国小企业局等部门通过设立产业集群发展基金，制订区域创新集群计划、产业集群测绘计划等战略来推动产业集群发展，其在构建多部门协作机制、营造活跃的金融环境和打造共享的信息平台方面有许多值得借鉴的经验。以"能源区域创新集群计划"为例，该计划由能源部主导，经济发展局、小企业管理局、国家标准技术研究院、劳工部、教育部和国家科学

---

① 战略性新兴产业是中国的特殊提法。在美国和其他发达国家，大致是指先进制造业。因此，这里分析发达国家的经验时，我们用先进制造业来替代。

基金委员会等参与，各部门从不同角度协作推动集群发展，如能源局负责集群内的技术研发合作、网络化、资本及技术支持等，小企业管理局则侧重于提供贷款申请、专利申请等服务，建立了"能源创新中心"——太阳能、节能建筑、核能和先进电池的区域创新集群。联邦与州机构和国防部合作，帮助在密歇根州、弗吉尼亚州和夏威夷建立机器人集群。密歇根州在四年多的时间里，发展成为世界上主要的锂离子电池生产中心之一，用于未来的电动汽车和电网储存。在纽约，政府通过多个部门相互协作，推动纽约城市群科技创新进程，涉及相关政策的规划制定、资源协调、研究经费支出、基建与增加就业等全方位服务，如纽约州政府下属协调和实施州政府科学技术政策的主要机构是"科学技术与研究办公室"，通过五个项目中心开展工作。这些项目中心聚焦科技资源集聚的地区，以高精尖科技产业为立足点开展科学研究，进而使纽约州在纳米电子技术、生物信息学、光电子、环境系统、无线应用技术以及新型生物诊疗技术等高精尖领域获得了一系列重大突破与成果。

第二，通过各种税收优惠、补贴以及政府购买等政策支持先进制造业集群内的龙头企业。以美国西雅图埃弗里特航空产业集群为例，政府提供了各种政策来支持龙头企业波音公司的发展。首先，通过军事研发项目及采购合同提供补贴。长期以来，美国鼓励军民机产业的相互融合与协调发展，通过委托航空工业参与军用飞机发展项目，使民机产业积累飞机制造的相关技术和能力，减少民航工业研发经费，同时采用民机军用方式，通过军事采购合同给予民航工业大额利润。其次，通过间接补贴飞机进口商以支持民机出口，向国外大买家提供低息贷款，或者向国外买家的私人银行贷款提供担保，美国政府还利用外交方式，对拟购买飞机的国家和地区施加压力或者提供有吸引力的政策，这样给波音公司赢得了更多的订单，获得了更高的市场份额。最后，通过税后优惠政策支持波音公司发展。华盛顿州通过税收豁免和所谓的"波音债券"向波音公司提供了9亿美元补助，此外给予波音的各项减税的优惠政策长达40年，可以使波音公司多获益4100万美元。

第三，营造活跃的融资环境，鼓励创新，促进先进制造业集群发展。先进制造业通常是资金和技术密集型行业，需要较大的资金投入，因为创新本身伴随着较高的失败风险，且研发创新周期较长，对资金更是有着更高的需求，不可能完全依靠企业内部融资，而需要改善外部融资环境，激发各种风险资本对先进技术创新的投资兴趣，引导资金流入。例如，美国商务部2010年推出的"区域创新战略计划"中的"种子基金"项目，重点针对区域集群内的初创企业进行股权投资。硅谷高新技术集群的创新发展便得益于政府对风险投资的引导，斯坦福大学周边集中了大量的风险投资机构，其风险投资金额超过了全美风投基金的30%，大大促进了集群内企业从技术开发到市场推广的关键跳跃，进而实现先进技术的产业化。

第四，通过各种政策加大产学研合作，共建共享的信息平台。首先，支持大学与市场的联系。大学种子基金和孵化器可以帮助创业公司从研究项目中获利。政府加大对项目的早期资助，以支持大学研究的商业化；不断建立新的卓越中心，以促进新兴技术在商业、工业和大学、政府之间的合作。其次，吸引大学进入科技园区，鼓励大学和国家实验室与工业合作，并以慷慨的税收优惠吸引跨国工厂和研发中心进入世界一流的科技园区。最后，高度重视同商会、行业协会、高校商学院等非政府机构的合作，利用其掌握的大量集群和区域经贸环境相关信息，为集群发展提供信息服务。2014年，美国商务部同哈佛大学、麻省理工学院等合作开展的"产业集群描绘计划"，在累计搜集与美国集群发展、区域社会经济特征、商业环境质量相关的5000万条数据后，对外发布了美国集群地图。同时建立了一套帮助政府和企业对集群分类和比较的算法，构建起了集群内企业间沟通交流以及企业获取各级政府正在开展的集群项目信息的平台。

二、德国

德国制造业举世闻名，一个重要原因在于德国政府高度重视先进制造业集群的发展。早在1995年，德国政府就开始实施"生物区域计划"；2006年，德国联邦政府开始启动"尖端集群竞争计划"，打造15个世界级尖端产业集群；2007年则重点推出"领先集群竞争计划"；2008年，欧盟启动欧洲集群备忘录，实施多方位创新战略支持发展世界级创新集群，提升其在全球竞争中的主导地位①；2012年，德国又开始实施"走向集群计划"；2014年，推出《新一轮高技术战略——创新德国》；2015年在此基础上又进一步启动"集群·网络"计划，加快构建其在全球范围内的协作创新网络。由此可见，德国政府将制造业集群战略作为国家顶层设计的重要环节进行推进，目前已经形成了以集群战略、高新

---

① 事实上，欧洲其他国家也加大政策力度支持制造业集群的发展。法国政府2004年起在全国范围内实施"竞争力集群计划"，侧重基于科研项目的研发合作、网络化、技术服务、国际合作以及集群间合作。工业部、国防部、基础设施部、农业部、卫生部、空间规划部6个部门组成部际区域规划发展委员会，建立了部际共同基金，资助集群成员的研发活动。2个管理局和1个银行负责集群计划的运行：OSED创新管理局和国家研究管理局资助竞争力集群中产学研的研发合作项目，半公立的CDC银行支持集群中的创新平台建设。

技术战略和工业 4.0 战略为代表的"三位一体"国家战略体系。德国在顶层设计、推进机制和集群网络化协作建设等方面都有许多值得中国借鉴的经验。

第一，注重顶层设计，联邦政府和州政府并行推进，实施分类集群发展政策促进先进制造业集群发展。20 世纪 90 年代中期开始，德国实施联邦政府与州政府并行推进的模式，推进创新集群发展。联邦政府层级的支持基金主要由联邦经济事务与能源部及联邦教育与研究部发起，而州政府层级则由各州政府及相关部门依据自身情况发起相关支持计划和政策，促进产学研联合，重点支持研究机构与企业结成创新联盟，以及创新集群建设，使得集群发展成为德国科技战略的核心内容。具体集群发展又分为三类：第一类是针对单一技术和产业的推进计划，如生物区域计划；第二类是针对部分地区实施的集群推进计划，如创新区域计划；第三类是综合提升类计划，对集群的产业、区域并没有限制，设置的目的是为了提高集群的创新能力、管理能力和国际化水平等项目。如尖端集群计划、走向集群计划等，在实施方式上有较大差异。

第二，政府通过公平竞争选拔设立先进制造业集群予以资助。2007 年，德国联邦教研部和经济部共同推出"尖端集群"项目（leading-edge clusters），2012 年又开始实施"走向集群"计划（go-clusters）。是否入选这两类先进制造业集群需要申报，提交集群建设战略申报书。这两类集群计划都没有设定特定技术领域，面向所有先进制造行业，由来自科学和经济界的 15 人组成评审委员会进行评审。尖端集群的每一轮竞争中都通过专家从申请者中筛选出创新能力、财务能力、人才培养等方面综合实力最强的 5 个集群，经过三轮评选筛选出 15 个尖端集群获得特别资助，其中，德国政府出资 4000 万欧元，企业等比例筹资 4000 万欧元，最长资助期限是 5 年；而"走向集群"的申请者则必须获得欧洲卓越集群计划银标或金标，再由专家筛选，每个项目资助金额是 4 万欧元，企业等比例筹资 4 万元，最长资助期限为 9 个月。该政策一方面解决了联合研发项目平台的资金和科研人员问题；另一方面减少了创业企业的负担。此外，企业必须等比例筹资，也避免了企业假借科研项目骗取政府资金支持的情况发生，有利于加强公共资金的管理和高效使用。2014 年的一份评估报告表明，这些尖端集群获得了 900 项创新项目，300 项专利，并成立了 40 个新创企业。

第三，政府注重通过相关政策，支持重点企业和重点产业来促进先进制造业集群发展。德国政府制定各种标准和法规，前瞻性地支持部分先进制造业的产业发展。以汽车产业集群为例，德国斯图加特汽车产业集群是世界上规模最大的汽车产业集群之一，具有世界一流的整车品牌，聚集了奥迪、保时捷、奔驰等汽车龙头企业和博世、采埃孚集团等众多零配件汽车企业。德国政府通过制定严格的汽车标准，形成非贸易壁垒排斥外来竞争者，此外还制定排放法规，推动清洁排放轿车在欧洲畅销。

第四，构建高效的集群合作机构，加强先进制造业集群的内部治理。德国的集群合作机构是介于市场和政府之间中立的"第三方"，这些机构多数是公司型组织，部分是联合会型组织，重点发挥精准服务集群成员的纽带作用。如德国东威斯特法伦—丽璞（OWL）集群，其集群合作机构主要由 OWL 来担任。采用联合会的集群管理组织方式，下设董事会、执行局、科学咨询委员会。董事会由大学以及企业的杰出人员构成；执行局负责确定集群发展的战略方向；科学咨询委员会由国际知名科学家组成，协助由当地政府负责的集群运营管理方构建技术平台，核心职责主要有引导创新项目申报、技术转移、外部合作对接、专业知识共享与资金分配五个方面。目前，该集群已是世界级智能制造产业高地、德国工业 4.0 技术应用的主引擎，直接影响德国以及整个欧洲的制造业升级。再如，德国汉堡的医疗卫生产业集群，目前，由企业、科研和教学培训机构、行业协会、主管政府机关、非政府组织等社会伙伴协同合作，汉堡卫生主管部门——汉堡卫生与消费者保护部于 2009 年与汉堡商会共同创建了汉堡卫生产业有限公司，作为集群专门的组织管理和协调联络机构。该公司 2013 年底固定资产仅为 9000 欧元，流动资产 20 万欧元。集群的另一个重要联络机构是汉堡卫生大都市协会，这是一个拥有 60 家会员企业的机构网络。两家机构共享资源，对汉堡医疗卫生产业集群共同治理。

三、日本

日本政府也长期重视制造业集群的推进和发展。早在 20 世纪 50 年代，日本政府就开始着手制定推进产业集聚的规划，通过颁布相关法律等来推进产业集群的建设与发展。在经受了 90 年代泡沫经济破灭的考验后，日本政府对传统产业集群的发展策略进行了调整，将推进创新产业集群作为其发展经济的重要推进力量。日本政府在产业集群政策方面的长效发展规划等方面经验非常值得中国借鉴。

第一，政府注重产业集群政策的长效发展机制。早在 21 世纪初，日本就发布了三个产业集群相关的计划，即 2001 年的产业集群计划、2002 年的知识集群计划和 2002 年的城市区计划，在建立集群计划的精准长效机制、推动跨部门协同、构建区域性政产学研合作创新系统等方面积累了丰富的经验。日本政府高度重视集群计划的延续性与演变性，通过集群政策和机制的不断完善精准、可持续地解决发展中面临的问题。以三个计划为例，产业集群计划主要支持网络化、集群促进组织、培训、营销合作，下设 19 个子项目；知识集群计划主要支持基于联合研究中心的研发合作、网络化、孵化服务，下设 10 个子项目；城市区计划重点支持产学政合作。在借鉴各国产业集群形成经验的基础上，日本经济产业省将产业集群计划的规划期选择为 20 年，并分为三个阶段实施：2001～2005 年为其启动期，重点建设产学官合作网络；2006～2010 年为其成长期，重点推进新产品研发与产业化；2011～2020 年为其发展期，逐步减少财政扶持过渡到自主发展为主。目前，计划共推动形成了 18 个产业集群，总计 10700 家企业参与，涉及产品制造、生化、环保等多个新兴领域。

第二，政府高度主导先进制造业集群的筹建和运营。日本的筑波科学城是日本最大科学研究中心，成立于 1968 年。日本政府直接介入筑波科学城的形成和发展过程，从规划、审批、选址到科研等整个过程和运行完全是政府决策，科研机构和科研人员都从东京迁入，各种设施都需要经过行政审批，私人研究机构和企业也由计划控制。日本政府用 10 年时间完成规划、立法、筑波大学的迁入，设立首个国家级无机材料研究所。2001 年，日本科学技术厅在无机材料研究所基础上，集中优势资源进行纳米技术研究与开发，研发领域集中在新型纳米电子元器件制造和能源方面，如高性能半导体元件、高效率太阳能电池材料等。经过多年的发展，筑波科学城已成为全球七大纳米产业集群之一，在国内外拥有较高的知名度。2011 年，筑波被日本政府指定为"国际战略综合特区"。

第三，为其先进制造业集群提供了全方位的资金支持。首先是为产业集群计划提供预算支持，日本政府产业集群计划列入了政府年度财政预算的范围。2002 年经济产业省安排了 294 亿日元（2.29 亿美元）预算来发展产业集群计划，后来增加到 568 亿日元（5.45 亿美元），财政预算中有专门的资金用于促进研发，并支持大学、研究所和企业之间合作研发。[①] 一些政府部门和产业促进机构也提出研究开发合作计划，如经济产业省的地方局、日本的新能源与产业技术开发组织（NEDO）以及其他部门，都提供资金，制订计划，通过项目来促进产学研合作。经济产业省还开展"区域新产业创建技术开发补贴计划"，提供资金补贴，促进企业进行高风险技术开发，使中小企业进入新领域。其次，政府对各地孵化器的硬件设施也提供财政补贴。截至 2004 年 9 月，日本共有 329 家孵化器发展起来，其中，约占一半的 150 家孵化器由政府补贴

---

① 《日本政府支持产业集群计划发展中的作用分析》，教育部科技发展中心网站，2007 年 9 月 12 日。

（补贴与 SMRJ 的发展与投资）发展而来。[①]

第四，建立专门的集群促进机构和研发平台，促进先进制造业集群的形成和发展。首先，日本政府设立专门的产业集群促进机构，如日本中小企业与区域创新组织、国家先进产业科学技术研究院、日本对外贸易组织来促进集群之间的官产学网络的形成；其次，日本成立区域内的研究院所和公共实验室，在支持新产品开发、本地中小企业技术发展以及传统技术咨询方面发挥着重要作用，同时促进大学科研成果转移到企业，在大学基础研究成果、公共研究院所实际应用研究成果与企业需求之间起了桥梁作用；再次，建立信息交流平台，共享有关技术、人员、市场等方面的信息，此外，还专门成立中小企业情报信息中心和公立实验研究机构技术信息室，向中小企业提供海外投资、技术合作信息，有关新技术、新工艺、新产品的信息，以及经营管理与市场营销信息等；最后，日本政府还加强产业集群的海外宣传，如建立海外网站，介绍整个产业集群计划，积极进行国际交流，派代表团与其他国家产业集群互动等，同时积极参与国际集群大会，吸收借鉴其他国家发展先进制造业集群的经验。

第4节　中国培育战略性新兴产业集群的路径

一、通过嵌入全球价值链和构建国内价值链奠定战略性新兴产业集群的要素基础

第一，全面嵌入全球价值链，实施新一轮高水平开放，为战略性新兴产业发展吸收国际先进要素，抢占国际市场。目前，全球价值链分工主要是两种类型。一是大买家驱动型，跨国企业依托巨大的国内市场需求，主导形成市场驱动型全球价值链，以品牌、设计、市场、营销、网络等优势，向全球供应商发出巨额采购订单；二是生产者驱动型，具有整体科技创新能力和技术水平的企业主导，形成生产者驱动的全球价值链。中国要继续全面嵌入全球价值链，实施高水平开放，吸收为发展战略性新兴产业所需的优质人才、资金以及先进技术。

第二，主动构建基于内需的国内价值链，为战略性新兴产业集群发展奠定物质基础。发展战略性新兴产业集群，需要重视内需和国内市场，构建国内价值链。国内价值链以本土企业为主，其高附加值环节带来的利润留在本国，为战略性新兴产业集群发展奠定物质基础；国内价值链可以发挥产业间关联效

---

① 《日本政府支持产业集群计划发展中的作用分析》，教育部科技发展中心网站，2007 年 9 月 12 日。

应，带动上下游产业发展，使生产更加迂回化和专业化，加速战略性新兴产业的集聚，从而能更好地发挥其规模效应和范围经济。

二、通过发展高端生产性服务奠定战略性新兴产业集群的产业基础

第一，战略性新兴产业的发展，需要有专业化的、高级生产要素的投入，即需要有高端的生产性服务业匹配。从投入产出关联度来看，作为制造业的中间投入，生产性服务业所内含的知识资本、技术资本和人力资本，可以大幅度地提高制造业的附加值和国际竞争力。生产性服务有两个特点：知识密集型和差异化。在柔性的知识技术主导型生产体系中，生产性服务业和制造业相互融合，无论是作为制造业内部的某个部门，还是独立的企业，在扩展劳动分工、提高劳动生产率方面，都发挥着关键作用。作为制造业的高级要素投入，高质量的技术服务嵌入制造业的生产环节，通过技能的提升降低了制造业的生产成本，从而有利于制造业向产业链高端攀升。

第二，战略性新兴产业集群的发展，需要有高端生产性服务业在空间上进行配置。一般来说，制造业和服务业在空间分布上具有协同定位效应。在一定的区域内，生产性服务和制造业的协同定位主要取决于商务成本。随着商务成本提高，对交易成本较敏感的生产性服务业主要集中在中心城市，而对要素敏感的制造业分布在中心城市外围地区，形成区域内生产性服务业和制造业的协同定位效应。这种联动效应主要基于"客户—供应商"两者之间的关系，即制造业需要在较近的空间距离中充分利用生产性服务的投入，进而促进战略性新兴产业的发展。

三、通过培育龙头企业奠定战略性新兴产业集群的微观基础

企业是创新的主体，也是产业集群的微观基础。通过培育龙头企业引领整个产业集群的前进方向，是培育战略性新兴产业集群的重要路径。

第一，扶持集群内现有的大企业发挥自身优势，创建自身品牌。要鼓励有条件的国际代工企业将超大国内市场需求优势及时转换为具有原创技术和自有品牌的企业。例如，努力建立国内统一市场，拆除市场壁垒和进入障碍，塑造培育和扶植原创性成果的市场基础；政府采购项目向战略性新兴产业集群内企业倾斜；利用税收优惠等财税政策加强扶持。

第二，围绕主导产业出台培育龙头企业的评价标准，把龙头企业的培育作为衡量战略性新兴产业集群发展的重要指标，强化龙头企业的引进、培育工作，并进行定期评估。

第三，可尝试建立龙头企业专项培育基金，资助集群内龙头企业联合高校、科研院所等设立技术创新中心，开展前瞻性技术与关键核心技术的研发，提升其自主创新能力，并且有重点地指出集群内龙头企业在境外设立和收购研发机构，通过境外科技创新带动本土技术升级。

第四，培育集群内有潜力的中型企业做大做强，同时围绕龙头企业，做好配套企业的培育工作，形成企业之间的垂直分工联系，构建大中小微企业分工协作的产业生态体系。

四、通过培养城市群奠定战略性新兴产业集群的空间基础

城市化和产业集群是现代经济增长的两个重要引擎。发展战略性新兴产业集群，需要培育城市群来奠定其空间布局基础。

战略性新兴产业集群，一方面表现为地理空间上的物理集聚；另一方面也表现为基于互联网的虚拟集聚，这也意味着战略性新兴产业集群突破某一特定区域的限制，需要在空间布局上有更大的范围。经济发展中，由于种种原因，某些产业会在一定区位产生并得到发展，并逐步吸引关联产业向该区域集中，进而突破区位点的地域空间而在区位面上布局，产业在区域内集聚的集聚成长促使了产业集群的形成和发展。产业集群发展到一定阶段后，集群内企业的竞争导致资本收益率下降，要求产业集群突破现有区域空间限制，在更大的跨区域空间实现产业整合，从而促进城市群的发展。因此，发展城市群，在一个较大的区域范围内，以1个大城市为核心、3个以上的城市为构成单元，依托发达的交通信息等基础设施网络，实现该地区的高度同城化和经济一体化，是培育发展战略性新兴产业集群的重要路径。

通过城市群的发展来培育战略性新兴产业集群，可以有效避免各地方政府各自为政的分割局面，能避免无序竞争，在一个更广的区域范围内资源共享，有效协调，充分发挥集群的协作性。如以长江三角洲城市群为主体，促进城市群之间、城市群内部的产业分工协作和有序转移，构建产业发展圈，利用现有产业基础，加强产业协作，突破核心关键技术，培育知名自主品牌，依托国家级、省级开发区，在电子信息、高端装备、汽车、家电、纺织服装五大领域形成产业链完备的跨区域战略性新兴产业集群。

第5节 中国培育战略性新兴产业集群的政策

培育战略性新兴产业集群的政策不同于培育战略性新兴产业政策，其政策

重点应该集中于如何体现集群性。

一、加强科学性顶层设计，注重跨区域规划

传统的制造业集群的形成大多具有一定的自发性，这也与一定地区的现有产业基础有较强的相关性。战略性新兴产业集群的培育则更依赖顶层规划和机制设计，要求其机制精准长效，要从国家战略高度制定连续性、系统性、演变性的集群计划，给予集群计划多层次、连续性的支持。充分考虑区域、产业的生命周期，制定好产业集群计划的阶段性目标，并重视对集群计划的质量评估与动态监管。具体要做好以下三个方面。

第一，实施分类集群发展政策。在制订战略性新兴产业集群发展计划时，对于产业和技术的选择要有差异性和层次性，实施分类管理。可以尝试在不同地区实施单一技术和产业推进计划，如专门的生物医药集群、汽车制造业集群、航空航天制造业集群；也可以设立综合技术类的战略性新兴产业集群，对其产业和技术不做限制，主要目的是为了提升其集群的综合技术能力和产业发展能力。

第二，加强对集群和集群政策的评估工作。要建立战略性新兴产业的评估体系，对集群发展的全过程进行考核。界定投入的资源，如人力资本、财务等，对预定目标产生的直接结果界定为产出成果，另外还要考察其对区域经济、社会和环境的影响，基于这个评估体系，将具体评估内容细化为相应的指标来进行考察。具体方法上，需要与不同利益相关者合作，识别评估的目标、特殊的评估对象和对评估标准达成一致意见，开展初步评估，得到初步结论，与利益相关者群体讨论与反馈，找到新的观点，进一步改进和完善评估结论，完成包含建议的评估报告，完成评估工作。要重视对集群发展状况的监测，了解参与主体面临的需求与困难，定期发布监测报告，并向社会公开，使政策和财政资助更加透明、公开，并有利于政府根据评估结论对政策和资助计划进行相应的调整。

第三，加强跨区域的战略性新兴产业集群规划。依托并利用国家级、省级开发区和产业园区，形成产业协同，共同打造产业链完备的跨区域产业集群。

二、构建公共服务平台，加强集群内外各项配套服务

产业集群的发展主要是通过市场机制发挥作用，政府的作用主要表现在公共平台的建设上，积极完善软硬件基础设施，利用"互联网＋科技服务""互联网＋商务服务""互联网＋金融服务""互联网＋政务服务"等，通过突出

公共性、公益性，兼顾各方面利益，解决企业共性需求为主要服务内容，从而建立良性循环、自我发展的运行机制。

第一，专业化的市场平台。专业的交易市场一方面集聚了人气，带动了就业，形成了税收，推动了区域经济发展；另一方面对生产型企业有信息传递作用，能够将消费者的需求以最快的速度反馈给生产企业，有利于生产企业紧紧抓住市场脉搏，对市场快速反应。

第二，通用设备和技术检测平台。产业集群区域中的技术检测平台具有半公共品的性质，可以按照企业主导投资、政府参股的方式，在集群中投资建设通用设备使用和检测平台，按照"谁投资、谁收益、谁使用、谁付费"，在政府部门或行业协会的监督下实现有效运营。

第三，信息化平台。通过互联网实现整个产业集群资源的整合，是企业低成本获取有效信息的重要手段，为提升产业集群的集体行动能力和效果，克服"搭便车"困境，政府推进信息物流平台、产品研发平台、行业人才平台、企业应用平台等建设，为制造业集群内企业提供先进专业的服务，同时也为制造业集群的整体升级提供优良的环境。

三、构建多组织参与的集群合作机构，推动集群网络化协作

集群是高度网络化和高度创新性的产业组织，培育战略性新兴产业集群的核心是加快组织变革，建立网络化协作机制，实现跨主体、跨组织、跨领域、跨区域的全方位网络化协作。通过创新要素的有机配合产生协同创新的积极效果，弥补市场和政府在创新驱动发展中的不足与缺陷，促进整个产业集群持续活力、开放包容的创新发展。

第一，构建全球创新合作网络机制。战略性新兴产业集群的持续发展需要专注面向未来产业的前沿技术研究，因此，需要搭建面向全球竞争、开放协同的全球科技合作网络，瞄准全球各领域的基础研发人员和技术研发人员，搭建若干具有国际先进水平的虚拟化全球性学术合作平台，联合攻关，在重大基础性理论领域和关键技术领域有所突破。

第二，搭建产学研协同创新平台。促进集群内企业和大学、科研院所共同培养创新人才。鼓励大学和各类研究所设立面向企业创新人才的客座研究员岗位，选聘企业高级专家担任兼职教授或研究员；并且选择一些重点企业，设立一些专门的研发岗位，由大学和科研院所研究人员共同从事研发活动。此外，还支持企业为高等学校和职业院校建立学生实习、实训基地。通过政府奖励政策指导企业把研发中心建在高校、科研院所，鼓励高校和科研

院所向企业开放科研资源，推动在企业设立联合研发中心和专项实验室。成立科技成果专项基金，促进科技成果转化，使得科技领域内的重大标志性科研成果尽早产业化。

第三，加大对产学研合作创新平台的绩效考核和评估。具体执行层面，推行创新成果质量的"一票否决"制，创新成果质量衡量标准在于是否属于国际、国内及行业的"高、新、专"；同时改变经费下拨方式，从目前经费按年度全额下拨转变为年度只部分下拨，建设期结束后依据成果质量酌情下拨经费。对于创新成果数量多、质量高的加大激励力度，引导产学研协同创新平台多出成果，出高质量成果。

四、加强教育、培训和集聚战略性新兴产业的劳动力政策

培育和发展战略性新兴产业集群，其核心是需要吸引和发展战略性新兴产业所需的劳动力。

第一，将 STEM 教育纳入国家创新人才培养战略。培养面向未来的创新型人才，提高学生的科学探究能力、创新意识和解决复杂问题的能力。依托《中国 STEM 教育 2029 创新行动计划》，除高校和科研机构外，加强参与机构的普及性，让更多的社会力量协同开展 STEM 教育创新，引领学校开展 STEM 教育课程，探索有效的 STEM 教育实践摸索，形成 STEM 领航学校，培育 STEM 种子学校，开展 STEM 教师培训计划，争取培养更多具有国际竞争力的 STEM 创新人才。

第二，加强培训和发展高度专业化的人才。要加强专业化制造人员、技术管理人员、技术鉴定人员等。可由专门的机构设立企业技术人员和管理人员的培训项目，不定期给企业技术人员进行培训，或者与第三方合作机构合作，由国家专门提供补助经费，由中介机构开设培训项目。此外还可以促进学徒制度完善，培养有先进技术的工匠。

第三，加强对战略性新兴产业集群的管理人才的培训。例如，培训集群经理人，在产业集群计划中形成广泛基础人力网络时，由于网络的扩充和支持项目的增多，还需要进一步加强系统管理。为了更好地促进网络的进一步改进和扩充，政府专门培训集群经理人，加强集群管理，提高管理效率。政府还可以学习日本经验，培训孵化器经理人。孵化器经理人需要具备工程知识，以及管理、财务与知识产权的知识与经验等。专门对孵化器的经理人进行培训，包括理论培训和实践培训等，提高孵化器经理人的素质，更好地实现科技成果向产业转化。

第四，通过人才倾斜政策鼓励科技人员就业创业。提供补助，利用所得税优惠等鼓励科技人员到战略性新兴产业集群内企业就业。创新人才的奖励机制，对参与科学技术创新项目的大学教师以及博士研究员根据其贡献给予不同程度的奖励。

第11章 战略性新兴产业与经济创新力和竞争力

我国战略性新兴产业振兴计划的重要背景是 2008 年国际金融危机，科技革命的周期伴生了经济波动的周期，我国发展战略性新兴产业既是为了摆脱经济危机束缚的历史使命，又是将其作为新经济革命的主攻方向。在此背景下，我国规划的战略性新兴产业重点行业，如信息产业、生物产业、纳米产业、新能源产业、环保产业、海洋产业等规模迅速增大，在后金融危机时代这数十年来，战略性新兴产业应运成长和壮大，已被世界各国赋予了引领新一轮科技革命、摆脱经济危机束缚的历史使命，成为产业投资发展的重点领域。近年来，我国战略性新兴产业增加值均显著高于规模工业增加值；此外，战略性新兴产业总体层次也在不断攀升，这一点从产业规划的门类也可以反映出来。金融危机之后的"十二五"期间规划的战略性新兴产业门类包括节能环保、新兴信息产业、生物产业、新能源、新材料、新能源汽车、高端装备七个方向；在"十三五"规划中，在之前基础上，以全球视野前瞻布局前沿技术研发，不断催生新产业，重点在空天海洋、信息网络、生命科学、核技术等核心领域取得突破。与此同时，随着 2018 年爆发中美贸易摩擦以及中兴事件，我国战略性产业缺乏控制力、产业安全得不到保障的问题暴露无遗，引发产学研政各界对当前我国战略性新兴产业发展现状和模式进一步的思考。

2018 年 4 月 24 日至 28 日，习近平总书记在湖北考察时强调，具有自主知识产权的核心技术，是企业的"命门"所在。企业必须在核心技术上不断实现突破，掌握更多具有自主知识产权的关键技术，掌控产业发展主导权。我们要按照习近平总书记指示，充分意识到未来 5 到 10 年是全球新一轮科技革命和产业变革从蓄势待发到群体迸发的关键时期，创新驱动的新兴产业将逐渐成为推动全球经济复苏和增长的主要动力。"十三五"时期是我国全面建成小康社会决胜阶段，也是战略性新兴产业发展大有可为的战略机遇期。要按照《"十三五"国家战略性新兴产业发展规划》提出的五大原则和重点领域，进一步突出产业结构优化，明显提高产业创新能力和竞争力，尽最大努力提升产业控制力和安全度，形成全球新兴产业发展高地。

第 1 节　衡量战略性新兴产业发展水平的 重要标准是产业控制力

一、战略性新兴产业控制力的界定与构成要素

"产业控制力"这一在产业实践中出现的尖锐问题在学术范围内却较少有明确定义，我们综合相关研究和实践，将战略性新兴产业控制力定义为：本国战略性新兴产业具有自主可控的发展能力和国际竞争力，这种能力体现为本国资本具有控股权的实体对核心技术和品牌等要素的掌控能力，通过维护国家在该产业的生存权、定价权、收益权等，在较大程度上掌握和控制产业的发展进程和发展方向，从而保障国家的产业安全。

一国资本对产业控制力的考察，主要是通过对本国资本在该产业中对核心技术的掌控率、标准的拥有率、在产业价值链中所处的地位、高科技产品的市场占有率、品牌的拥有率以及股权的控制率等指标综合进行评估的。而核心技术的掌控率、标准的拥有率、在产业价值链中所处的地位，是决定该产业是否具有话语权和控制力的关键。

从上述界定来看，战略性新兴产业的控制力主要包括以下四个要素。

1. 国民性

战略性新兴产业的控制力是以国民产业权益为主体的，控制力不能脱离国民这个主体，主要强调要使国民为主体的产业权益在国际竞争中得到保证并不受伤害。国民性的指标主要是指在体现产业控制力的企业主体中，内资所占的比重以及外资在其中的非主导作用等。

2. 竞争力

产业控制力依靠的是产业的国际竞争力，这种竞争力是在开放条件下基于创新技术、标准等竞争优势而形成的。可以说，一个产业没有国际竞争力，就

不会有国际控制能力。

3. 主导权

在更高层次上，战略性新兴产业的控制力体现在对这个产业创新方向、技术路线的话语权上，确保产品在较长时间内不被替代。以 5G 标准为例：3GPP 是目前正在开发 5G 通信标准技术的组织，有超过 550 家公司作为会员公司参与，它由 16 个工作组组成，负责制定终端、基站和系统端到端技术的标准规范。3GPP 的话语权是根据企业历史对组织的贡献确定的，2016 年，中国通信企业力推的 Polar 成为控制信道编码。这是中国在信道编码领域首次突破，为中国在 5G 标准中争取较以往更多的话语权奠定了基础。但是，5G 的话语权是最终获批的核心专利数。标准下的专利权却掌握在少数厂商手中，其他公司都需要向拥有核心专利的厂商获取专利许可，有的采用专利交叉许可的方式，有的采用花钱购买的方式。

4. 安全性

产业控制力是实现产业安全的高级层次，是实现产业安全的核心，也是实现产业安全的重要边界。一国对某一产业控制力弱化，即表示该产业的安全边界受到威胁。产业安全边界是产业是否安全的警戒线，通过对产业控制力的考察，来判断产业安全边界是否受到威胁，产业是否安全。同时，产业控制力的提升、实现，也是维护产业安全边界和实现产业安全的重要途径。

二、战略性新兴产业控制力的来源

战略性新兴产业控制力主要来源于以下四个因素。

1. 核心技术

利用核心技术控制产业体系是价值链中链主的最常见行为，欧、美、日世界主要发达国家仍然在主要产业领域垄断核心技术。这些垄断企业大多是产业的隐形冠军，通常是世界上唯一或极少数几家可以把现代高端产业不可或缺、不可替代的关键部件和材料做到极致的公司，大到精密机床、半导体加工设备、飞机的发动机，小到圆珠笔芯、高铁的螺丝钉、电子产业的芯片、液晶显示用间隔物微球、微电子连接用的导电金球、分析检测用的色谱柱填料、生物制药用分离纯化层析介质等。国外一个很小的隐形冠军企业如果不供应相关中间品，就可以让中国万亿级的产业瘫痪，这可不是危言耸听，而是我们面临的残酷现实。与此同时，前沿技术存在很强的产业关联性，一个细分领域的技术缺失，不仅会影响到本产业的控制力，还会影响到相关产业向高端升级，比如中国的芯片之痛，不仅影响到基础通讯、军工等行业，还影响到手机、电脑、家电等民生消费品行业。

2. 标准制定

国际高端产业的竞争直接表现为标准的竞争。比如，较长时间困扰中国发展大型商用飞机的问题是获取欧美的适航证。尽管中国民航有自己的适航证，但国际普遍认可欧洲航空安全局（EASA）和美国联邦航空管理局（FAA）的标准，并且 EASA 和 FAA 是互认的。直至 2017 年，中美航空局签署生效《适航实施程序》，中国大飞机项目才真正迈开了进入国际市场的第一步。

3. 商业模式

随着新经济模式发展，部分企业利用商业模式形成的市场势力在产业链条中处于支配地位。比如，亚马逊的商业模式，使其不仅是零售商，还是市场平台、物流和递送网络、支付和信贷服务提供者、拍卖行、主要的出版商、影视节目制作者、硬件制造者和领先的云服务平台。在《"十三五"国家战略性新兴产业发展规划》中，明确将新商业模式纳入范畴。

4. 资本联盟

在高端产业的产业链中，一家企业乃至一个国家的企业不太可能控制全部的重要环节，产业链当中的若干企业会通过股权等资本合作建立联盟。在芯片行业中，荷兰企业 ASML 是生产芯片设备光刻机的垄断企业，而芯片制造环节巨头台积电是 ASML 的重要股东。此外，ASML 的光学系统供应商卡尔蔡司公司属于此领域的最强者，ASML 通过参股卡尔蔡司 SMT 公司 24.9% 股权，与其核心供应商形成牢固战略同盟。可见，芯片产业中的巨头形成强大的资本联盟控制整个产业链。

第2节　当前我国战略性新兴产业缺乏控制力的主要表现及国外打压方式

一、当前我国部分战略性新兴产业存在的主要问题

（一）战略性新兴产业门类齐全，但是核心技术相对匮乏

我国战略性新兴产业缺乏控制力的表现，是没有占据产业链和价值链的"链主"位置和关键环节。在很大程度上，形成这一局面的重要原因是我们的科技创新能力仍然不够。在新兴产业当中，需要集中力量突破核心技术是产业界的共识。客观上，在新兴产业中的创新之路并非简单。新兴产业虽然兴起的时间不长，但从技术创新的规律来看，不能独立摆脱现阶段总体科技水平和工

业水平的限制。新兴产业之"新"体现在占领行业制高点的核心技术、开拓新的市场应用等，但技术突破并不会凭空产生，而是在一国现有科技水平和工业水平基础之上的提升。这些技术并不是专用于新兴产业，而是在既有产业中长期积累形成的。尤其是新兴产业的发展是多学科、多产业的交叉发展的系统工程，往往是以碎片化的形式存在的，难以实现独立突破。在新材料、新能源、生物医药、信息技术等行业，涉及相当多的基础科学和应用科学学科之间的渗透，各个相互支撑、相互补充。我们从国家层面提出了大力实施科技创新，在新兴产业上实现技术追赶和技术领先的时间阶段必将缩短，但也需要一个过程。

当前，中国要主导任何战略性新兴产业，促进国家经济迈向全球价值链中高端，实现产业转型升级，增强经济创新力和竞争力，不是靠依赖在各个产业投资更多的下游"巨无霸"组装和加工工厂，而是需要培育更多拥有自主核心技术、关键材料和部件的上游隐形冠军企业，从而在重大产业上拥有核心竞争力，才能突破中国经济发展"瓶颈"。

（二）战略性新兴产业存在规模优势，但容易形成局部产能过剩

我国在金融危机之后发展战略性新兴产业的一个目标是为了对抗经济下行压力，因此，当时战略性新兴产业的首要任务是先发展起来，主要是数量扩张。在这种导向下，我国战略性新兴产业在世界范围内形成了一定的规模优势，由于过去是鼓励大批量生产，讲究满足个性化、定制化需求比较少，这导致部分产能出现过剩。现阶段"大而不优"是当前我国战略性新兴产业发展的公认问题，对此有两个比较形象的说法，一个是把这类产品描述为"高科技产品的劳动密集部分"，比如，我国出口的大部分机电产品都是外资企业的代工产品，包括笔记本电脑、通信设备等；另一个是把这类产品的生产运营模式总结为"国外先进自动化设备＋中国熟练劳动力＋国际市场"，比如，过去若干年半导体 LED 行业的发展，这种整合静态比较优势的方式是形成我国出口竞争力的重要原因。仅仅依靠加工能力，中国的产业再大也无法摆脱"装配工厂、低端运行"的被动局面，恰恰相反，在依赖于机器设备的组装环节，非常容易形成产能过剩。

（三）战略性新兴产业表现出一定的出口竞争力，但外资企业占据了相当部分

以中国对美国出口为例，依据联合国商品贸易统计数据库（UN Comtrade），

2017 年，中国对美国出口金额最多的产品类别是机电、音像设备及其零配件，金额达到 1.34 万亿元，该类别产品也是美方关税清单中的重要目标。在该类别产品中，中国对美国出口的核反应堆、锅炉、机械器具及零件总金额约 6208.49 亿元，电机、电气、音像设备及其零附件则为 7223.55 亿元。同期，中国对美国出口车辆、航空器、船舶及运输设备共 1334.54 亿元。可见，中国对美国出口中，战略性新兴产业占据了相当的部分。因此，在中美贸易摩擦中，美国征收关税的产品主要针对《中国制造 2025》中的产品，也就是说，主要是属于战略性新兴产业的门类。但是，中国产业研究院报告显示，从出口高科技产品的企业来看，外资企业占中国高科技产品出口的 2/3，在中国出口前十强当中，除了华为之外全部是外资企业。另外，外资在华生产智能手机等高科技产品，其实主要是中国的完整系统的工业配套能力产生的，而不是科技能力带来的。

（四）战略性新兴产业集聚明显，但存在多点开花、聚而不优的劣势

在长三角地区调研发现，很多时候战略性新兴产业集聚的形态表现为：在一个县域经济的范围之内，依靠招商引资形成一个较大规模的企业，然后引进一些上下游的配套企业。并不是说这种产业链发展模式一定不好，但目前看来至少存在以下问题。一是这种发展模式几乎是区县处处开花，都是在做相似的产业，长三角众多县市主要集中在新能源汽车、锂电池等领域。二是正是因为多点开花，这种产业集群与我们提出的要打造世界级产业集群的目标相比，存在较大的差距。比如，硅谷集中了美国 1/3 以上的信息技术类的高科技企业；北美五大湖城市群集聚了美国通用、福特和克莱斯勒三大汽车公司，其产值和销售额约占美国总数的 80% 左右；日本的丰田城一个城市都是围绕丰田的汽车产业链。与这些世界级的产业集群相比，我国战略性新兴产业集聚的规模和质量尚有较大的差距。

（五）战略性新兴产业需求增长较快，但部分产业受政府政策波动影响较大

由此也产生产业周期随着政府补贴政策波动的问题。从近几年的实际情况看，新能源汽车、轨道交通、节能环保、新能源应用、质量检测等行业的企业发展较好，这些行业都是国家运用产业政策在需求端大力支持的。但是，也因为国家产业政策的调整，而出现行业的周期波动性。比如，新能源汽车行业在 2016 年出现了较为严重的骗补问题；2018 年下半年随着光伏行业国内补贴政

策的变化，行业再次陷入萧条，前几年根据原来补贴政策扩张产能的企业陷入了困境，这已是近十年来光伏行业多次陷入这种局面。

（六）创新要素的集聚程度正在提高，但依赖于优惠政策和补贴

一方面，近年来，虽然很多地区战略性新兴产业发展的重点已经从过去的光伏等转向锂电等领域，但是，不少地区正在沿用过去发展传统产业的路径和思维来推进。很多情况下，仍然是通过降低土地、资源、能源等价格的方式，希望短期内实现新兴产业快速发展，这就导致对低端要素依赖的产业和环节产能增长最为迅速。另一方面，由于地方发展战略性新兴产业的竞争和压力，产业相关的创新资源显得非常稀缺。在这种情况下，各个地区争夺这类资源的价码也水涨船高。比如，不少地区为了推进产业化成果落地，与科研院所成立院地合作的新型载体，由于高水平院校是各个地区争取的对象，因此，设立此类载体的壁垒也越来越高。比如，我们在调研中了解到，清华大学进行院地合作门槛是地方政府5年支持经费3亿元、载体1万平方米。再比如，当前进行的各类争夺人才的大战，其初衷是为了推进高水平发展，但也导致不少人员从事相关产业的创新、创业很多是冲着补贴和优惠政策来的，甚至还会导致未获取相关优惠政策的人才包装。

（七）进口替代成为主要的创新模式，但仍以模仿性创新为主，容易形成同质化竞争

创新主要方式是在产业链的若干重要环节进行创新以本国产品替代进口品，为本国工业发展创造有利条件，有利于本国企业走向产业链中高端。目前，在很多行业技术水平中等要求的领域和环节，都有若干国内的厂商跃跃欲试，努力进行国产化。但是，这一模式也存在一定的问题。第一，创新模式以本土"挖人"或者跨国公司技术团队离职创业为主，总体来说是以技术的模仿性为主，技术的原创性、主导性尚不够。客观上不少是游走在知识产权保护的边缘，这种模式存在天然的局限性。第二，一般来说，当国内厂商研发成功之后，外国厂商就会大幅度降低产品价格，导致毛利下降。此时，产品在国内厂商之间形成快速溢出，国内厂商容易在较短时间内又形成同质化竞争。

二、国外对中国战略性新兴产业的打压方式

正是因为我国战略性新兴产业缺乏控制力，国外企业利用核心技术、资本联盟等优势打压中国战略性新兴升级，表现形式为以下三个方面。

1. 垄断定价

当本土产业缺乏控制力时，跨国公司就将进行垄断性定价，国内厂商和消费者被迫接受垄断价格，福利受到损失。比如，高通搭建了一个交叉许可的专利平台，所有相关专利都被高通整合，高通收取不公平的高价专利许可费。手机行业是净利润并不高的行业，高通的专利许可费用高达售价的5%。与此同时，高通对三星、诺基亚等公司的许可费标准远远低于中国手机厂商，进行歧视性定价。

2. 纵向排斥

拥有核心技术的企业可能通过纵向一体化的方式排斥产业链当中的对手。中高端机器人产品仍以外资品牌为主，外资品牌机器人将核心零部件供应与本体捆绑式销售。比如，工业机器人行业的重量级企业安川电机直至2018年春季正式面向中国的工业机器人企业销售核心零部件"控制器"和"伺服电机"，把两种零部件打包向多家中国企业销售，同时，安川电机将向用于电子设备组装等工序的平面关节型机器人（SCARA）等提供零部件，其自身不销售这些机器人。而在高端机器人产品系列中，通过不销售核心零部件的方式阻止中国企业从事终端产品生产。

3. 禁止销售

发达国家和跨国公司通过直接禁止销售高科技产品的方式，阻止中国产业升级。其中，最典型的就是美国主导的《瓦森纳协议》，这一协议以防止武器扩散的名义，制定了军民两用商品和技术出口控制的清单，涵盖了先进材料、材料处理、电子器件、计算机、电信与信息安全、传感与激光、导航与航空电子仪器、船舶与海事设备等，使得我国这些产业的升级面临重大困难。

第3节 增强我国战略性新兴产业控制力的两个层面

我国是一个工业门类齐全的大国，但是，考虑到国际分工，即使是最强大的国家，既没有可能、也没必要在战略性新兴产业的所有领域和环节都取得绝对控制地位，企业目前欠缺的技术也不可能全部由政府来不惜代价地组织追赶。这就需要我们扬长补短，考虑哪些产业、哪些产业环节最要集中力量补短板，由此边际收益更高。

一、哪些产业需要控制

从发达国家的经验和现状来看，每一个科技驱动的发达经济体总是在几个重大产业领域处于领先地位。作为后发追赶型的国家，在工业化和信息化的过程中实施产业政策、发挥市场和政府的两个作用，需要确定若干对国家利益、国家安全影响重大的产业率先发展。选择这些产业需要按照一定的原则。

1. 市场容量原则

对于中国市场容量巨大但核心技术掌握在国外企业手中的产业，由于缺乏与跨国公司竞争的本土企业，国家和消费者将为外国垄断价格付出巨大的经济代价和外汇储备。一是中国市场占国际市场比重较大但国内企业控制力亟待加强的代表性产业，比如新能源汽车。中国燃油汽车在三十年的追赶历程中，通过以市场换技术的策略初步建立了较为齐全的汽车工业体系，但是，在燃油发动机等领域与国际老牌一流厂商仍然具有难以逾越的差距，目前正在通过国际并购等方式进行国际产业转移。新能源汽车的发展以及未来对燃油车的替代趋势，为我们提供了"弯道超车"的机遇，在新能源汽车的若干环节，我们可以与发达国家一样通过国际风险投资等方法获取国际创新的最新成果，与国际厂商在相似的起跑线竞争。二是环保产业。发达国家大都经历"先污染、后治理"的道路，治理环境的技术和经验丰富，但是，环境治理的工作在发达国家已经基本完成，中国的环保投入居于世界前列。我们要利用环保产业的内需优势，通过各种有效合作将国际先进技术为我所用，使得我国的环保产业水平达到世界前列。

2. 产业安全原则

部分战略性新兴产业发展在相当程度上需要依靠军民两用技术，这些产业和技术发展涉及国防安全乃至国家领土安全等问题，与此同时，从美国的经验看，通过国防军工产业形成的技术优势扩散到民用领域，是这些产业竞争力的重要来源。一是航天航空产业。在国际空间竞争中，世界各个大国和经济体都有长期战略布局，航空航天关系到对未来世界的探索。从国家安全角度考虑，中国一定需要有自己的航空航天战略。二是海洋工程产业。党的十九大报告中明确要求"坚持陆海统筹，加快建设海洋强国"，维护国家海洋安全、大力发展海洋经济，就要形成我国具有控制力的海洋工程产业。

3. 基础产业原则

很多战略性新兴产业的发展受制于我国的基础产业没有掌握在自己手中，这些基础产业不同于工业化时代的能源、原材料、交通运输等传统产业，而是主要表现为信息产业、高端装备、生物医药等行业运用到的基础技术和材料。比如，通信产业是技术快速变化的产业，尤其是进入 5G 时代，中国信息产业也进入了关键的时代。从通信基础设施设备到移动通信终端，中国企业占据了国内国际市场的一定份额，但是，产业整体附加值并不高，通信产业的基础芯片、元器件都需要进口。战略性新兴产业的基础产业主要包括以下两个。一是半导体产业。我国每年在半导体产品的进口已经超过石油，要花费2000亿美元的外汇储备，并且军用级等高端芯片很多禁止出口中国。中兴事件表明，只要在芯片领域禁止向中国出口，我国相关衍生的战略性新兴产业将受到重创。二是新材料行业。新材料是多种学科和技术的交叉，运用到的产业范围非常广泛。因此，"十三五"规划中提出要提高新材料基础支撑能力、实施新材料提质和协同应用工程。这就要让新材料行业面向航空航天、轨道交通、电力电子、新能源汽车等产业发展需求，提高这些行业关键材料的国产化率。

4. 前沿趋势原则

增强战略性新兴产业的控制力，要对前瞻性产业未雨绸缪、积极布局，不能等到发达国家和跨国公司再次领先我们很多，再来实施赶超战略。比如，人工智能产业。类人神经计算芯片、智能机器人和智能应用系统等人工智能产业重点领域的发展，将引导人工智能新技术嵌入各领域。要面向未来，在制造、教育、环境保护、交通、商业、健康医疗、网络安全、社会治理等重要领域开展试点示范，推动人工智能规模化应用。

二、对哪些产业链的环节进行突破控制

即使是战略性新兴产业，决定产业价值链分配的也只是若干核心环节。另外，随着战略性新兴产业链分工的细化，一个产业链当中可能存在多个重要的环节。作为后发国家培育动态比较优势，需要在重点发展的战略性新兴产业中梳理出若干重要的产业链环节，对这些重要的产业链环节进行率先突破。现阶段，我们的比较优势不能再是劳动密集、资源消耗，而是要通过合理的产业政策，发挥市场和政府两个作用，发挥出我们当前具有的相对优势。

1. 相对资本优势

从日本、韩国等国家追赶的历史经验来看，产业政策有效性的一个表现在于能够集中资金等资源对重点技术和环节进行集中发力。相比过去资金匮乏、科技投入能力有限，现在的中国则完成了资本和外汇的初步积累，这种积累使得中国可以在短时间内调集大量的资本在某个领域进行投资攻关。在一定程度上，资本成为我们的相对优势。因此，我们应该加强对资本密集型环节的突破。比如，半导体行业是一个需要着力突破的产业，据统计近年来各地设立的半导体产业基金总规模已经达万亿元，如何科学利用好资本优势、选择好适当

的环节集中发力是当前的紧迫问题。

2. 独特市场优势

中国具有某些相对独特并且巨大的市场，市场因素将促进前沿技术的运用，也为技术创新提供物质基础。比如在移动支付、移动社区方面积累了海量用户和数据，这是其他国家没有的优势，就可以选择在物联网、大数据领域的重点环节进行突破。中国是世界上制造业产能和规模最大的国家，理论上说工业机器人将在中国得到最广泛的运用，国际先进企业在这一领域布局较为充分，可以在工业自动化的若干环节突破。又比如随着老龄化的到来，一些生物医药的市场主要在中国，可以选择这些环节进行攻关研发，为生物医药技术进步提供基础。

3. 相对后发优势

当前处于第三次科技革命前期，涌现出众多前所未有的新兴技术、产品和商业模式，表现为从传统技术和产业的跳跃式发展，这为我们提供了直接切入的机会，这种"弯道超车"的机会是非常难得的。比如，新能源电动汽车、三网融合、3D 打印方面中国与国际实现同步应用，需要选择这些领域进行突破。

4. 国家科研体系优势

我国需要不断创新和完善科研体制，发挥现有体制中联合攻关的优势。国有企业和民营企业在研发攻关的领域要差异化，让大型国有企业承担连续性的累积性创新，现有联合攻关的体制有能力忍受一定时期的甚至较大的亏损，比如大飞机项目、大型船舰、大型电机工程等。

第 4 节　增强我国战略性新兴产业控制力的战略对策

增强战略性新兴产业的总体思路，是要根据动态的竞争优势理论，对战略性"瓶颈"部门的战略可以按照日本、韩国发展幼稚产业经验，可以对部分战略性新兴产业设置阶段性的成长保护期，以隔开外来竞争。在保护期内，政府要采取一切行之有效的措施，集中资源进行攻关，鼓励企业提高竞争力。具体可以从以下角度进行考虑。

一、选择产业链环节实施市场势力对等战略

随着产业链分工的细化，我们应该清醒认识到在整个产业链进行全方位的赶超战略是不现实的。就半导体行业来说，不能因为中兴受到制裁，就期望在芯片领域不要国际分工去建设中国的半导体体系。而是要在关键产业的关键产

业链，集中若干环节进行突破，可以设想：即使我们没有高通、博通这样的芯片设计企业，但在芯片制造环节有台积电这样的企业，美国也不会轻易禁止高通对中兴销售，因为即使是高通和苹果这样的企业，建设一个台积电这样的企业几年内也是完不成的。中国在集成电路前段和后段相关设备和材料公司有 30 多个，几乎所有的设备行业都有涵盖。[①] 除了美国之外，只有中国涵盖的范围具有这么广，但我们绝大多数关键设备还都是不够成熟的、无法商用化。"大而全"不能形成对等势力。《"十三五"战略性新兴产业发展规划》对发展中的新动态进行了新一轮的规划，可以在上述基础上，考虑适当缩小集中攻关的范畴，并且根据实际情况将发展重点细化到产业链的环节，突出重点环节和重点企业带动整个产业链，不将"新兴产业"作为笼统概念，而是致力于培育若干个"独一无二"的环节体现中国产业实力。

二、努力建立与国际接轨的产业政策框架

支持战略性新兴产业发展的产业政策应该向更加符合国际惯例、更加与国际接轨、更加法治化的方向靠拢。要总结和研究《中国制造 2025》在国际上引起部分争议的原因，改善我们产业的实施方式。第一，国家层面的产业政策应当更加注重宏观上的指导性、引领性，让各个地区在国家规定的法律框架下，进行产业政策创新和探索，减少产业政策的国家意志色彩，多使用符合国际惯例的表述。第二，增强产业政策的平等性，国有企业和民营企业一视同仁。对致力于在中国发展的外资企业，要努力做到政策开放、为我所用。

三、协调战略性新兴产业之间的协同发展

新兴产业的发展不是孤立的，它与其他产业之间具有相当的协同性。即使在新兴产业之间，一个产业的发展可以带动其他新兴产业的发展；一个产业的"瓶颈"可能也将制约其他新兴产业的进步。比如，新能源汽车行业的发展受到新材料行业的制约：在新能源电池汽车的四大核心材料中，正负极材料、电解液都已实现了国产化，唯独隔膜仍是短板，高端隔膜目前依然大量依赖进口；在新一代燃料电池车领域，我国车用燃料电池的现状是几乎无部件生产商，多项关键材料决定着燃料电池的寿命和性能。电子信息产业也是如此，LCD 用光刻胶几乎全部依赖进口，核心技术至今被 TOK、JSR、住友化学、信

---

① 孙斌、隆洋：《中微半导体董事长尹志尧：芯片业靠全球集成的努力，一定要开门发展》，观察者网，2018 年 7 月 28 日。

越化学等日本企业所垄断，在国内有一定影响力的京东方用于高端面板的光刻胶，仍然由国外企业提供。因此，从国家政策层面上来说，应当考虑到发展新兴产业不应当是孤立支持某个产业或企业，应当建立新兴产业和企业之间的联合技术攻关的机制平台，实现相关行业企业之间的有效对接。

四、着力优化战略性新兴产业空间布局

从发达国家来看，战略性新兴产业都是以集群形式存在的，比如旧金山湾区、东京都市圈等。近年来，战略性新兴产业在实现快速规模扩展发展的同时，区域布局不合理现象日益凸显，以战略性新兴产业的名义处处开花，这种不合理的生产力布局方式必须得到修正。第一，从国家层面，战略性新兴产业中市场化的部分应当主要集中布局于围绕上海的长三角地区、围绕北京的环北京地区、围绕深圳的粤港澳大湾区，科技创新和产业创新的政策要在这些地区集中发力。第二，战略性新兴产业的含义是动态的，也要提出实施梯度转移的概念。"十三五"规划中战略性新兴产业的范畴和内涵与"十二五"规划就有很大的差异。对于"十三五"规划之前确定的范围之内，主要是加工性质、需要一定土地环境承载能力的产业，同时仍然具有发展潜力的产业和环节，比如光伏等，可以引导企业向中西部地区实施产业转移。第三，在小区域范围之内，比如本省、本市之内要避免对项目的恶性竞争，可以借鉴南京等地一些实践中比较好的做法，比如在同一个行政范围内建立项目信息首报避让机制，减少不合理的重复建设。

五、引导最优秀、最有实力企业加入战略性新兴产业的攻关中

战略性新兴产业需要长期的积累，有时甚至必须忍受一定时期较大的亏损。这需要在国家的支持下持续投入，除了政府各类专项资金支持外，更需要已经具备强大实力和资本持续投入的企业：一是大型国有企业集团，部分大型央企在军工、核电、工程等领域已经具备相当的技术能力；二是在国内外市场充分竞争中成长出来的中国国际型企业，比如华为、科大讯飞等，这类企业数量还非常少；三是国内强大的内需发展起来的以互联网为代表的新经济、新模式企业，比如阿里、腾讯这样世界级的"独角兽"；四是万科、恒大利用中国房地产黄金阶段累积了雄厚实力的房地产企业，中国平安等大型金融控股集团。对这几类有实力的企业，要按照积极引导参与战略性新兴产业攻关，总体原则采取分类指导，对国企央企要多采取市场化的激励办法；对国内优秀的互联网企业，除了支持它们商业模式创新，还要引导支持它们向与自身商业模式

密切相关的核心技术进军；要积极引导房地产、金融等企业按照供给侧结构性改革的要求转型升级，宝能从房地产金融行业投身到实体经济是一个好的动向和案例，需要引导这些企业运用资本、管理方面的能力投身到战略性新兴产业中。

六、运用市场优势增强技术引进的谈判能力

中国巨大的、特有的市场是引进国外高端技术的重要优势，高铁行业是利用国内市场引进、消化、创新技术的重要成功案例，汽车行业以市场换技术总体上也取得了良好的效果。针对这一模式，首先，要选择对中国市场依赖较大的产业，目前看来，环保行业、核电、老龄化产业都是属于这样的类型。其次，为了增强买方市场势力，对跨国公司进入的技术转让要通过行业协会等组织进行联合，从国家利益的高度出发进行集中谈判。高铁行业的谈判就说明了这一点。最后，要构建技术引进—消化吸收—再创新的平台，只有具备强有力的对接消化能力，引进技术才能在国内生根落地。

第12章 中美贸易摩擦与战略性新兴产业安全

第1节 产业安全理论与范畴

2018 年以来，中美贸易摩擦迅速升级，对我国产业结构和产业链格局形成重大冲击，严重威胁我国的经济和产业安全。美国《2019 财年国防授权法案》强化科技战，加速对中国的技术封锁，加剧我国产业链和供应链"断链风险"①，严重影响关乎国家安全的高科技信息技术产业。另外，贸易摩擦叠加国内制造成本上升，进一步加速了劳动密集型产业向印度、越南等东南亚国家转移。据统计，受贸易摩擦影响，2019 年第一季度，越南吸引外资总额达108 亿美元，同比增长 86.20%，而 2018 年全年仅 150 亿美元左右。此外，我国资本和技术产业有向发达的日、韩、欧美等经济体回流的倾向，会引发产业链、供应链重构，比如，日企三菱电机在中国的金属加工机器工厂迁回日本，东芝机械部分生产据点从上海转移到日本、泰国等地。

贸易摩擦背景下，经济安全是影响国家安全的核心因素，而产业安全则是经济安全的基础（刘莉雪等，2015），产业安全已然引起了当局和学术界的高度重视。在此背景下，中央和地方陆续出台扶持政策，如 2019 年《国家网络安全产业发展规划》，工信部与北京市人民政府联合建设国家网络安全产业园

---

① 美国以"违反美国国家安全或外交政策"利益为由，将 44 家中国机构列入"实体清单"，强化对华技术出口封锁，中兴限购、华为断供。

区，保障中国软件产业安全；《"十三五"科技军民融合发展专项规划》促进军工高技术产业发展；《国家卫星导航产业中长期发展规划》提升卫星导航产业规模等。现有文献对我国产业安全理论的研究，大多数集中在对产业安全的概念界定及维护产业安全的政策方面（景玉琴，2004），只有少部分学者侧重于对产业安全影响因素的分析，包括构建评价产业安全的指标体系（史欣向等，2015），对我国的产业安全度进行定量分析和研究。从总体看，目前国内对产业安全的研究仍处于初步阶段，有关产业安全的理论也正在讨论、构建和形成之中，实践形成的挑战对理论研究提出了更高的要求。

一、产业安全的定义及评价

在经济开放和贸易全球化背景下，产业安全理念可追溯到早期的贸易保护理论。如重商主义的贸易保护理论、李斯特的幼稚产业保护理论（Liberman，1996），认为在国家经济基础薄弱，产业发展初期，需要采取关税保护政策，不宜过度使用外资。研究发现，由于"逆贸易导向型对外投资"，落后经济体利用外资的同时，过度承接了发达国家处于比较劣势的产业和技术（小岛清，1989），会使自身经济或产业沦为附庸，导致产业结构畸形发展（Bevan A. & Estrin，2004），损害国内产业安全。总体上学者对产业安全的研究，主要围绕产业国际竞争力（Porter，1990）和跨国公司直接投资（Burnell，1986）展开，但目前对产业安全的定义尚未形成一致认识。结合当前众多学者从一国产业控制力、产业竞争力和产业发展能力等研究角度阐述产业安全，可以提炼出以下观点。

一是产业控制力说。核心是强调本国资本对本国产业的控制力，张碧琼（2003）认为，国家产业安全问题最主要是由于外商直接投资产生的，外商通过合资、直接收购等方式控制国内企业，甚至控制某些重要产业，由此对国家经济构成威胁。杨国亮（2010）认为，产业控制力是产业安全的归宿和保证，当一国对某一产业的调整和发展拥有自主权或控制权（赵元铭、黄茜，2009），则该产业在该国是安全的。于新东（2000）则认为，产业安全是指本国资本对影响国计民生的国内重要经济部门掌握控制权。但是，仅从产业控制的角度，在开放经济下是无法保证本国产业安全的。过度强调产业控制权，往往忽视产业核心技术和核心竞争力的培养，难以构建真正的产业安全（景玉琴，2004）。

二是产业竞争力说。产业竞争力是产业安全的核心（何维达、吴玉萍，2010）。产业安全意味着开放竞争中，一国产业具有竞争力能抵御来自国内外不利因素的威胁（李孟刚，2010；Liu，2011）。其中，也有学者将产业（国际）竞争力定义为，一国特定产业通过在（国际）市场上销售其产品而反映出的生产力（金碚，1996）。在产业竞争力观点下，企业竞争力不再来源于降低成本，研发投入和技术创新才是决定一国产业竞争力和产业安全的核心（Ozcelik & Taymaz，2004）。

三是产业发展说。这种观点认为，产业安全应从动态、静态两个角度进行研究。产业安全的内涵一般是指一国拥有对涉及国家安全的产业和战略性产业的控制力及这些产业通过国际对标体现出的发展力。控制力是对产业安全的静态描述，发展力是对产业安全的动态刻画，是产业安全的本质特征。当一国大多数产业具有生存和发展的能力时，才真正具备产业安全的状态（景玉琴，2004）。其中，刘（Liu，2011）认为，在国际经济竞争中，一国产业能独立、健康、稳定发展并保持领先地位，特别是国内的知识和科技产业能够独立于其他国家发展，同时能够支持国民经济的发展时，才能实现产业安全。萧新桥、余吉安（2010）认为，市场是产业发展的前提条件，创新是产业发展的原动力，只有市场和创新兼顾，才能实现产业发展和产业安全。

以上众多观点是从不同角度阐述产业安全问题。从早期重商主义、幼稚产业保护理论等贸易保护主义出发，强调"外商直接投资威胁"，认为本国资本对国内产业有控制力才能实现产业安全；逐步过渡到强调"产业竞争力"，在知识经济和开放竞争背景下，只有积极的研发投入，通过技术创新提升本国的产业竞争力才能保证产业安全。之后再转变强调"产业发展"，只有拥有控制力和独立发展能力，才能保证产业安全。事实上，这几种观点的核心都是研究国家产业经济发展的安全问题，认为在开放经济条件下，在内外部各种因素的综合作用下，一国重要产业的持续发展能力不受损害或威胁，则产业是安全的（马晓河等，2009）。然而，实际中，产业安全是一个相对的概念，由于各国的具体情况有较大差别，产业安全难以用统一的标准来衡量。特别在新常态下，面对复杂多变的贸易摩擦，逐步升级的科技战和金融战，产业安全问题变得更加复杂，需要多角度、全面地去面对产业安全问题。

除了界定产业安全的概念外，也有少数学者着重研究了产业安全的评价指标体系。影响产业安全的因素众多，评价体系需要充分反映主要因素。其中，何维达（2007）根据不同的产业安全观和影响产业安全的因素，分别从产业环境、国际竞争力、对外依赖度、产业控制力四个方面设置产业安全评价指标。其中，产业环境指标主要衡量金融、生产要素、市场需求、技术等产业生存和发展环境；国际竞争力主要考察市场竞争力、市场集中度等；

对外依赖度着重衡量进口、出口、资本、技术方面的对外依赖程度；控制力则主要评估外资对本国产业的控制程度。此外，也有学者从某个具体的产业出发，研究产业安全评估体系。其中，史欣向等（2015）重构了"新常态"下中国高技术产业的安全评价体系，以市场和创新为纲、以生存和发展为目，涵盖了42项三级指标，并分别利用层次分析法、专家法及主成分分析法测量了中国高技术产业安全的状况。李妍（2018）基于创新生态系统的视角，运用系统思维方法，从"产业创新能力、产业竞争力、产业发展能力、产业恢复能力、产业控制力"提出制造业产业安全评价"五因素模型"，并采取模糊层次分析法与熵值法相结合的方式对评价指标进行设置权重，运用功效系数法计算2006～2016年中国制造业的产业安全评价数据。从目前研究文献看，众多评价体系还是根据不同产业安全观，结合主要的影响因素展开，设置多层次多指标体系。

二、开放下产业安全的特点及问题

在开放经济背景下，经济安全是影响国家安全的核心因素，而产业安全则是经济安全的基础（刘莉雪等，2015），产业安全具有战略性、综合性、紧迫性、系统性、层次性和动态性特点（马晓河等，2009）。

1. 战略性

开放经济下，产业安全是国家经济安全的重要组成部分，只有保证产业安全，才能保证国民经济持续长远发展，国家经济权益和政治地位不受威胁和侵害。在贸易摩擦背景下，产业迁移和资本技术外流可能对我国产业安全和经济安全造成较大冲击。

2. 综合性

产业安全涉及的行业范围广，产业间的关联性导致某一产业受威胁也会影响其他产业安全。比如，我国半导体芯片缺乏竞争力，将影响整个高新信息技术行业的安全。同时，影响产业安全的因素复杂，囊括了政治、经济、自然、社会、信息、技术等多方面，产业安全具有高度复杂性和综合性特点。

3. 紧迫性

在开放经济和贸易摩擦背景下，产业安全尤为紧迫，需要高度重视。缺乏必要的维护措施将危及国家经济安全，拖累国民经济发展。

4. 系统性

产业安全与财政安全、金融安全紧密联系。产业安全是一国财政金融安全的基础和前提，而后两者又为一国产业发展产生积极的促进作用。因此，产业安全本身作为一个相对独立的开放子系统，也在向国民经济的大系统输出各种信号和能量。

5. 层次性

产业安全即包括一国某一产业安全，也包括一国产业链、供应链安全。各国资源禀赋和比较优势不同，产业在国际竞争力上存在差距。需要以宏观层次的产业链和供应链安全为目标，聚焦重要支柱产业的安全。[①]

6. 动态性

产业安全问题长期存在，伴随着各国经济实力、产业国际竞争力改变，国际政治关系改变都会带来不同的产业安全问题。与此同时，实现产业安全的途径和手段也是动态变化的，政府产业政策是手段，产业和企业自身生产力升级才能提升产业国际竞争力。

在经济全球化背景下，中国融入世界经济，不断放开资本账户和经常账户管制，扩大对外开放程度。伴随着改革开放的深化，国内产业在嵌入全球价值链的过程中得益于国际分工体系，但同时也带来了产业发展自主权弱化、本国资本对产业控制力削弱、重要产业国际竞争力不强等突出问题。在开放条件下，产业安全问题更加突出和重要。从我国当前产业经济发展现状看，产业安全问题主要体现在外商直接投资、贸易自由化和国内产业竞争力方面（马晓河等，2009）。

一是外商直接投资的问题。改革开放以后，我国加强招商引资力度，自2004年以来，我国直接投资流入量持续上升。FDI毫无疑问带来了资本、技术和管理经验。但是，跨国公司在中国开放的28个主要行业中占有绝对优势股权控制率的行业达到21个，挤压了国内产业的发展空间，对我国的产业安全造成了严重的威胁（韩冲、屈熠，2015）。

二是贸易自由化的问题。一方面，贸易自由化的推进，关税和进出口限制等保护措施逐渐弱化，国内产业可能受国外比较优势产业的冲击和挤压，损失市场空间（马晓河等，2009）；另一方面，在当前全球价值链背景下的价值链分工体系中，发达国家长期占有技术密集型、资金密集型产业的优势，生产技术含量和附加值较高的产品，而中国被锁定在了价值链分工中最低端的组装、制造环节，严重阻碍了中国产业结构优化和技术升级（韩冲、屈熠，2015）。

[①] 信息产业属重要支柱产业，我国信息产业缺乏比较优势，核心要件对外依赖程度大，需要改变这一被动局面。半导体芯片全球前10名，美国占6家。软件产业全球前14名均属美国，中国短板明显。

三是国内产业竞争力的问题。开放条件下，国内产业竞争力较弱的问题会更容易显现出来，从而受较大冲击。企业层面上，治理机制不健全、经理人激励与约束机制不对称、人才缺乏与资源错配、创新能力不足等影响了国内企业的国际竞争力；产业层面上，某些产业过度竞争造成资源浪费、规模经济难以形成，某些产业又竞争不足，垄断过度而创新动力不足影响了竞争力；政府层面上，对竞争性行业的规制不到位、对高新产业支持引导不足等也不利于竞争力提升（马晓河等，2009）。

第2节 中美贸易摩擦背景下我国产业安全的现状特征分析

一、中国参与全球价值链的产业特征与产业安全的风险点

根据 HS 分类口径，如表 12 - 1 所示，2018 年，中美之间主要贸易顺差来源前两名分别是：类别 1 "电机、电气、音像设备及其零附件"、类别 2 "核反应堆、锅炉、机械器具及零件"，占据了中国对美国出口的 48.84%、中国对美顺差的 56.65%。

表 12 - 1　　　　　2017~2018 年中美贸易金额前 5 商品
类别贡献比（HS 分类口径）　　　　　单位：%

中国对美国顺差			美国出口中国			中国出口美国		
类别	2017 年	2018 年	类别	2017 年	2018 年	类别	2017 年	2018 年
1	31.12	31.94	1	10.10	10.65	1	26.64	27.40
2	22.42	24.71	2	10.73	9.36	2	19.92	21.44
3	7.80	8.53	6	10.71	7.81	3	6.18	6.76
4	6.26	6.26	7	13.54	15.17	4	4.96	4.96
5	6.02	3.46	8	10.69	3.05	5	4.74	2.73
合计	73.62	74.90	合计	55.77	46.04	合计	62.44	63.29

注：类别 1 代表 "电机、电气、音像设备及其零附件"；类别 2 代表 "核反应堆、锅炉、机械器具及零件"；类别 3 代表 "家具、寝具等；灯具；活动房"；类别 4 代表 "玩具、游戏或运动用品及其零附件"；类别 5 代表 "针织或钩编的服装及衣着附件"；类别 6 代表 "车辆及其零附件，铁道车辆除外"；类别 7 代表 "航空器、航天器及其零件"；类别 8 代表 "油籽、子仁；工业或药用植物；饲料"。

资料来源："UN Comtrade 数据库" 及作者计算。

根据 SITC 分类口径，如表 12 - 2 所示，2018 年，中国对美国顺差、中国对美国出口最大的三个类别分别是：类别 1 "电信及声音的录制或重放装置及设备"、类别 2 "办公用机械及自动数据处理设备"、类别 3 "未列明杂项制品"。类别 1 至类别 3 主要涉及电子信息产业和部分高端制造业产品。按照 SITC 分类口径，2018 年 3 类总顺差 2312 亿美元，顺差贡献占比 65.18%。

表 12 - 2 **2017 ~ 2018 年中美贸易金额前 5 商品类别贡献比（SITC 分类口径）** 单位：%

中国对美国顺差			美国出口中国			中国出口美国		
类别	2017 年	2018 年	类别	2017 年	2018 年	类别	2017 年	2018 年
1	31.12	31.94	7	13.54	15.17	1	26.64	27.40
2	22.42	24.71	1	10.10	10.65	2	19.92	21.44
3	7.80	8.53	2	10.73	9.36	3	6.18	6.76
4	6.26	6.26	6	10.71	7.81	4	4.96	4.96
5	6.02	3.46	8	10.69	3.05	5	4.74	2.73
合计	73.62	74.90	合计	55.77	46.04	合计	62.44	63.29

注：类别 1 代表 "电信及声音的录制或重放装置及设备"；类别 2 代表 "办公用机械及自动数据处理设备"；类别 3 代表 "未列明杂项制品"；类别 4 代表 "未列明电力机械、装置、器具及其电气零件"；类别 5 代表 "服装及衣着附件"；类别 6 代表 "其他运输设备"；类别 7 代表 "陆路车辆（包括气垫式）"；类别 8 代表 "油籽及含油果实"。

资料来源："UN Comtrade 数据库" 及作者计算。

表 12 - 3 按照 NACIS（北美产业分类）口径的 2016 年中美贸易金额前 2 位的商品中，"电脑及电子产品""电气设备、电器和组件" 合计在中美贸易顺差的贡献占比达到 50.47%，总额为 2634 亿美元。

表 12 - 3 **2016 年中美贸易金额前 5 商品类别贡献比（NAICS 分类口径）** 单位：%

中国对美国顺差		美国出口中国		中国出口美国	
电脑及电子产品	39.65	运输设备	22.50	电脑及电子产品	33.79
电气设备、电器和组件	10.82	电脑及电子产品	14.87	电气设备、电器和组件	8.87
杂项制品	10.57	农产品	14.03	杂项制品	8.67

续表

中国对美国顺差		美国出口中国		中国出口美国	
服装及配件	8.70	化学制品	11.65	服装及配件	6.66
鞋类和皮革制品	8.52	机械设备（不含电器设备）	7.16	机械设备（不含电器设备）	6.59
合计	78.26	合计	70.21	合计	64.58

资料来源：Wind 数据库及作者计算。

从表 12-1、表 12-2 和表 12-3 可以看出，中国外向型经济参与全球价值链的产品的第一大品类是机电、电器、电气、音箱等，主要表现为电子信息产业的特征。在表 12-4 列出的中国出口前 20 名的企业，绝大多数是电子信息产业，具体到细分商品，代表性产品包括手机、电脑等电子产品及配件等。因此，可以得出以下结论。

特征一：中国参与全球价值链的产业特征是电子信息产业。

从表 12-1、表 12-2 和表 12-3 分析，中国出口到美国的主要商品与美国出口到中国的主要商品，在品类上是基本重合的，除了美国向中国出口交通运输设备（包括飞机等）外，表 12-1 表现为电机、电气、音像设备及其零附件，表 12-2 表现为电信及声音的录制或重放装置及设备，表 12-3 表现为电脑及电子产品，在进出口上表现为一致的。

而按照我国海关月度数据统计的分类，同样发现机电产品都是中美两国出口到对方国家的第一大贸易品。这主要是与手机、电脑等产业链中我国是主要加工制造地有关，贸易方式主要是加工贸易（加工贸易主要是指经营企业进口全部或者部分原辅材料、零部件、元器件、包装物料，以下简称"料件"，经加工或装配后，将制成品复出口的经营活动，包括进料加工、来料加工、来件装配），比如苹果产业链，最终产品和多个模块都是外资企业在华加工组装。

特征二：在电子信息等代表性产业中，中国主要以加工贸易模式参与全球化。

据中国海关和中国海关杂志报告，2018 年，我国外贸进出口规模首次超过 30 万亿元，比 2017 年增长 9.7%。其中，进出口规模最大的 200 家企业，2018 年，外贸合计实现进出口 8.2 万亿元，增长 21.7%，对当年进出口增长贡献率达 54.3%。从表 12-4 中可以发现，中国企业从电子信息行业参与全球价值链的主体主要是外资企业，在中国出口前 20 强中，外资企业占据很大一部分比例。

表 12 - 4　　　　　　2018 年中国出口的代表性企业前 20 强　　　　单位：亿元

序号	公司	企业性质	所属行业	主要产品	金额
1	鸿富锦精密电子（郑州）	台港澳与境内合资	电子信息	移动通信系统手机、核心网设备	2128.4
2	富泰华工业（深圳）	台港澳法人独资	电子信息	电子产品检测设备，金属材料检测设备	1239.1
3	苏州得尔达物流（苏州）	国企	交通运输/仓储/邮政	海运、陆运、空运进出口货物	1200.7
4	华为终端公司（东莞）	外商投资企业法人独资	电子信息	通信及电子产品/计算机	1154.4
5	昌硕科技（上海）	外国法人独资	电子信息	卫星通信系统设备、导航定位设备/关键零部件制造/手机	1040.9
6	达功电脑（上海）	台港澳法人独资	电子信息行业	主机板、微型计算机、高档服务器	997.7
7	美光半导体（西安）	外商合资	电子信息	单片式集成电路产品/光电产品、半导体及元部件	965.5
8	名硕电脑（苏州）	民企	电子信息	通信设备/电脑软硬件、计算机	853.4
9	华为技术公司（深圳）	民企	电子信息	程控交换机、传输设备、数据通信设备	819.7
10	鸿富锦精密电子（成都）	外商投资企业法人独资	电子信息	电子产品/便携式微型计算机/新型平板显示器	780.0
11	达丰电脑（重庆）	台港澳法人独资	电子信息	电子计算机整机/外部设备（主机板、显示设备、存储设备等）	721.5
12	中国国际石油化工联合公司（北京）	国企	石油化工	石油及相关产品	619.2
13	世硕电子（昆山）	外国法人独资	电子信息	卫星导航定位接收设备及关键零部件制造，手机及其零配件	610.7

续表

序号	公司	企业性质	所属行业	主要产品	金额
14	英特尔产品（成都）	外资	电子信息	微电子和半导体产品及半成品	588.4
15	惠州三星电子（惠州）	中外合资	电子信息	生产镭射影音系列产品（CD、LD、VCD、DVD）、镭射机芯产品	579.3
16	中国联合石油（北京）	国企	石油化工	原油、天然气、石脑油	548.3
17	戴尔贸易（昆山）	外国法人独资	电子信息	计算机、电子产品、数据处理产品批发	545.6
18	富士康精密电子（太原）	台港澳与境内合资	电子信息	新型电子元器件、移动通信系统及数字集群系统设备	474.6
19	英业达（重庆）	外国法人独资	电子信息	软件开发，信息系统集成服务，信息技术咨询服务	447.5
20	戴尔（成都）	外国法人独资	电子信息	研发、制造计算机产品和其他电子产品	387.6

资料来源：各公司官网及作者整理。

此外，以国内上市公司为代表的部分中国科技企业嵌入全球价值链，并没有直接表现为出口形式，而是直接服务于跨国公司在国内的加工组装企业。如表12-5所示，较多国内上市公司在诸多结构件、功能器件的模块参与苹果价值链。

表12-5　　　　　　　　部分国内企业参与苹果价值链的情况

股票代码	公司名称	供应产品	所属大件
000725	京东方A	显示屏	显示面板
600584	长电科技	芯片封测	半导体元器件
002456	欧菲光	光电薄膜元器件	摄像头模组
603501	豪威科技	图像传感芯片	摄像头模组
02018	瑞声科技	扬声器	功能器件

续表

股票代码	公司名称	供应产品	所属大件
002241	歌尔股份	声学器件	功能器件
300032	金龙机电	线性马达	功能器件
300136	信维通信	移动终端天线	功能器件
002635	安洁科技	功能性器件	功能器件
未上市	易力声	耳机	功能器件
未上市	伯恩光学	玻璃盖板	结构件
002594	比亚迪	电池	结构件
未上市	宏明双新	精密组件	结构件
000823	超声印制板	印制板	结构件
603328	依顿电子	PCB	结构件
603626	科森科技	精密组件	结构件
300433	蓝思科技	包装服务	结构件
002475	立讯精密	连接	结构件

资料来源：苹果公司、国泰君安数据及作者整理。

特征三：在电子信息等代表性产业中，中国主要以外资企业和部分国内上市公司参与全球价值链。

电子信息产业价值链中参与主体大多数是外资企业，仅有少量国内上市公司参与。表 12-4 显示，在中国出口前 20 强的企业中，大多数都是外资企业。表 12-5 表明，国内企业则以直接服务于跨国公司在中国的加工组装企业嵌入全球价值链，并没有表现出直接出口的形式。

二、中美贸易摩擦背景下产业风险的主要表现形式

在上述三大特征下，中美贸易摩擦背景下产业安全的主要风险体现为两点：第一，产业链若干环节对国外厂商的依赖性和不可替代性，导致产业链安全受到影响；第二，投入品和市场两头在外的模式，导致产业向外转移和国内产业的空心化。

（一）对产业链安全的影响

发达国家和跨国公司通过限制高科技产品向中国出口的方式阻止中国产业

升级和科技创新，这一状况由来已久，在中美贸易摩擦的背景下风险更加明显。

1. 美国利用盟国管控机制对产业链限制

其中，最具代表性的是《瓦森纳协定》，又称瓦森纳安排机制，它是世界主要的工业设备和武器制造国在巴黎统筹委员会解散后于 1996 年成立的一个旨在控制常规武器和高新技术贸易的国际性组织。《瓦森纳协定》拥有 33 个成员国，其中，17 个曾是"巴统"组织的成员国。《瓦森纳协定》虽然允许成员国在自愿的基础上对各自的技术出口实施控制，但实际上成员国在重要的技术出口决策上受到美国的影响。

这一协议以防止武器扩散的名义，制定了军民两用商品和技术出口控制的清单，涵盖了先进材料、材料处理、电子器件、计算机、电信与信息安全、传感与激光、导航与航空电子仪器、船舶与海事设备等，除了在中美高技术合作方面，美国总是以全球安全战略为借口，严格限制高技术向我国出口，《瓦森纳协议》由于受到美国的主导，严重影响着我国与其成员国之间开展的高技术国际合作。欧盟及其成员国在高科技方面会受制于美国，《瓦森纳协议》也是欧美共同战略利益和政治理念的鲜明体现，目前，欧盟 27 个成员国中已有 21 个签署了《瓦森纳协定》。早在 2006 年，我国与意大利阿莱尼亚空间公司曾签署了发射意大利卫星的合作协议，但由于美国的干预，意大利不惜经济和信誉损失而最终取消了合作协议。欧盟理事会在 2000 年通过了《1334 号法令》，将《瓦森纳协定》的机制贯彻到欧盟高科技出口贸易方面，《1334 号法令》确定的控制出口清单同《瓦森纳协定》没有本质区别。中国半导体产业实施赶超战略，其中一个重要原因是在产业链上的关键装备进行限制。国内企业在国际市场采购设备都先后遭遇到了"瓦森纳协定"的限制，使得中国半导体设备制造业同国际先进水平还有 2 ~ 3 代的差距，落后国际先进水平 5 ~ 10 年左右。

2. 美国利用国内法令对产业链限制

中美贸易摩擦有从关税战演化到科技战的风险。2018 年 4 月 16 日，美国商务部援引美国国内法《伊朗交易与制裁条例》禁止内含美国制造的受限类配件和软件产品出口到伊朗的规定，公告 7 年内禁止美国企业与中兴通讯开展任何业务往来，实质就是供应链的禁运。后经过四个月谈判，以美国"合规员"入驻中兴、4 亿美元的保证金、14 亿美元的罚款、更换全部董事会成员、接受 BIS 为期十年的新拒绝令的代价，换取美国商务部暂时、部分解除对中兴通讯公司的出口禁售令。[①]

在市场进入方面，其实早在 2012 年美国以国家安全为由要求美国电信公司不与华为合作，也正是因为 AT&T 终止与华为的合作的原因，导致华为手机难以打开美国市场。中美经贸摩擦以来，较为代表性的是时任美国总统特朗普 2018 年 8 月份签署的《2019 财年国防授权法案》，禁止所有美国政府机构从华为购买设备和服务，还禁止美国政府机构与华为的客户签署合同或向其提供资助和贷款。

特朗普 2019 年 5 月签署了一项名为《保障信息与通信技术及服务供应链安全》的行政令，将禁止美国企业使用"外国对手"提供的电信网络设备和服务，这项事实上针对华为的行政令将限制措施深入供应链环节。这项命令后不久，美国商务部直接点名华为并宣布，将华为及其关联企业加入商务部产业安全局的"实体名单"。按照规定将制定审查此类交易的程序，被列入"实体名单"的公司或个人日后如果得不到美国政府的批准，将无法向美国企业购买元器件。当前美国在全球范围对华为 5G 业务设置障碍，华为的发展面临着前所未有的困难，正在多个领域提出"备胎"进行全面应对。这既说明华为对供应链风险防范的预见性及其已经具有参与国际竞争的科技实力，同时也说明中国科技型跨国公司的崛起需要直面产业链中断的风险。

在当前逆全球化抬头的环境下，因为政治和意识形态的原因，将限制高科技投入品作为经济冲突武器的情况更加广泛。即使是均属美国盟国的日本、韩国，也因为日本对韩国限制销售氟化聚酰亚胺、光刻胶、氟化氢等半导体材料而引起巨大纷争，导致韩国下游的半导体行业停顿的风险，中国作为正在崛起的大国更加面临既有西方大国的高科技限制。

3. 跨国公司形成资本联盟对产业链限制

产业链当中的若干企业会通过股权等资本合作建立联盟。在芯片行业中，荷兰企业阿斯麦（ASML）是生产芯片设备光刻机的垄断企业，其股权结构及其上下游关系很具有特殊性。第一，阿斯麦公司的股权结构在原则上只有投资阿斯麦才能够获得优先供货权，意思就是要求他自己的客户要先投资自己才行。这样特殊的合作模式使得阿斯麦获得了大量的资金，包括英特尔、三星、台积电、海力士都在阿斯麦中有相当可观的股份。第二，光刻机的关键零部件是光学部件，阿斯麦投资了在光刻中起到关键作用的光学设备企业卡尔蔡司

[①] 《重磅！中兴与美国达成新和解协议，罚款 14 亿美元且高层改组，未来 10 年受美国"即时监控"》，搜狐网，2018 年 6 月 8 日。

（Carl Zeiss）24.9％股权。由此，阿斯麦与其上下游形成牢固战略同盟，芯片产业中的巨头形成强大的资本联盟控制整个产业链。

阿斯麦年报数据显示，一方面，阿斯麦在光刻机行业市场占有率达到80％以上，形成绝对市场垄断，一台新型的设备售价高达一亿美元以上；另一方面，因为阿斯麦仅主要向现有作为股东的厂商供货，对芯片制造环节的新进入厂商形成巨大障碍。数家中国企业希望在芯片制造环节突破都受限于光刻机，中芯国际目前第一台光刻机还在采购中，仍未成功。其中一部分原因是《瓦森纳协定》，另一部分的原因则来自强大的资本联盟，按照阿斯麦的解释，三星、英特尔、台积电这三家厂商的投资阿斯麦合作，加快研发脚步，早期资本做了很多技术准备，因此，在新机台推出时能优先地用到设备，阿斯麦需要按照订单排期。①

4. 跨国公司价格垄断攫取产业链大部分利润

当本土产业缺乏控制力时，跨国公司就将进行垄断性定价，国内厂商和消费者被迫接受垄断价格，福利受到损失。比如，高通搭建了一个交叉许可的专利平台，所有相关专利都被高通整合，高通收取不公平的高价专利许可费。手机行业是净利润并不高的行业，高通的专利许可费用高达售价的5％。与此同时，高通对三星、诺基亚等公司的许可费标准远远低于中国手机厂商，进行歧视性定价。中国是手机生产的大国，但是整个行业的利润微薄，Counterpoint于2019年4月发布的市场调研报告显示，2018年，苹果以2.1亿部的销量拿走整个手机行业73.3％的利润，三星以2.9亿部的销量拿走13％的利润，而包括华为在内的整个中国手机厂商一共才拿到了13％的利润，而华为、小米的销售量超过了3亿部。

（二）以华为案例说明产业链的风险

我们以华为的案例说明当前电子信息产业的产业链风险。

1. 手机产业链

一方面，从手机业务的产业链可以看出，华为对部分关键零部件已经具备了一定的自主可控能力。对在市场竞争愈发激烈的情况下，华为手机业务之所以能够实现跨越式发展，很大程度上来自于它的"芯"优势。从华为P30的BOM表（见表12－6）可以看出，华为P30的芯片总成本为127.78美元，其

---

① 黄晶晶：《光刻机霸主ASML回应"先进设备不卖给中国"的传闻》，国际电子商情，2018年10月8日。

中，国产芯片为 73.2 美元，占比高达 57.3%；华为的自主芯片在 CPU、基带、Wi-Fi、射频收发器、电源管理等关键芯片上都实现了国产自主供给。

表 12-6　　　　　　　华为 P30 芯片及各芯片对应价格　　　　　单位：美元

厂商名称	元器件型号	芯片功能	总价
海思半导体	Hi6405	音频解码器	1.60
意法半导体	—	指纹控制器	0.30
思智浦半导体	PN80T	NFC 控制器	0.80
海思半导体	Hi1103	Wi-Fi/蓝牙/GPS/FM Rideo	4.00
SK 海力士	H28S70302BMR	64GB 内存	10.00
美光	—	8GB 闪存	38.00
海思半导体	Hi6526	—	0.20
意法半导体	LSM6DSL	6 轴加速度计 + 陀螺仪	0.50
RFMD	RF8129	射频电源管理	0.30
海思半导体	Hi3680	麒麟 980 处理器/基带处理器	60.00
—	AAC	麦克风	0.20
海思半导体	Hi6421	电源管理	1.80
海思半导体	Hi6363	射频收发器	4.00
海思半导体	HiH01s	低噪声放大器	0.40
百富勤半导体	—	射频	0.20
QORVO	—	前端模块	1.50
QORVO	—	前端模块	1.50
海思半导体	Hi6H02s	低噪声放大器	0.20
Intersl	ISL91110	降压 - 升压稳压器	0.03
海思半导体	Hi6422	电源管理	0.50
海思半导体	Hi6422	电源管理	0.50
AKM	—	3 轴电子罗盘	0.25
意法半导体	—	激光 AF 传感器	0.50
—	—	色温传感器	0.50

资料来源：Wind 数据库及西南证券。

但是，在射频模块、模拟器件、存储芯片领域仍依赖国外的 IC 芯片。从

表 12-6可以看出，只有在芯片封测、摄像头芯片等在集成电路产业中对技术水平要求相对低、向中国产业转移趋势比较明显的环节实现了基本替代，大部分环节国内企业只能在低端产品占有一席之地。比如，在移动存储这一半导体下游运用最为广泛的领域，华为的核心零部件主要依靠韩国、美国等厂商进口，如表 12-7 所示。存储芯片是除了处理器之外价格最高的零部件，华为主要采用美国美光、韩国海力士等产品。存储芯片是半导体芯片下游应用最广泛的环节，中国 2018 年从韩国进口存储芯片，这是中韩之间的贸易逆差的主要来源。

表 12-7　　　　　　　　**华为产业链核心零部件的国产化替代程度**

核心环节	部件	公司名称	国家或地区	国内供应商或其他潜在供应商	国产化替代进度
核心芯片	AP	华为海思	中国	紫光展锐、联芯	基本替代
	CPU	Intel/AMD	美国	海思麒麟	部分替代
	基带芯片/部分专利	高通/海思	中国	联发科、海思巴龙	基本替代
	GPU	英伟达/AMD	美国	海思麒麟	部分低端替代
	FPGA	赛灵思/Intel	美国	紫光国徽/复旦微电子/高云	部分低端替代
	DSP	TI	美国	海思/圣邦股份/华睿/进芯电子	部分低端替代
	模拟器件	Dialog/高通/博通/英飞凌/ADI/安森美/Marvell	美国、欧洲	圣邦股份、全志科技、瑞芯微、华大、闻泰（安世）	部分低端替代
	射频芯片	博通/Qorvo/Skyworks	美国	唯捷创芯、慧智微电子、汉天下、三安光电	部分低端替代
	存储芯片	美光/三星/海力士	美国、韩国	兆易创新、北京夕成、合肥长鑫、长江存储	暂无法满足需求
	SSD/HDD/HHD	希捷/西部数据	美国	东芝、富士通、紫光	部分低端替代
	摄像头芯片	Sony	日本	韦尔股份	基本替代
	触控芯片	新思	美国	汇项科技	基本替代
	指纹识别芯片	FPC/神盾	美国	汇项科技/思立微	基本替代

续表

核心环节	部件	公司名称	国家或地区	国内供应商或其他潜在供应商	国产化替代进度
设计软件	EDA 软件	Cadence/Synopsys/Mentor	美国	华大九天、概伦电子、芯禾科技	暂无法满足需求
	Windows	微软	美国	无	无法替代
	Android	开源（GMS 由 Google 授权）	美国	华为自研	基本替代
制造及封测	芯片制造	台积电	中国台湾	中芯国际	部分低端替代
	封装测试	日月光	中国台湾	长电科技、华天科技、通富微电	基本替代

资料来源：集微网、华为官网、国信证券经济研究所及作者整理。

2. 光通信产品和基站产品产业链

相对于作为消费品的手机来说，华为的光通信产品和基站产品需要的核心零部件更多，技术壁垒和附加值高的部分更加被国外厂商所垄断，除了 PCB、光棒光纤、基站天线等产品能够基本实现国产化之外，在若干重要环节的国产化能力低于5%。

如表 12-8 所示，从华为移动基站产品核心供应厂商看，一是 FPGA 主要由 Intel、赛灵思供应；DSP 由德州仪器、亚诺德和日本电器等供应；CPU 主要供应商是Intel、AMD、华为海思。二是 AD/DA 芯片、PLL（锁相环）供应主要来自亚诺德和德州仪器，且国内厂商几乎没有替代。三是射频相关器件如 PA 芯片主要有恩智浦、英飞凌、住友等；滤波器，国内厂商可以覆盖低端产品，高端产品主要来自博通等。四是高频高速覆铜板主要以罗杰斯及松下为主，国内厂商如深南电路、沪电股份、方正、生益电子等慢慢开始增长。五是在如 PCB、基站天线、滤波器等相对低端领域，则可以完全由国内厂商提供。

从光通信产品核心供应厂商看，一是光模块供应商有 Finisar、Oclaro、Acacia 等，国内厂商如中际旭创、光迅科技等；光芯片主要有三菱、住友、博通 Oclaro 等；电芯片供应商有 Inphi、Macom、美信、Semtech 等；华为海思、中兴也可以提供光芯片、电芯片及光复用芯片。总体来说，在25G 以下的光组件产品中国内厂商竞争力较强，在25G 以上的产品上竞争力相对较弱。

表 12 - 8 华为通信基站和光通信产品零部件供应商

零部件	主要公司	中国地区营收占比	国产化率	国内厂商
FPGA/CPLD	赛灵思（Xilinx）、Intel（收购 Altera）	赛灵思（26%）/Intel（27%，Altera 被收购前中国地区占其营收比 30% 以上）	<1%	紫光国微、高云半导体、AGM、安路科技、华为海思
CPU	华为海思、Intel、AMD 等	Intel（27%）、AMD（39%）	<5%	华为海思、兆芯、海光等
DSP	亚诺德（ADI）、德州仪器（TI）、日本电器等	ADI（20%）、TI（44%）	0%	中电科 14 所
PLL（锁相环）	亚诺德（ADI）、德州仪器（TI）、Skyworks 等	ADI（20%）、TI（44%）、Skyworks（24%）	0%	无
AD/DA 芯片	亚诺德（ADI）、德州仪器（TI）、意法半导体等	ADI（20%）、TI（44%）、	<5%	振芯科技、苏州云芯、圣邦股份等
PA 芯片	恩智浦（NXP）、住友、英飞凌等	恩智浦（36%）	<5%	安普隆、中国电科
滤波器	博通/灿勤科技/武汉凡谷/东山精密/世嘉科技/佳利电子	博通（49%）	约 95%	灿勤科技、武汉凡谷、东山精密、世嘉科技、佳利电子
基站天线	华为/世嘉科技/通宇通讯/京信通信		约 95%	华为、世嘉科技、通宇通讯、京信通信
PCB	深南电路/沪电股份/华通/生益科技等		约 80%	深南电路、沪电股份、方正、生益科技
高频高速覆铜板	罗杰斯/日本松下	罗杰斯（49%）	约 20%	深南电路/沪电股份/方正/生益科技
光模块	光迅科技、中际旭创、新易盛、Oclaro、Finisar、Acacia	Finisar（21%）	约 20%	光迅科技/新易盛/中际旭创/华工正源/海信宽带等

续表

零部件	主要公司	中国地区营收占比	国产化率	国内厂商
光芯片	三菱、住友、博通、Oclaro、新飞通	博通（49%）、Oclaro（12%）	约50%	光迅科技/海思、中兴等
电芯片	Inphi、Macom、美信、Semtech、中兴、海思等	Inphi（39%）/Macom（28%）、美信（36%）、Semtech（55%）	约10%	飞昂通讯、海思、厦门优讯、中兴、烽火通信等
光交换芯片/光复用芯片	博通、海思、中兴微等	博通（49%）	约10%	盛科网络、中兴微、海思
PON芯片	博通/Finisar/光迅科技/海思/中兴/仕佳科技	博通（49%）、Finisar（21%）	约30%	光迅科技、海思、中兴等
光棒光纤光缆	康宁/长飞/亨通光电/中天科技/信越	康宁（63%）	约90%	康宁、长飞、亨通光电、中天科技、信越

资料来源：集微网、华为官网、国信证券经济研究所及作者整理。

二是PON芯片供应商主要有博通、Finisar、光迅科技、海思、中兴等，国内厂商基本可以完成替代。三是光棒光纤光缆上供应商以国内厂商为主，如康宁、长飞、亨通光电、中天科技、信越等。

（三）对产业转移的影响

1. 向东南亚产业转移的产业特征

中美贸易摩擦对产业安全的一个重要风险是产业转移造成国内产业的空心化。以电子信息为代表的两头在外的加工贸易模式，既对关税成本非常敏感，又担心美国对关键零部件进口进行限制。出于这两者原因的考虑，在中美贸易摩擦的背景下，以电子信息加工环节为代表的企业有动力开始向越南等东南亚国家转移，而这些产业原本是我国东部地区嵌入全球价值链的代表性产业。

以上市公司为例，2005年到2019年10月，共219家A股上市企业公告了对东南亚八国的相关投资，投资领域集中在制造业（见图12-1）。其中，主要包括轻工制造和包装造纸、基础化工及废旧处理、电力及公用事业、纺织服装、家电、电子元器件、通讯、传媒、通信设备、机械生产制造等，占比超过70%，表现出劳动密集型和其他类型工业并重的结构特点。可以看出，A股上市公司对越南投资的案例尤其抢眼。图12-2进一步反映了中国A股上市公司历年对越南投资的产业迁移变化，呈现出较明显的特征：A股公司在越南投资数量逐年增加，居前行业从纺织服装逐步转为机械、家电、基础化工，近年来转为电子元器件、轻工制造等行业。

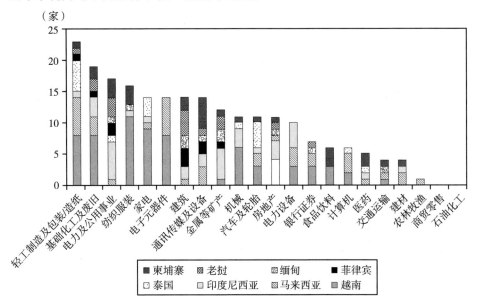

图 12 - 1　2005 年以来中国 A 股上市公司对外投资公告情况

资料来源：Wind 数据库，并经作者整理得到。

平安证券发布的《宏观专题报告：详解美国2500亿加征关税清单》依据 United States Census Bureau 的数据，分析中美贸易摩擦关税对产业的影响，加征 10% ~ 25% 关税的 2500 亿美元商品最主要分布于电话通信设备（9.8%）、计算机自动数据处理等设备零附件（6.3%）、车辆及零附件（5.7%）、家具（4.3%）、坐具及零件（4.0%）、自动数据处理设备、数据记录机器等（3.8%）、塑料及制品（3.5%）、钢铁制品（3.5%）、皮革制品等（3.0%）。这些领域是美国加征关税影响较为突出的领域，与近年来中国对越南产业转移的特征呈现出一定的同步性（见图12-2）。

2. 中美贸易摩擦背景下制造业产业转移到个案分析

根据上市公司公告，2019 年共有 21 家制造业的 A 股上市公司公告了对越南的投资，在投资方式上，包括新设子公司、增资、并购、子公司增加融资担保等。从上市公司公告，我们对上述个案总结以下特征（见表12-9）。

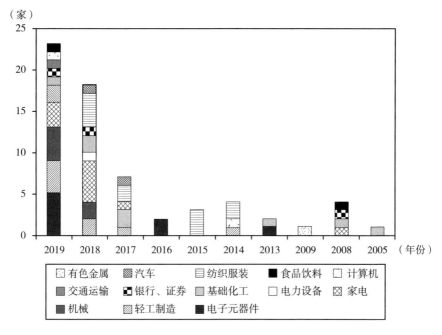

图 12 - 2　2005 年以来中国 A 股上市公司对越南投资历年行业变化

资料来源：Wind 数据库，并经作者整理得到。

表 12 - 9　　　　　　　　2019 年中国向越南制造业转移个案分析

上市公司公告的投资动机	公司名称	主营产品	HS 行业分类	总营收/美国或海外占比	关税税率（%）
拓展海外市场	道森股份	油气钻采设备	核反应堆、锅炉、机械器具及零件	9.76 亿元/44.80%（美国）	25
	隆鑫通用	发动机、农林业机械及小型发电机	电机、电气、音像设备及其零件	48.61 亿元/60.41%	25
	歌尔股份	耳机、电话会议系统、路由器	电子元器件	135.76 亿元/76.36%	25
	兴瑞科技	机顶盒精密注塑外壳零组件及汽车电子连接器	电子元器件	5.05 亿元/38.06%	25
	鼎捷软件	生产企业管理软件	计算机自动设备数据处理等设备	6.57 亿元/57.38%	25
	新通联	包装	塑料及其制品	6.51 亿元/5.68%	25

续表

上市公司公告的投资动机	公司名称	主营产品	HS行业分类	总营收/美国或海外占比	关税税率（%）
拓展海外市场	方正电机	电动工具类马达及组件；家用电器类马达及组件	家具、家电及制品	5.08亿元/29.31%	25
	山东威达	钻夹头及配件、粉末冶金制品、精密铸造制品、电动工具及配件	核反应堆、锅炉、机械器具及零件	7.28亿元/33.64%（美国）	25
	佩蒂股份	宠物食品	食品工业废料，饲料	4.02亿元/86.19%（美国）	25
	大连重工	机械设备进出口以及代理进出口	核反应堆、锅炉、机械器具及零件	27.42亿元/16.49%	25
直接规避关税和汇率风险	奋达科技	消费电子类产品	电子元器件	14.84亿元/25.81%（美国）	25
	智莱科技	智能储物柜生产	电机、电气、音像设备及其零件	5.30亿元/42.63%（美国）	25
	科士达	UPS不间断电源、制冷空调设备	核反应堆、锅炉、机械器具及零件	9.87亿元/53.92%	25
	中材国际	玻璃纤维、复合材料、过滤材料、矿物棉	石棉、玻璃、陶瓷及其制品	112.89亿元/73.51%	25
	永艺股份	家具及配件	家具、家电及制品	24.02亿元/76.15%（美国）	25
	和而泰	家庭用品智能控制器	家具、家电及制品	17.40亿元/71.48%	25
	纽威股份	石油工业的阀门，井口装置及其零配件	核反应堆、锅炉、机械器具及零件	27.67亿元/60.72%（美国）	25
	鸣志电器	混合式步进电机	电机、电气、音像设备及其零件	9.76亿元——	25

续表

上市公司公告的投资动机	公司名称	主营产品	HS 行业分类	总营收/美国或海外占比	关税税率（%）
降低要素成本和税费	硕贝德	无线通信终端天线及通信产品配件	电子元器件	8.03 亿元——	25
	春光科技	清洁电器软管及配件产品	电子元器件	2.39 亿元/34.80%	25
	裕同科技	包装	塑料及其制品	36.84 亿元/52.33%	25

注：（1）部分商品于 2018 年 9 月 24 日开始加征 10%，2019 年 5 月 10 日升级为 25%。美国对中国 340 亿美元、160 亿美元、2000 亿美元原计划 2019 年 10 月 15 日加征率上调为 30%，现已暂停上调，维持加征 25%。（2）指标：总营收代表企业在全球范围内营业收入、美国或海外占比指来自美国或海外出口收入占总营收比例，数据来自 2019 年半年度报，未公布则用 2018 年报。（3）投资动机参考公司年报和对外投资公告。（4）海外营收主要来自美国的有：道森股份、智莱科技（境外客户集中在北美和欧洲）、奋达科技（美洲地区）、永艺股份（出口美国占比高）、山东威达（境外客户集中在北美和欧洲）、佩蒂股份（美国市场占比高）、纽威股份（美国市场占比高）。

资料来源：Wind 数据库、公司官网、United States Census Bureau，同花顺。

第一，从投资行业看，根据中美贸易产品 HS 口径分类，这些企业从事的领域均是中美 2500 亿元商品规模里征税的重点行业，均属于 2019 年 5 月美国征收关税提升到 25% 的范畴。

第二，我们梳理了表 12-9 中 21 家制造业上市公司公告的投资动机，主要可以分为三类：拓展海外市场、直接规避关税和汇率风险、降低要素成本和税费。应该说，前两者因素均与中美贸易摩擦相关。从具体公告看，代表性企业主要有奋达科技（公司外销占比较高，贸易环境恶化给经营带来困扰）、永艺股份（积极布局越南和罗马尼亚生产基地，应对中美贸易风险）、佩蒂股份（布局国外生产基地，降低中美贸易争端的关税不利影响）、硕贝德（美国关税的加征和对中国龙头企业的制裁，对公司业务产生了不利的影响）、鸣志电器（将加快推进东南亚的产能扩张，通过全球化工厂布局应对贸易风险）、和而泰（加快越南工业园建设，减少和规避贸易风险及汇率波动影响）、裕同科技（布局越南、印度和印度尼西亚多个生产基地，有效应对贸易摩擦）、纽威股份（公司全部阀门产品已在加征关税的清单中，影响公司对美销售收入及利润）等。以拓展海外市场为投资动机的公司，也有相当一部分受贸易摩擦导致产业链转移的影响①，如兴瑞科技（关税清单冲击公司下游产业链客户，部分产业链转移至东南亚，为服务客户公司积极布局新加坡及越南海外制造基地）。

第三，从海外销售收入主要来源地分析，美国市场占比高的有：道森股份（44.80%）、智莱科技（42.63%）（境外客户集中在北美和欧洲）、奋达科技（25.81%）（美国市场占比高）、永艺股份（76.15%）（出口美国占比高）、山东威达（33.64%）（美国市场占比高，其他境外客户集中在北美和欧洲）、佩蒂股份（86.19%）（美国市场占比高）、纽威股份（60.72%）（美国市场占比高），这些公司受贸易摩擦关税影响较大，同时从业务模式看，这些企业具有较显著的加工贸易特征。

第四，从这 21 家制造业上市公司的行业分布来看，涉及家具、塑料、建材、饲料等传统产业的有 5 家，其余 16 家主要涉及电子元器件、电机、电气、机械工具等具有一定科技含量的代工型行业。这印证了在中美贸易摩擦的背景下，产业转移从传统产业为主，逐渐转向信息技术为代表的代工企业为主。

第 3 节　增强产业安全度：基于机会窗口的产业赶超视角与国际经验

提升我国产业的安全度，在中长期根本上是要在关键产业、关键环节逐步接近国际先进水平。我国高科技产业整体上呈现"大而不强"的特征，后发工业化国家和地区日本、韩国、中国台湾等在跨入现代化的过程中，曾经实现过在电子信息等关键产业的部分领域赶超欧美国家的经历，其中的经验教训值得借鉴。

一、产业赶超的理论

格辛克隆（Gerschenkron，1962）较早采用"后发追赶"理念研究 19 世纪欧洲工业化资本密集行业追赶过程。佩雷斯和索伊特（Perez & Soete，1988）首次引入了"机会窗口"的概念拓展了格辛克隆的分析框架，提出技术变革的跳跃性，或者说不连续性，能降低工业化后发经济体进入新行业

---

① 部分企业受贸易摩擦影响将产业转移至东南亚，其中，更核心影响因素是上下游产业链转移。目前，规避贸易关税手段多样，可采取"转口贸易"模式，通过深圳转马来西亚，单个转运柜子货物价值 10 万美金，增加成本仅比直航多 2000 美金，相比加征 25% 关税影响不大。但上下游产业链转移引致的其他成本（营销成本、运输成本）难以规避，诱发企业跟随转移。资料源自深圳升宝国际货运代理有限公司。

的壁垒，即带来技术追赶的机会窗口。信（Shin，1996）基于"机会窗口"角度，构建了一个包含美、日、韩三国发展水平和竞争程度差异等一般因素的模型，同时，考虑制度、技术等随时间变化的历史元素，并从行业层面系统分析了 20 世纪半导体和钢铁行业的追赶差异。此外，学者提出了历史友好型模型（Garavaglia，2010；Malerba et al.，2016），技术窗口的"大小"以及领导者和后来者行为模式的不同显著影响追赶动力和结果。众多学者在具体行业的领导者追赶的研究中进一步拓展了"机会窗口"的理念，如葡萄酒行业（Morrison & Rabellotti，2017）、移动电话行业、半导体芯片行业（Shin，2017）等。其中，李和马莱尔巴（Lee & Malerba，2017）的研究体现了较强的综合性，突破了佩雷斯和索伊特（Perez & Soete，1988）"技术变革机会窗口"的概念，在持续追赶周期中，挖掘了三种不同的机会窗口：技术、需求和制度窗口。

第一，技术窗口。行业新技术变革和发展带来的追赶机会定义为"技术窗口"，对于后来者来说，它可能扩大或缩小追赶的机会，这取决于实际发生的技术变革情况。如在佩雷斯和索伊特（1988）研究基础上，兰登等（Landin et al.，2017）发现，技术不连续对现有市场和能力的突破程度，以及领导者和后来者对机遇窗口的反应，会导致技术驱动的机会窗口"大小"存在差异。

第二，需求窗口。需求窗口代表国内外市场出现的新型需求带来的机会，且需求的实际变化会扩大或缩小追赶机会。如 20 世纪 90 年代，移动电子产品领域，包括移动通信手机和设备产业的兴起，为韩国三星半导体赶超提供巨大商机。其中，闪存市场从 1995 年的 18 亿美元（占存储器市场的 3.5%）[1]增长到 2005 年的 186 亿美元（占 38.3%）[2]，呈指数级增长。2013 年，三星的闪存 NAND 超过了 DRAM 市场的规模，达到 333 亿美元（49.7%），为半导体部门成长为"移动解决方案的全面创造者"奠定了基础。

第三，制度窗口。学者将公共干预行业的变化或广泛制度条件（包括某些宏观变量）的变化创造的机会定义为"追赶的制度窗口"，这取决于政府部分政策的变化方向。三星的内存业务曾经连续 7 年亏损，在最为困难的时期，主要是依靠集团内部和政府产业政策的扶持。产业政策对资本密集度和财务风险较高的长期项目表现出强大"耐心"和"决心"，为后进入者在行业困难的情况下继续大举投资，提高生产和研发能力创造了关键条件，才避免了三星倒闭。

---

[1] 《1967 年至今，闪存的发展史》，存储在线网，2019 年 8 月 9 日。
[2] 《05 年闪存市场 NAND 型增长迅速 NOR 走下坡路》，新浪，2006 年 3 月 30 日。

在一定程度上，机会窗口给领导者制造了竞争劣势，福斯特（Foster，1986）用S曲线模型推演技术的生命周期，包括技术萌芽期、成长期、成熟期、衰退期。新技术引入初始阶段的效益高于成熟阶段，领导者往往对现有技术和模式过度投资，造成路径依赖和核心刚性劣势①（Leonard，1992）。而对于后发者而言，机会窗口创造了竞争优势，新技术的传导降低了行业进入壁垒，而"需求窗口""制度窗口"创造了市场容量和试错空间。另外，机会窗口和后发者反应的交互作用则显著影响行业追赶效果（He & Mu，2012；Lee & Malerba，2017）。其中，后发者对不同机会窗口的反应决定了其能否有效利用"低成本"等后发比较优势（Shin，2017），实现赶超。

二、半导体存储行业追赶的案例

半导体内存芯片是半导体芯片和集成电路产业下游应用最广泛的领域。最早美国厂商是这个领域的领导者，20世纪80年代，日本企业实现了成功赶超；在90年代开始，韩国三星等代表性厂商，逐渐替代了日本同领域的企业，这个行业成为韩资占主导的产业。

表12-10简要归纳了在半导体内存产业日本和韩国厂商在不同时期抓住机会窗口成功实现追赶的经验，同时，也说明欧洲和中国台湾厂商在同一阶段虽然也具备一定的竞争力，但是，没有实现行业赶超的案例。

表12-10　　　　　　机会窗口与后发国家（地区）半导体行业的
追赶实践：内存芯片产业

芯片行业	机会窗口	关键因素	后发者反应和赶超战略	追赶结果
日本	技术窗口	"1K DRAM"技术流行，叠加硅含量提升带来技术变革需求	率先探索"1M DRAM"，成立"VLSI研究开发政策委员会"，探索超大规模集成电路（VLSI）的技术演进路径	芯片市场份额80%，成为行业领导者
	需求窗口	20世纪60至90年代，全球第一次硅含量提升周期，家用电脑普及，产生大量芯片需求	利用64K DRAM核心技术的科技红利，迅速抢占美国市场；使美企在全球半导体产业的占比从峰值的90%滑落到40%	

---

① 领导者依赖于现有的技术、管理实践、人力资源、市场与制度惯例，对于现有资源的过度投资使其产生路径依赖，造成领导者惰性或核心刚性的劣势。

续表

芯片行业	机会窗口	关键因素	后发者反应和赶超战略	追赶结果
日本	制度窗口	"官产学"的投研体系和"举国体制"的产业链配合	政府牵头"DRAM 制法革新""VLSI 技术研究所"项目；超 16 亿美金的资金支持，叠加税赋减免、低息贷款扶持；产业链上下游研发，实现 DRAM 国产化	芯片市场份额80%，成为行业领导者
韩国	技术窗口	美国扶持，DRAM 技术向后发国家传导，叠加核心技术转让	追随、学习到赶超。先开启韩国、美国联合投资，直接突破 16K 技术；再借助核心技术转让，叠加持续的有效研发投入，迅速增强半导体生产体系，实现自主研发	20 世纪 90 年代起，赶超日本，率先投放 64M RAM，成行业领导者
	需求窗口	第二、第三次全球硅周期带来 PC、笔记本、智能手机等市场红利	借助 1991 年《美日半导体协议》制约日本，抓住美国开放国内市场的机遇，迅速挤占日本在美份额；有效抓住了中国市场，提前布局，化解两次危机	
	制度窗口	军事化的财阀制度、韩版"官产学"体系	1986 年，韩国政府牵头，联合企业、高校，3 年重金 1.1 亿美金，突破了"4M DRAM"技术。1986 年，政府牵头"反周期投资"，持续资金支持韩国企业完善 DRAM 研发体系，缩短韩国、日本差距	
欧洲	技术窗口	早期借助收购获得技术，但后期缺乏持续研发投入	20 世纪 70 年代，通过收购美国公司，初步建立半导体工业体系；成立欧洲半导体三强：西门子、飞利浦、意法	2009 年，奇梦达破产后，产业一蹶不振
	需求窗口	未抓住前两次 DRAM 窗口，后期深度参与韩国、中国台湾之争，抓住中国台湾市场	在美国和日本、日本和韩国 DRAM 战争时期，欧洲处于边缘，而 90 年代始，欧洲深度参与第三次韩国和中国台湾半导体战争。西门子、英飞凌、奇梦达等抓住了中国台湾市场，但后期受制于中国台湾市场衰退	
	制度窗口	缺乏政府力量引导，企业自身主导研发	相对于美国、日本、韩国，缺乏强有力的"政府力量"牵头，仅企业自发进行重点项目研究；只有企业科技，缺乏政治、经济规划	

续表

芯片行业	机会窗口	关键因素	后发者反应和赶超战略	追赶结果
中国台湾	技术窗口	早期获美国、日本等新技术传播扶持，半导体工业迅速起步	1970～1980年，抓住早期技术窗口，突破64K DRAM技术，领先韩国的16K DRAM；但后期缺乏持续有效研发投入，丢失自主开发能力，变为代工	缺乏自主研发能力，产业规模持续下滑
	需求窗口	二次硅周期，借助美国、日本、欧洲合资，快速实现规模生产	1998～2009年，韩国和中国台湾半导体之争初期，韩国借二次硅周期和美国、日本、欧洲援助，迅速提升市场份额；但中国台湾厂商放弃中国大陆市场	
	制度窗口	早期重视研发工业体系建设，后期重短期效益，缺乏政府支持	1998年后，重短期经济利益，轻长期独立研发技术培养；2008年金融危机后，产业一蹶不振；2009年"DRAM产业再造方案"被否，产业整合失败	

资料来源：《国运之战：回顾半导体发达地区的兴衰成败（上篇）》，网易，2018年4月23日。

首先，"技术机会窗口"在半导体资本密集领域曾多次出现，芯片内存技术的频繁变革（从1K到16K、64K、256K、1M、4M、64M等）为后来者创造了绝佳的赶超机会窗口。后来者利用技术变革的不连续性，通过对新技术的持续投资，并借助"动态赶超战略"（Shin，2017；Lee & Lim，2001），实现行业领导者的更迭。类似韩国三星在"64K DRAM""256K DRAM""1M DRAM"等芯片技术上持续投资，并在"64M DRAM"产品上赶超日本。同时，兰登等（Landin et al.，2017）研究发现，激烈的技术不连续性往往给后来者创造了"追赶周期"的"技术窗口"（Lee & Malerba，2017；Abramovitz，1986），但领导者和后来者对机会窗口的反应，则显著影响追赶的结果。在美国、日本存储芯片的竞争中，日本抓住了硅周期加速带来的"技术变革窗口"，并通过政府力量牵头，持续投资进行技术创新，先后研发出256K DRAM，并实现规模量产，最终由追赶实现超越。

其次，市场周期或消费者偏好的变化（Mathews，2005）、制度改革或公共政策的变化（Guennif & Ramani，2012）往往带来追赶的"需求窗口"。在"美国、日本半导体之争"中，如1980年全球首次半导体硅含量提升周期[①]，

---

① 硅含量提升周期指的是诸多行业由于导入先进的电子信息技术引起产品对半导体需求增长。

大型机、小型机和家用电脑普及，美国家用电脑需求量从 4.8 万台暴增到 20
万台，产生大量的芯片需求，为 "64K DRAM" 领先的日本带来了占领美国市
场的 "需求窗口"。日企借助 "64K DRAM" 技术领先的科技红利，迅速抢占
美国市场，直至美国、日本半导体竞争后期，日本在全球半导体市场份额已占
80%。① 与此同时，"需求窗口" 的打开也带来了大规模生产提升研发能力和
改善产品性能的机遇（Lee & Mathews，2012；Jang-Sup Shin，2017），20 世纪
80 年代，美国向韩国开放国内市场创造的 "需求窗口"，为韩国三星在 "64M
DRAM" 产品上赶超日企提供重大助力。在 "需求窗口" 上，一方面，韩企
借助《美日半导体协议》牵制日本，同时抓住美国对韩国开放国内市场需求
的机遇，迅速挤占日本在美国的市场份额；另一方面，盯住了对芯片需求量逐
渐增大的中国市场，并率先启动布局②，有效地化解了 1997 年东南亚危机和
2008 年全球金融危机对半导体产业的冲击③。与此同时，政府力量牵头 "反周
期投资"，创造 "制度窗口"，持续提升核心技术研发能力。④ 终于在 90 年代
赶超日本，变成行业领导者。

最后，"制度窗口" 对追赶的影响同样显著（Malerba & Nelson，2012），
政府可以牵头影响国内行业发展的重要科研项目，也可以通过补贴、减税、资
金、出口支持等为本国行业发展创造了一种不对称的竞争环境（Kim & Lee，
2008；Malerba & Nelson，2012）。在半导体内存芯片行业的发展历程中，日本
和韩国都有很好的政策经验，如日本启动 "VLSI 研究项目" "DRAM 制法革
新项目"，又如韩国高效军事化的财阀制度，为 DRAM 研究提供资金支持等。
相对来说，欧洲除了早期积极反应外，并没有持续研发投入，或者注重短期效
益⑤，或缺乏政府力量牵头，最后丧失自主核心研发能力，逐渐在半导体领域
淡出市场。

事实上，"机会窗口" 在同一行业可能同时或依次出现（Lee et al.，2014），
而结合后发者对 "机会窗口" 的反应则往往决定了行业领导地位的改变。在
芯片行业，后发者对 "新技术创导" 和 "机会窗口" 的反应和把握往往决定
了行业赶超的结果。如当 "1K DRAM" 技术流行的时候，日企积极把握 "技

---

① 《国运之战：回顾半导体发达地区的兴衰成败（上篇）》，网易，2018 年 4 月 23 日。
② 《回顾中国十大并购事件（2003 年）：京东方收购韩国现代 TFT-LCD 业务》，一点资讯，2021
年 3 月 18 日。
③ 《半导体现状最全分析，机会在哪里？》，智通财经网，2019 年 1 月 13 日。
④ 《亮剑！国运之战：第四章》，雪球网，2019 年 11 月 10 日。
⑤ 《亮剑！国运之战：第五章》，雪球网，2019 年 11 月 11 日。

术窗口"，并制定赶超路径开启"1M DRAM"技术研发。在80年代后期，日本、韩国半导体之争，韩企抓住美英特尔和IBM提供的"技术窗口"、国内外经济扶植的"制度窗口"和美国开放国内市场的"需求窗口"，迅速提升了"64M DRAM"产品的市场占有率，赶超日企。所以，作为半导体芯片等行业的后发者，抓住市场"需求窗口"，争取和创造"制度窗口"，并在研发和生产中"内化外生技术"，是实现行业赶超的关键因素。

与日本、韩国在半导体赶超的实践不同，欧洲和中国台湾在内存芯片行业上，相对缺乏有效力量的引导和扶持。就中国台湾半导体行业而言，早期台湾有关当局在构建半导体工业体系尚起到重要作用，如1973年成立工研院①、1975年向美派遣留学生、1979年筹备联华电子公司建设晶圆厂等，为中国台湾半导体工业兴起打下基础，但这种"制度窗口"并没有很好延续。1998年，中国台湾DRAM产业景气后，缺乏主管部门统一指引，中国台湾企业重短期经济利益，轻自主研发能力，多靠"技术引进"，偏好产业并购和代理加工模式，弱化了DRAM独立开发能力。2008年金融危机后，中国台湾半导体产业遭受重创，加之2009年"DRAM产业再造方案"②整合失败，基本丧失"制度窗口"。事实上，中国台湾半导体产业早期获美国扶持，存在良好的"技术窗口"和"需求窗口"，其DRAM技术从"64K DRAM"起步，比"16K DRAM"起步的韩国有领先优势，但最后缺乏"制度窗口"的持续配合，没有相关主管部门牵头渡过宏观经济和行业周期的难关，错失了赶超机会。

与日本、韩国、中国台湾等国家（地区）不同，欧洲作为早先的发达市场经济体，半导体产业发展始终缺乏强有力的"政府力量"牵头，多靠企业自发进行重点项目研究，缺乏政治和经济规划带来的"制度窗口"扶持。而早期存在的"技术窗口"，多借助收购获得技术，初步建立半导体工业体系。如1970年打造了欧洲半导体三强——西门子、飞利浦、意法，后期均缺乏政府牵头的持续研发投入。"需求窗口"尚未抓住前两次DRAM产业窗口，而20世纪90年代开始，面对产业向东亚后发工业化国家转移趋势，欧洲深度参与韩国和中国台湾半导体内存产业竞争，试图通过向中国台湾转移技术对抗韩国厂商的快速崛起，但受制于中国台湾半导体产业衰退的拖累，在2009年奇梦达破产后，欧洲半导体内存产业失去全球竞争力。

---

① 《三十载生死搏杀，台湾芯片产业那些不为人知的故事！》，搜狐网，2017年8月15日。
② 《DRAM芯片战争，跨越40年的生死搏杀》，搜狐网，2017年8月21日。

第 4 节　基于赶超战略实现中国产业安全的战略对策

中国作为产业门类最为齐全的国家，面临的主要问题是关键产业、关键技术和关键零部件掌握在发达国家的跨国公司手中，严重影响我国产业安全。从根本上说，我们要在这些领域实施赶超战略，形成与国际水平抗衡的技术能力和产业能力。在政策实施过程中，尤其要利用超大规模经济体的优势、利用新型举国体制的优势，为我国在若干产业实施赶超战略创造条件和环境。

第一，在资本密集型的高科技产业中，要在萧条期加大政府支持企业进行投资和兼并收购的力度。在行业景气阶段，虽然由于市场需求高涨，市场的后进入者和低端产品供给者也能够获得订单，容易分到一杯羹、获得生存发展的机会。但是，行业内的利润主要是被领导者获得，这一阶段是行业内领导者创新活跃的阶段。中国企业作为大多数高科技行业的后进入者，追赶的重要机会是在行业萧条期，利用举国体制的优势一方面加大先进技术和设备的投资，另一方面加大对国际上处于经营不善但仍然具备优秀技术能力的企业进行兼并收购。

第二，充分利用产业技术创新不连续性的"技术窗口"实施"弯道超车"战略，确立国际性的领先地位。当前正处于金融危机后的科技革命前期，涌现出众多前所未有的新兴技术、产品和商业模式，表现为传统技术和产业的跳跃式发展，这为我们提供了直接切入的机会。这种"弯道超车"的机会是非常难得的。比如汽车行业，在传统汽车行业，中国通过"以市场换技术"的方式让合资企业成为中国市场的领导者，但是，核心技术仍然掌握在海外的跨国公司手中。在新能源汽车发展过程中，我们通过适当的产业政策选择符合中国实际情况的技术路线，努力进行"弯道超车"，目前成为电动汽车关键技术应用最为广泛的地区，在新能源电池等关键环节培育出宁德时代等国际主流企业，在一定程度上具备与松下、三星、LG 等国际一线厂商竞争的能力。目前，中国正在 5G 通信网络进行率先投资，从 4G 到 5G 意味着更强大的通信基础设施和更广泛的应用场景，也是我们在信息化领域前所未有的"弯道超车"机会。

第三，利用国内巨大的市场创造关键产业发展的"需求窗口"。中国利用超大规模市场提供"需求窗口"是实施追赶战略的重要优势，一方面，中国企业利用国内需求增长获得成长机会，这是实现赶超的重要条件；另一方面，市场效应吸引国际创新资源在中国集聚，有利于缩小技术差距。当前利用市场优势创造"需求窗口"尤其重视以下三点。一是放松管制创造需求。部分领域中国市场的优势尚未得到发挥,是因为在需求端存在一定的管制。比如低空飞行领域,开放低空管制将会对小型飞机产业产生巨大需求。二是平衡好新技术使用与安全之间的关系。比如,在人工智能与无人驾驶技术的应用方面应该尽快创造基础设施条件,在区块链技术与实体经济结合上尽快制定相关的法律法规,为新技术在中国的率先应用创造条件。三是加快军民融合,以民用产品需求推动军用技术成果转化。

第四,聚焦若干产业的核心,集中力量进行突破,利用"制度窗口"力争在产业上下游的重要环节与发达国家科技分庭抗礼。我们寻求国家产业链的安全,即使我们这样的大国经济,也不可能把产业链所有环节都实现国产替代。随着高科技产业分工的细化,涉及的产业链环节纷繁复杂,即使美国这样的超级科技强国,实现产业链的安全也不是依靠整个产业链的国产化。我们要在关键产业的关键产业链,集中若干环节进行突破。以半导体产业为例,整个产业链基本可以分为设备、材料、设计、制造四个大的部分,在设备和设计环节以美国企业领先,日本企业在材料环节占据国际优势,制造环节韩国和中国台湾企业最具有竞争力。但是,中国在集成电路前段和后段相关设备和材料公司有 30 多个,几乎所有的设备行业都有涵盖。[①]

第五,加强对国际治理规范的研究,为实施赶超战略赢得时间。以中兴事件为代表的案例,有部分原因是企业治理不够规范,在业务中没有足够重视和研究美国国内相关法规。一方面,发达国家政府对于企业合规的监管日益严格。比如,美国的反海外腐败法和英国的反贿赂法都加大了对企业违规的处罚力度。联合国全球契约组织、世界银行以及国际标准化组织等国际组织也在推动企业的诚信与合规经营。另一方面,美国以国内法为依据对相关主体进行限制和制裁,遏制中国高科技发展。无论哪种情况,在现阶段对于企业国际经营中涉及的法律规范,都需要辩证看待、充分研究,努力减少产业链上的冲突和风险。无论中国企业在国内发展,还是走向世界,都面临强化合规管理的新挑战,而政府相关部门则需要承担推进合规管理的新责任。

---

① 孙斌、隆洋:《中微半导体董事长尹志尧:芯片业靠全球集成的努力,一定要开门发展》,观察者网,2018 年 7 月 28 日。

参 考 文 献

［1］安同良、施浩、Ludovico、Alcorta：《中国制造业企业 R&D 行为模式的观测与实证——基于江苏省制造业企业问卷调查的实证分析》，载《经济研究》2006 年第 2 期。

［2］安同良、周绍东、皮建才：《R&D 补贴对中国企业自主创新的激励效应》，载《经济研究》2009 年第 10 期。

［3］白恩来、赵玉林：《战略性新兴产业发展的政策支持机制研究》，载《科学学研究》2018 年第 3 期。

［4］曹建海、邓菁：《补贴预期、模式选择与创新激励效果——来自战略性新兴产业的证据》，载《经济管理》2014 年第 8 期。

［5］陈俊、吴进：《企业创新绩效影响因素研究》，载《价值工程》2012 年第 31 期。

［6］陈林、朱卫平：《出口退税和创新补贴政策效应研究》，载《经济研究》2008 年第 11 期。

［7］陈文俊、彭有为、胡心怡：《战略性新兴产业政策是否提升了创新绩效》，载《科研管理》2020 年第 1 期。

［8］陈岩、张斌：《基于所有权视角的企业创新理论框架与体系》，载《经济学动态》2013 年第 9 期。

［9］程贵孙、张雍、芮明杰：《国有与民营企业发展战略性新兴产业相对效率研究——基于 2005—2011 年上市公司数据的实证分析》，载《当代财经》2013 年第 10 期。

［10］程贵孙、朱浩杰：《民营企业发展战略性新兴产业的市场绩效研究》，载《科学学与科学技术管理》2014 年第 1 期。

［11］程宇：《创新驱动下战略性新兴产业的金融制度安排——基于"适应性效率"的分析》，载《南方金融》2013 年第 3 期。

［12］［美］道格拉斯·诺斯、罗伯特·托马斯：《西方世界的兴起》，厉以平、蔡磊译，华夏出版社 2009 年版。

［13］丁勇：《研发能力、规模与高新技术企业绩效》，载《南开经济研究》2011 年第 4 期。

［14］董志强、魏下海、汤灿晴：《制度软环境与经济发展——基于 30 个大城市营商环境的经验研究》，载《管理世界》2012 年第 4 期。

［15］董志强：《制度及其演化的一般理论》，载《管理世界》2008 年第 5 期。

［16］菲吕博腾等：《产权与经济理论：近期文献的一个综述》，引自 R. 科斯、A. 阿尔钦、诺思等著《财产权利与制度变迁》，上海人民出版社 1994 年版。

［17］冯根福、刘军虎、徐志霖：《中国工业部门研发效率及其影响因素实证分析》，载《中国工业经济》2006 年第 11 期。

［18］高鸿业：《西方经济学》，中国人民大学出版社 1996 年版。

［19］高有才、向倩：《我国战略性新兴产业的选择与发展对策》，载《经济管理》2010 年第 11 期。

［20］耿强、江飞涛、傅坦：《政策性补贴、产能过剩与中国的经济波动——引入产能利用率 RBC 模型的实证检验》，载《中国工业经济》2011 年第 5 期。

［21］辜胜阻、李正友：《创新与高技术产业化》，武汉大学出版社 2001 年版。

［22］郭斌：《规模、R&D 与绩效：对我国软件产业的实证分析》，载《科研管理》2006 年第 1 期。

［23］郭晓丹、何文韬、肖兴志：《战略性新兴产业的政府补贴、额外行为与研发活动变动》，载《宏观经济研究》2011 年第 11 期。

［24］郭晓丹、何文韬：《战略性新兴产业政府 R&D 补贴信号效应的动态分析》，载《经济学动态》2011 年第 9 期。

［25］郭晓丹、刘海洋：《中国战略性新兴产业规模分布与创新影响》，载《财经问题研究》2013 年第 11 期。

［26］郭研、刘一博：《高新技术企业研发投入与研发绩效的实证分析——来自中关村的证据》，载《经济科学》2011 年第 2 期。

［27］韩超、肖兴志、李姝：《产业政策如何影响企业绩效：不同政策与作用路径是否存在影响差异?》，载《财经研究》2017 年第 1 期。

［28］韩冲、屈熠：《全球价值链分工对中国产业安全的威胁》，载《现代管理科学》2015 年第 5 期。

［29］何维达、吴玉萍：《国家能源产业安全的评价与对策研究》，经济管理出版社 2010 年版。

［30］何维达：《中国若干重要产业安全的评价与估算》，知识产权出版社 2007 年版。

［31］贺京同、高林：《企业所有权、创新激励政策及其效果研究》，载《财经研究》2012 年第 3 期。

［32］贺正楚、张蜜：《战略性新兴产业的评价指标体系研究——基于几类产业内涵和特征比较的视角》，载《学海》2011 年第 6 期。

［33］胡吉亚：《我国战略性新兴产业发展的融资问题研究》，载《中国青年政治学院学报》2013 年第 6 期。

［34］黄少安：《"交易费用"范畴研究》，载《学术月刊》1995 年第 11 期。

［35］霍国庆：《战略性新兴产业的生命周期及其演化规律研究——基于英美主导产业回溯的案例研究》，载《科学学研究》2014 年第 1 期。

[36] 江静：《制度、营商环境与服务业发展——来自世界银行〈全球营商环境报告〉的证据》，载《学海》2017 年第 1 期。

[37] 蒋文能、凌荣安、秦强、刘猛、覃君洁、唐朝光、崔岐恩：《战略性新兴产业的内涵、机理及政府介入》，载《经济与社会发展》2013 年第 4 期。

[38] 蒋震、梁军：《促进战略性新兴产业发展的税收政策》，载《税务研究》2010 年第 8 期。

[39] 金碚：《开放产业国际竞争力研究》，载《经济研究》1996 年第 11 期。

[40] 景玉琴：《产业安全概念探讨》，载《当代经济研究》2004 年第 3 期。

[41] 孔东民、刘莎莎、王亚男：《市场竞争、产权与政府补贴》，载《经济研究》2013 年第 2 期。

[42] 黎春秋、熊勇清：《传统产业优化升级模式研究：基于战略性新兴产业培育外部效应的分析》，载《中国科技论坛》2011 年第 5 期。

[43] 李春涛、宋敏：《中国制造业企业的创新活动：所有制和 CEO 激励的作用》，载《经济研究》2010 年第 5 期。

[44] 李方旺：《构建战略性新兴产业发展的税收激励机制》，载《税务研究》2015 年第 9 期。

[45] 李浩研、崔景华：《税收优惠和直接补贴的协调模式对创新的驱动效应》，载《税务研究》2014 年第 3 期。

[46] 李孟刚：《产业安全理论研究》，经济科学出版社 2010 年版。

[47] 李斯特：《政治经济学的国民体系》，华夏出版社 2013 年版。

[48] 李晓华、吕铁：《战略性新兴产业的特征与政策导向研究》，载《宏观经济研究》2010 年第 9 期。

[49] 李晓华、吕铁：《战略性新兴产业的特征》，载《理论参考》2010 年第 11 期。

[50] 李妍：《全球创新生态系统下制造业产业安全评价体系的构建与实证研究》，载《中国科技论坛》2018 年第 9 期。

[51] 李叶飞：《制度创新驱动是战略性新兴产业发展的源动力》，载《中国城市经济》2012 年第 1 期。

[52] 林学军：《战略性新兴产业的发展与形成模式研究》，载《中国软科学》2012 年第 2 期。

[53] 刘海洋、孔祥贞、马靖：《补贴扭曲了中国工业企业的购买行为吗？——基于讨价还价理论的分析》，载《管理世界》2012 年第 10 期。

[54] 刘海洋、马靖：《研发投入正向提高了企业绩效吗？——基于 2005—2007 年工业企业微面板数据》，载《科技与管理》2012 年第 3 期。

[55] 刘红玉、彭福扬、吴传胜：《战略性新兴产业的形成机理与成长路径》，载《科技进步与对策》2012 年第 6 期。

[56] 刘晖、刘轶芳、乔晗、胡毅：《我国战略性新兴产业技术创新效率研究》，载

《系统工程理论与实践》2015 年第 9 期。

[57] 刘莉雪、郑凯、刘灵凤：《对产业安全若干基本概念的探讨》，载《北京交通大学学报》2015 年第 4 期。

[58] 刘世锦：《公有制经济内在矛盾及其解决方式比较》，载《经济研究》1991 年第 1 期。

[59] 刘元春：《国有企业宏观效率论》，载《中国社会科学》2001 年第 5 期。

[60] 刘志彪：《战略理念与实现机制：中国的第二波经济全球化》，载《学术月刊》2013 年第 1 期。

[61] 柳光强：《税收优惠、财政补贴政策的激励效应分析——基于信息不对称理论视角的实证研究》，载《管理世界》2016 年第 10 期。

[62] 陆国庆：《论衰退产业创新》，载《中国经济问题》2002 年第 5 期。

[63] 陆国庆、王舟、张春宇：《中国战略性新兴产业政府创新补贴的绩效研究》，载《经济研究》2014 年第 7 期。

[64] 陆国庆：《战略性新兴产业创新的绩效研究——基于中小板上市公司的实证分析》，载《南京大学学报》2011 年第 4 期。

[65] 陆国庆：《中国中小板上市公司产业创新的绩效研究》，载《经济研究》2011 年第 2 期。

[66] 陆立军、于斌斌：《传统产业与战略性新兴产业的融合演化及政府行为：理论与实证》，载《中国软科学》2012 年第 5 期。

[67] 吕岩威、孙慧：《中国战略性新兴产业技术效率及其影响因素研究——基于 18 个大类行业面板数据的分析》，载《科学学与科学技术管理》2013 年第 11 期。

[68] 吕岩威、孙慧：《中国战略性新兴产业技术效率及其影响因素研究》，载《数量经济技术经济研究》2014 年第 1 期。

[69] 罗积争、吴解生：《产业创新：从企业创新到国家创新之间的桥梁》，载《经济问题探索》2005 年第 4 期。

[70] 罗明新、马钦海、胡彦斌：《政治关联与企业技术创新绩效——研发投资的中介作用研究》，载《科学学研究》2013 年第 6 期。

[71] 马晓河、赵苹、刘现伟：《全球中国产业安全态势评估、国际借鉴及若干对策建议》，载《改革》2009 年第 4 期。

[72] [美] 迈克尔·波特：《国家竞争优势》，李明轩、邱如美译，中信出版社 2007 年版。

[73] 毛其淋、许家云：《政府补贴对企业新产品创新的影响——基于补贴强度"适度区间"的视角》，载《中国工业经济》2015 年第 6 期。

[74] 冒佩华、周亚虹、黄鑫、夏正青：《从专利产出分析人力资本在企业研发活动中的作用——以上海市大中型工业企业为例证》，载《财经研究》2011 年第 12 期。

[75] 南晓莉、韩秋：《战略性新兴产业政策不确定性对研发投资的影响》，载《科学

学研究》2019 年第 2 期。

[76] 聂辉华、谭松涛、王宇锋：《创新、企业规模和市场竞争：基于中国企业层面的面板数据分析》，载《世界经济》2008 年第 7 期。

[77] 潘峰、西宝、王琳：《中国地方政府环境规制激励机制研究》，载《中国经济问题》2015 年第 6 期。

[78] ［日］青木昌彦：《比较制度分析》，周黎安译，上海远东出版社 2001 年版。

[79] 邱兆林：《中国产业政策有效性的实证分析——基于工业行业的面板数据》，载《软科学》2015 年第 2 期。

[80] 任海云、师萍、张琳：《企业规模与 R&D 投入关系的实证研究——基于沪市 A 股制造业上市公司的数据分析》，载《科技进步与对策》2010 年第 4 期。

[81] 邵敏、包群：《政府补贴与企业生产率——基于我国工业企业的经验分析》，载《中国工业经济》2012 年第 7 期。

[82] 申俊喜、杨若霞：《长三角地区战略性新兴产业全要素生产率及其影响因素研究》，载《财贸研究》2017 年第 11 期。

[83] 施炳展、逯建、王有鑫：《补贴对中国企业出口模式的影响：数量还是价格？》，载《经济学（季刊）》2013 年第 4 期。

[84] 史长宽、梁会君：《营商环境省际差异与扩大进口——基于 30 个省级横截面数据的经验研究》，载《山西财经大学学报》2013 年第 5 期。

[85] 史丹、李晓斌：《高技术产业发展的影响因素及其数据检验》，载《中国工业经济》2004 年第 12 期。

[86] 史欣向、李善民、王满四、李昶：《"新常态"下的产业安全评价体系重构与实在研究——以中国高科技产业为例》，载《企业管理》2015 年第 7 期。

[87] 史忠良、何维达：《产业兴衰与转换规律》，经济管理出版社 2004 年版。

[88] ［美］斯蒂格利茨、沃尔什：《经济学》上册，黄险峰、张帆译，中国人民大学出版社 1997 年版。

[89] 宋河发、万劲波、任中保：《我国战略性新兴产业内涵特征、产业选择与发展政策研究》，载《科技促进发展》2010 年第 9 期。

[90] 宋韬、楚天骄：《美国培育战略性新兴产业的制度供给及其启示——以生物医药产业为例》，载《世界地理研究》2013 年第 1 期。

[91] 宋智文、凌江怀、吕惠聪：《战略性新兴产业金融风险研究》，载《特区经济》2012 年第 6 期。

[92] 孙军、高彦彦：《产业结构演变的逻辑及其比较优势——基于传统产业升级与战略性新兴产业互动的视角》，载《经济学动态》2012 年第 7 期。

[93] 唐清泉、罗党论：《政府补贴动机及其效果的实证研究——来自中国上市公司的经验证据》，载《金融研究》2007 年第 6 期。

[94] 万军：《战略性新兴产业发展中的政府定位——日本的经验教训及启示》，载

《科技成果纵横》2010 年第 1 期。

[95] 汪德华、张再金、白重恩：《政府规模、法治水平与服务业发展》，载《经济研究》2007 年第 6 期。

[96] 汪秋明、韩庆潇、杨晨：《战略性新兴产业中的政府补贴与企业行为》，载《财经研究》2014 年第 7 期。

[97] 王红建、李青原、邢斐：《金融危机、政府补贴与盈余操纵——来自中国上市公司的经验证据》，载《管理世界》2014 年第 7 期。

[98] 王开科：《我国战略性新兴产业"阶梯式"发展路径选择》，载《经济学家》2013 年第 6 期。

[99] 王少永、霍国庆、孙皓、杨阳：《战略性新兴产业的生命周期及演化规律研究》，载《科学学研究》2014 年第 11 期。

[100] 王新新：《战略性新兴产业的培育与发展策略选择》，载《前沿》2011 年第 7 期。

[101] 王宇、刘志彪：《补贴方式与均衡发展：战略性新兴产业成长与传统产业调整》，载《中国工业经济》2013 年第 8 期。

[102] 王钊、王良虎、马雅恬：《产业协调发展的经济增长效应——基于战略性新兴产业与传统产业耦联的实证分析》，载《西南大学学报》2020 年第 5 期。

[103] 魏守华、姜宁、吴贵生：《内生创新努力、本土技术溢出与长三角高技术产业创新绩效》，载《中国工业经济》2009 年第 2 期。

[104] 文启湘、胡洪力：《制度变迁对中国汽车工业增长贡献的实证分析》，载《经济经纬》2003 年第 6 期。

[105] 邬龙、张永安：《基于 SFA 的区域战略性新兴产业创新效率分析——以北京医药和信息技术产业为例》，载《科学学与科学技术管理》2013 年第 10 期。

[106] 巫强、刘蓓：《政府研发补贴方式对战略性新兴产业创新的影响机制研究》，载《产业经济研究》2014 年第 6 期。

[107] 吴林海、杜文献：《中国 R&D 投入与经济增长的关系——基于 1991—2005 年间中国科技统计数据的协整分析》，载《科学管理研究》2008 年第 2 期。

[108] 吴延兵：《国有企业双重效率损失研究》，载《经济研究》2012 年第 3 期。

[109] 吴延兵：《R&D 与生产率——基于中国制造业的实证研究》，载《经济研究》2006 年第 11 期。

[110] 吴延兵：《中国工业 R&D 产出弹性测算（1993—2002）》，载《经济学（季刊)》2008 年第 3 期。

[111] 吴延兵：《中国哪种所有制类型企业最具创新性?》，载《世界经济》2012 年第 6 期。

[112] 伍健、田志龙、龙晓枫、熊琪：《战略性新兴产业中政府补贴对企业创新的影响》，载《科学学研究》2018 年第 1 期。

[113] 萧新桥、余吉安：《全球基于循环经济的区域产业发展力评价体系研究》，载《北京交通大学学报》2010 年第 3 期。

[114] 小岛清：《日本海外直接投资的动态与小岛命题》，载《世界经济译丛》1989 年第 9 期。

[115] 肖兴志、何文韬、郭晓丹：《能力积累、扩张行为与企业持续生存时间——基于我国战略性新兴产业的企业生存研究》，载《管理世界》2014 年第 2 期。

[116] 肖兴志、王伊攀：《政府补贴与企业社会资本投资决策——来自战略性新兴产业的经验证据》，载《中国工业经济》2014 年第 9 期。

[117] 肖兴志、谢理：《中国战略性新兴产业创新效率的实证分析》，载《经济管理》2011 年第 11 期。

[118] 邢红萍、卫平：《中国战略性新兴产业企业技术创新行为模式研究》，载《经济学家》2013 年第 4 期。

[119] [美] 熊彼特：《资本主义、社会主义和民主》，吴良健译，商务印书馆 1999 年版。

[120] 熊正德、林雪：《战略性新兴产业上市公司金融支持效率及其影响因素研究》，载《经济管理》2010 年第 11 期。

[121] 熊正德、詹斌、林雪：《基于 DEA 和 Logit 模型的战略性新兴产业金融支持效率》，载《系统工程》2011 年第 6 期。

[122] 许罗丹、何洁：《发展中国家发展高科技产业两种途径的选择条件》，载《世界经济》2000 年第 1 期。

[123] 闫俊周、杨祎：《中国战略性新兴产业供给侧创新效率研究》，载《科研管理》2019 年第 4 期。

[124] 杨德伟、杨大风：《民营企业研发投资影响公司绩效的实证研究——基于深市中小板上市公司的面板数据分析》，载《财务与金融》2011 年第 6 期。

[125] 杨国亮：《新时期产业安全评价指标体系构建研究》，载《马克思主义研究》2010 年第 6 期。

[126] 杨骞、刘鑫鹏、王珏：《中国战略性新兴产业创新效率的测度及其分布动态》，载《广东财经大学学报》2020 年第 2 期。

[127] 杨洋、魏江、罗来军：《谁在利用政府补贴进行创新？——所有制和要素市场扭曲的联合调节效应》，载《管理世界》2015 年第 1 期。

[128] 姚洋、章奇：《中国工业企业技术效率分析》，载《经济研究》2001 年第 10 期。

[129] 游春：《我国中小企业研发投入与财务绩效关系的实证研究——基于中小企业板上市公司的面板数据》，载《南方金融》2010 年第 1 期。

[130] 于新东：《中国加入 WTO 后产业保护和产业安全研究及对策》，载《学习与探索》2000 年第 2 期。

[131] 余泳泽、周茂华：《制度环境、政府支持与高技术产业研发效率差异分析》，载《财经论丛（浙江财经大学学报）》2010 年第 5 期。

[132] 袁天昂：《资本市场支持我国战略性新兴产业发展研究》，载《西南金融》2010 年第 3 期。

[133] 袁中华、冯金丽：《制度变迁与新兴产业——理论分析与实证》，载《经济经纬》2012 年第 2 期。

[134] 翟华云：《战略性新兴产业上市公司金融支持效率研究》，载《证券市场导报》2012 年第 11 期。

[135] 张碧琼：《国际资本扩张与经济安全》，载《中国经贸导刊》2003 年第 6 期。

[136] 张济建、李香春：《R&D 投入对高新技术企业业绩的影响》，载《江苏大学学报（社会科学版）》2009 年第 11 期。

[137] 张冀新、王怡晖：《创新型产业集群中的战略性新兴产业技术效率》，载《科学学研究》2019 年第 8 期。

[138] 张杰、郑文平：《政府补贴如何影响中国企业出口的二元边际》，载《世界经济》2015 年第 6 期。

[139] 张同斌、高铁梅：《财税政策激励、高新技术产业发展与产业结构调整》，载《经济研究》2012 年第 5 期。

[140] 张维迎：《产权安排与企业内部的权力斗争》，载《经济研究》2000 年第 6 期。

[141] 张维迎：《公有制经济中的委托人——代理人关系：理论分析和政策含义》，载《经济研究》1995 年第 4 期。

[142] 张耀辉：《产业创新：新经济下的产业升级模式》，载《数量经济技术经济研究》2002 年第 1 期。

[143] 赵璨、王竹泉、杨德明、曹伟：《企业迎合行为与政府补贴绩效研究——基于企业不同盈利状况的分析》，载《中国工业经济》2015 年第 7 期。

[144] 赵喜仓、陈海波：《我国 R&D 状况的区域比较分析》，载《统计研究》2003 年第 3 期。

[145] 赵喜仓、徐谦子：《江苏省专利制度对战略性新兴产业的影响分析》，载《江苏商论》2014 年第 8 期。

[146] 赵勇、白永秀：《知识溢出：一个文献综述》，载《经济研究》2009 年第 1 期。

[147] 赵玉林、石璋铭：《战略性新兴产业资本配置效率及影响因素的实证研究》，载《宏观经济研究》2014 年第 2 期。

[148] 赵元铭、黄茜：《产业控制力：考察产业安全的一个新视角》，载《徐州工程学院学报》2009 年第 3 期。

[149] 郑江淮：《理解战略性新兴产业的发展——概念、可能的市场失灵与发展定位》，载《上海金融学院学报》2010 年第 4 期。

[150] 周晶、何锦义：《战略性新兴产业统计标准研究》，载《统计研究》2011 年

第 10 期。

[151] 周黎安、罗凯：《企业规模与创新：来自中国省级水平的经验证据》，载《经济学（季刊）》2005 年第 3 期。

[152] 周世民、盛月、陈勇兵：《生产补贴、出口激励与资源错置：微观证据》，载《世界经济》2014 年第 12 期。

[153] 周叔莲、裴叔平：《试论新兴产业与传统产业的关系》，载《经济研究》1984 年第 8 期。

[154] 周亚虹、贺小丹、沈瑶：《中国工业企业自主创新的影响因素和产出绩效研究》，载《经济研究》2012 年第 5 期。

[155] 周轶昆：《战略性新兴产业创新博弈、研发外溢与政府补贴》，载《深圳大学学报》2012 年第 5 期。

[156] 朱平芳、徐伟民：《上海市大中型工业行业专利产出滞后机制研究》，载《数量经济技术经济研究》2005 年第 9 期。

[157] 朱瑞博、刘芸：《我国战略性新兴产业发展的总体特征、制度障碍与机制创新》，载《社会科学》2011 年第 5 期。

[158] 朱迎春：《政府在发展战略性新兴产业中的作用》，载《中国科技论坛》2011 年第 1 期。

[159] 朱有为、徐康宁：《中国高技术产业研发效率的实证研究》，载《中国工业经济》2006 第 11 期。

[160] 宗文龙、黄益建：《推动战略性新兴产业发展的财税政策探析》，载《税务研究》2013 年第 3 期。

[161] Abramovitz M., "Catching-up, Forging Ahead, and Falling Behind", *Economic History*, Vol. 46, No. 2, 1986, pp. 385 – 406.

[162] Acemoglu D. A. and Johnson S. and Robinson J. A., "The Colonial Origins of Comparative Development: An Empirical Investigation", *American Economic Review*, Vol. 91, No. 5, 2001, pp. 1369 – 1401.

[163] Acemoglu D., Antras P. and Helpman E., "Contracts and Technology Adoption", *American Economic Review*, Vol. 97, 2007, pp. 916 – 943.

[164] Adams J. D. and Jaffe A. B., "Bounding the Effects of R&D: An Investigation Using Matched Establishment-Firm Data", *Round Journal of Economics*, Vol. 27, No. 4, 1996, pp. 700 – 721.

[165] Aghion P., Blundell R., Griffith R., Howitt P. and Prantl S., "The Effects of Entry On Incumbent Innovation and Productivity", *Review of Economics & Statistics*, Vol. 91, No. 1, 2009, pp. 20 – 32.

[166] Aghion P, Van Reenen J, Zingales L., "Innovation and Institutional Ownership", *American Economic Review*, Vol. 103, No. 1, 2013, pp. 277 – 304.

［167］ Aiello F. , P. Cardamone, "R&D Spillover and Firms' Performance in Italy: Evidence from a Flexible Production Function", *Empirical Economics*, Vol. 34, 2008, pp. 143 – 166.

［168］ Alchian A. A. , Demsetz H. , *Production, Information Costs and Economic Organizations*, UCLA Economics Working Papers, 1971.

［169］ Arrow K. J. , "The Economic Implications of Learning by Doing", *Review of Economic Studies*, Vol. 29, No. 3, 1962, pp. 155 – 173.

［170］ Baltagi H. , *Econometric Analysis of Panel Data*, New York: Wiley, 2001.

［171］ Baumol W. J. , *The Free-Market Innovation Machine*, Princeton: Princeton University Press, 2002.

［172］ Bernstein J. I. , "The Structure of Canadian Interindustry R&D Spillovers, and the Rates of Return to R&D", *Journal of Industrial Economics*, Vol. 3, No. 3, 1989, pp. 315 – 328.

［173］ Bevan A, Estrin S, Meyer K. "Foreign Investment Location and Institutional Development in Transition Economies", *International Business Review*, Vol. 13, 2004, pp. 43 – 64.

［174］ Blanes J. V. , I. Busom, "Who Participates in R&D Subsidy Programs? The Case of Spanish Manufacturing Firms", *Research Policy*, Vol. 33, 2004, pp. 1459 – 1476.

［175］ Blank S. C. , "Insiders' Views on Business Models Used by Small Agricultural Biotechnology Firms: Economic Implications for the Emerging Global Industry", *Agbioforum*, Vol. 11, No. 2, 2008, pp. 71 – 81.

［176］ Burnell P. , *Economic Nationalism in the Third World*, Hassocks, England: Harvester Press, 1986.

［177］ Casper S. and Kettler H. , "National Institutional Frameworks and the Hybridization of Entrepreneurial Business Models: The German and UK Biotechnology Sectors", *Industry and Innovation*, Vol. 8, No. 1, 2001, pp. 5 – 30.

［178］ Christensen, Clayton M. , *The Innovator's Dilemma: When New Technologies Cause Great Firms to Fail*, Cambridge: Harvard Business School Press, 1997.

［179］ Coase R. H. , "The Institutional Structure of Production", *American Economic Review*, Vol. 82, No. 4, 1992, pp. 713 – 719.

［180］ Cooke P. , "New Economy Innovation Systems: Biotechnology in Europe and the USA", *Industry and Innovation*, Vol. 8, No. 3, 2001, pp. 267 – 289.

［181］ Cuneo P. , MairesseJ. , "Productivity and R&D at the Firm Level in Franch Manufacturing", in Griliches, Z. (ed.), R&D, *Patents and Productivity*, University of Chicago Press, 1984, pp. 375 – 392.

［182］ Crépon B. , Duguet E. , Mairesse J. , "Research Innovation and Productivity: An Econometric Analysis at the Firm Level", *Economics of Innovation and New Technology*, Vol. 7, No. 2, 1998, pp. 115 – 158.

［183］ David P. , Hall H. , Toole A. , "Is Public R&D a Complement or Substitute for Private

R&D? A Review of the Econometric Evidence", *Research Policy*, Vol. 29, No. 4 – 5, 2000, pp. 497 – 529.

[184] Day G. , "Wharton On Managing Emerging Technologies", *Research Technology Management*, Vol. 43, No. 3, 2000, pp. 91 – 92.

[185] Dixit K. , Grossman G. , "Targeted Export Promotion with Several Oligopolistic Industries", *Journal of International Economics*, Vol. 21, No. 3 – 4, 1986, pp. 233 – 249.

[186] Easterly W. , Levine R. Tropics, "Germs and Crops: How Endowments Influence Economic Development", *Journal of Monetary Economics*, Vol. 50, No. 1, 2003, pp. 3 – 39.

[187] Ekholm K. , Torstensson J. , "High-technology Subsidies in General Equilibrium: A Sector-specific Approach", *Canadian Journal of Economics*, Vol. 30, No. 4, 1997, pp. 1184 – 1203.

[188] Englander A. , Evenson R. , Hanazaki M. , "R&D, Innovation, and the Total Factor Productivity Slowdown", *OECDE Economic Studies*, No. 11, 1988, pp. 7 – 42.

[189] Fabro G. , Aixalá J. , "Economic Growth and Institutional Quality: Global and Income-Level Analyses", *Journal of Economic Issues*, Vol. 43, No. 4, 2009, pp. 997 – 1023.

[190] Falk M. , What Drives Business R&D Intensity Across OECD Countries? WIFO Working Paper, No. 236. 2004.

[191] Feldman P. , Kelley R. , "The Ex Ante Assessment of Knowledge Spillovers: Government R&D Policy, Economic Incentives & Private Firm Behavior", *Research Policy*, Vol. 35, No. 10, 2006, pp. 1509 – 1521.

[192] Fielding D. , Torres S. , "Cows and Conquistadors: A Contribution On the Colonial Origins of Comparative Development", *Journal of Development Studies*, Vol. 44, No. 8, 2008, pp. 1081 – 1099.

[193] Foster R. N. , *Innovation: The Attackers Advantage*, London: Macmillan, 1986.

[194] Freeman C. , Soete L. , *Technical Change and Full Employment*, London: Pinter, 1987.

[195] Freeman C. , Soete L. , *The Economics of Industrial Innovation*, Cambridge: MIT Press, 1997.

[196] Garavaglia C. , "Modealling Industrial Dynamics with History-friengly Simulations", *Structual Change Economics*, Vol. 21, No. 4, 2010, pp. 258 – 275.

[197] Gerschenkron A. , *Economic Backwardness in Historical Perspective*, Cambridge, 1962.

[198] Glaeser E. L. , Kallal H. D. , Scheinkman J. A. , Schleifer A. , "Growth in Cities", *Journal of Political Economy*, Vol. 100, 1992, pp. 1126 – 1152.

[199] Gort M. , Klepper S. , "Time Paths in the Diffusion of Product Innovation", *Economic Journal*, Vol. 92, Nov. 367, 1982, pp. 630 – 653.

[200] Gourinchas R. , From World Banker to World Venture Capitalist: US External Adjustment and Exorbitant Privilege, NBER Working Paper, No. 11653, 2005.

［201］ Griliches Z. "Productivity, R&D, and Basic Research at the Firm Level in the 1970s", *American Economic Review*, Vol. 76, 1986, pp. 78 – 102.

［202］ Griliches Z., "Sibling Models and Data in Economics: Beginnings of a Survey", *Journal of Political Economy*, Vol. 87, No. 5, 1979, pp. 37 – 64.

［203］ Griliches Z., "R&D and Productivity: Measurement Issues and Econometric Results", *Science*, Vol. 237, No. 4810, 1987, pp. 31 – 35.

［204］ Griliches Z., J. Mairesse, "Productivity and R&D at the Firm Level", in Griliches, Z. (ed.), R&D, *Patents and Productivity*, Chicago: University of Chicago Press, 1984, pp. 339 – 374.

［205］ Guennif S., Ramani V. S., "Explaining Divergence in Catching-up in Pharma between India and Brazil Using the NSI Rramework", *Research Policy*, 2012, Vol. 41, No. 2, pp. 430 – 441.

［206］ Guellec D. B. V. Pottelsberghe, "The Impact of Public R&D Expenditure on Business R&D", *Economics of Innovation & New Technology*, Vol. 212, No. 3, 2003, pp. 225 – 243.

［207］ Hall B., Maffioli A., "Evaluating the Impact of Technology Development Funds in Emerging Economies: Evidence from Latin America", *European Journal of Development Research*, Vol. 20, No. 2, 2008, pp. 172 – 198.

［208］ Hall B., J. Mairesse, "Exploring the Relationship between R&D and Productivity in French Manufacturing Firms", *Journal of Econometrics*, Vol. 65, 1995, pp. 263 – 293.

［209］ He X., Q. Mu., "How Chinese Firms Learn Technology from Transnational Corporations: A Comparison of the Telecommunication and Automobile Industries", *Journal of Asian Economics*, Vol. 23, No. 3, 2012, pp. 270 – 287.

［210］ Hirschman A. O., *The Strategy of Economic Development*, New Haven: Yale University Press, 1958.

［211］ Hu A., "Ownership, Government R&D, Private R&D, and Productivity in Chinese Industry", *Journal of Comparative Economics*, Vol. 29, No. 1, 2001, pp. 136 – 157.

［212］ Hu A., G. Jefferson, J. Qian, "R&D and Technology Transfer: Firm Level Evidence from Chinese Industry", *Review of Economics and Statistics*, Vol. 87, No. 4, 2005, pp. 780 – 786.

［213］ Jaffe A. B., "Real Effects of Academic Research", *American Economic Review*, Vol. 79, 1989, pp. 231 – 252.

［214］ Jaffe A. B., "Building Programme Evaluation into the Design of Public Research-Support Programs", *Oxford Review of Economic Policy*, Vol. 18, No. 1, 2002, pp. 22 – 34.

［215］ Jang-Sup Shin, "Dynamic Catch-up Strategy, Capability Expansion and Changing Windows of Opportunity in the Memory Industry", *Research Policy*, Vol. 46, 2017, pp. 404 – 416.

［216］ Jefferson G., H. Bai, X. Guan, X. Yu., "R &D Performance in Chinese Industry", *Economics of Innovation and New Technology*, Vol. 15, No. 4 – 5, 2006, pp. 345 – 366.

［217］ Jones W. A., *Three Factor Model in Theory, Trade and History, In Trade, Balance of*

Payments, and Growth, Amsterdam: North-Holland, 1971.

[218] Jung M. A., Wong J., Pathways to Bio-Industry Development: Institutional Changes in the Global Economy, the DRUID Summer Conference, 2010.

[219] Kesting S., Pringle J. K., Identifying Emerging Industries, Report to Ministry of Women's Affairs, 2010.

[220] Kim Y-Z., Lee K., "Sectoral Innovation System and a Technological Catch-up: the Case of the Capital Goods Industry in Korea", *Global Economic Review*, Vol. 37, 2008, pp. 135 – 155.

[221] Klepper S, Graddy E., "The Evolution of New Industries and the Determinants of Market Structure", *Rand Journal of Economics*, Vol. 21, No. 1, pp. 27 – 44.

[222] Klette T. J., J. Moen, Z. Griliches, "Do Subsidies to Commercial R&D Reduce Market Failures? Micro-Econometric Evaluation Studies", *Research Policy*, Vol. 29, 2000, pp. 471 – 495.

[223] Knack S., Keefer P., "Institutions and Economic Performance: Cross-Country Tests Using Alternative Institutional Indicators", *Economics & Politics*, Vol. 7, No. 3, 1995, pp. 207 – 227.

[224] Krugman P., "Increasing Returns and Economic Growth", *Journal of Political Economy*, Vol. 103, 1991, pp. 57 – 89.

[225] Lach S., Do R&D Subsidies Stimulate or Displace Private R&D? Evidence from Israel, NBER Working Paper, No. 7943, 2000.

[226] Lee K., Lim C., "Technological Regimes, Catching-up and Leapfrogging: Findings from the Korean Industries", *Research Policy*, Vol. 30, No. 3, 2001, pp. 459 – 483.

[227] Lee K., Malerba F., "Catch-up Cycles and Changes in Industrial Leadership", *Research Policy*, Vol. 46, 2017, pp. 338 – 351.

[228] Lee K., Mathews J. A., *South Korea and Taiwan: Innovative Firms in the Emerging Market Economies*, Oxford: Oxford University Press, 2012, pp. 223 – 248.

[229] Lee K., Park T. Y., Krishnan R. T., "Catching-up or Leapfrogging in the Indian IT Service Sector Windows of Opportunity, Path-creating and Moving up the Valuc-chains", *Policy Review*, Vol. 32, 2014, pp. 495 – 518.

[230] Leonard B. D., "Core Rigidities: Core Capabilities Paradox in Managing New Product Development", *Strategic Management Journal*, Vol. 13, No. 1, 1992, pp. 111 – 125.

[231] Liberman P., "Trading with the Enemy-Security and Relative Economic Gains", *International Security*, Vol. 21, No. 1, 1996, pp. 325 – 342.

[232] Liu B., "A Brief Discussion on Legal Guarantee of Industry Security in Foreign Capital Merger and Acquisition", *Asian Social Science*, Vol. 7, No. 2, 2011, pp. 172 – 175.

[233] Liu X., Buck T., "Innovation Performance and Channels for International Technology Spillowers: Evidence from Chinese High-tech Industries", *Research Policy*, Vol. 36, No. 3, 2007,

pp. 355 – 366.

[234] Low M. , Abrahamson E. , "Movements, Bandwagons and Clones: Industry Evolution and Process", *Journal of Business Venturing*, Vol. 12, No. 6, 1997, pp. 435 – 458.

[235] Mansfield E. , "The Speed and Cost of Industrial Unnovation in Japan and the United States External vs. Internal Technology", *Management Science*, Vol. 34, No. 2, 1988, pp. 1157 – 1168.

[236] Mairesse J. , Sassenou M, "R&D and Productivity : A Survey of Econometric Studies at the Firm Level", *Science Technology and Industry Review*, Vol. 8, 1991, pp. 317 – 348.

[237] Malerba F. , Nelson R. , Orsenigo L, Winter S. , *Innovation and Industry Evolution: History-Friendly Models*, Cambridge: Cambridge University Press, 2016.

[238] Malerba F. , Nelson R. , *Economic Development as a Learning Process: Variation Across Sectoral Systems*, Edward Elgar Publishing, 2012.

[239] Mathews J. A. , "Strategy and the Crystal Cycle", *Calif Manage Review*, Vol. 47, No. 2, 2005, pp. 6 – 32.

[240] Morrison A. , Rabellotti R. , "Gradual Catch up and Enduring Leadership in the Global Wine Industry", *Research Policy*, Vol. 46, 2017, pp. 417 – 430.

[241] Narayanan K. , Pinches E. , Kelm M. , Lander M. , "The Influence of Voluntarily Disclosed Qualitative Information", *Strategic Management Journal*, Vol. 21, No. 7, 2000, pp. 707 – 722.

[242] Nelson R. R. , *National Innovation Systems: A Comparative Analysis*, New York: Oxford University Press, 1993.

[243] Ozcelik E, Taymaz E. "Does Innovativeness Matter for International Competitiveness in Developing Countries? The Case of Turkish Manufacturing Industries", *Research Policy*, Vol. 33, No. 3, 2004, pp. 409 – 424.

[244] Pakes A. , Griliches Z, "Patents and R&D at the Firm Level: A First Report", *Economics Letters*, Vol. 5, No. 4, 1980, pp. 377 – 381.

[245] Pellegrino G. , M. Piva, M. Vivarelli, "Young Firms and Innovation: A Microeconometric Analysis," *Structural Change and Economic Dynamics*, Vol. 10, No. 3, 2011, pp. 71 – 89.

[246] Peter B. , *Innovation and Firm Performance: An Empirical Investigation for German Firms*, Mannheim: A Springer Company, 2008.

[247] Perez C. , "The Double Bubble at the Turn of the Century: Technological Roots and Structural Implications", *Cambridge Journal of Economics*, Vol. 33, No. 4, 2009, pp. 779 – 805.

[248] Perez C. , Soete L. , "Catching-up in Technology: Entry Barriers and Windows of Opportunity", in Freeman, G. , R. Nelson, *Technical Change and Economic Theory*, London: Pinter Publishers, 1988, pp. 458 – 479.

[249] Porter M. E. , *Competitive Strategy, Techniques for Analyzing Industries and Competitors*,

New York: Free Press, 1980.

[250] Porter M. E. , *The Competitive Advantage of Nations*, New York: Free Press, 1990.

[251] Porter M. E. , "Competitive Advantage, Agglomeration Economies, and Regional Policy", *International Regional Science Review*, Vol. 19, No. 1, 2014, pp. 85 – 90.

[252] Rigobon R. , Rodrik D. , "Rule of Law, Democracy, Openness, and Income", *Economics of Transition*, Vol. 13, No. 3, 2005, pp. 533 – 564.

[253] Romer P. , "Endogenous Technological Change", *Journal of Political Economy*, Vol. 98, 1991, pp. 78 – 102.

[254] Röller L. H. , Z. Zhang, "Bundling of Social and Private Goods and the Soft Budget Constraint Problem", *Journal of Comparative Economics*, Vol. 33, No. 1, 2005, pp. 47 – 58.

[255] Shaked A. , J. Sutton, "Relaxing Price Competition Through Product Differentiation", *Review of Economic Studies*, Vol. 49, No. 1, 1982, pp. 3 – 13.

[256] Shin J-S. , *The Economics of the Latecomers: Catching-Up, Technology Transfer and Institutions in Germany, Japan and South Korea*, London: Routledge, 1996.

[257] Shin J. S. , "Dynamic Catch-up Strategy, Capability Expansion and Changing Windows of Opportunity in the Memory Industry", *Research Policy*, Vol. 46, 2017, pp. 404 – 416.

[258] Shleifer A. , R. W. Vishny, "Politicians and Firms", *Quarterly Journal of Economics*, Vol. 109, No. 4, 1994, pp. 995 – 1025.

[259] Sveikauskas C. D. , Sveikauskas L. , "Industry Characteristics and Productivity Growth", *Southern Economic Journal*, Vol. 48, No. 3, 1982, pp. 73 – 110.

[260] Teece D. J. , Support Policies for Strategic Industries: Impact on Home Economies, in Strategic Industries in A Global Economy: Policy Issues for the 1990s, OECD International Future Program, 1991.

[261] Tirole J. , *The Theory of Industrial Organization*, Cambridge: MIT Press, 1988.

[262] Warda J. , "Measuring the Value of R&D Tax Treatment in OECD Countries", *STI Review*, Vol. 27, 2002, pp. 185 – 211.

后 记

战略性新兴产业是引导未来经济社会发展的重要力量。发展战略性新兴产业已成为世界主要国家抢占新一轮经济和科技发展制高点的重大战略,而产业扶持是发展战略性新兴产业的重要手段之一。新兴产业的培育往往需要较长时间,政府补贴则是推动其快速成长的一个重要手段。然而大量研究表明,逆向选择、信息不对称等可能会使得扶持政策产生低效率,媒体也多次爆出企业骗取补贴的丑闻。正是基于上述情况,国务院在《"十三五"国家战略性新兴产业发展规划》中明确提出,要进一步调整和完善相关战略性新兴产业的补贴政策。《国民经济和社会发展第十四个五年规划和二〇三五年远景目标的建议》(下文简称"十四五规划")中也继续指出要发展战略性新兴产业。

在教育部人文社会科学重点研究基地重大项目"长三角战略性新兴产业发展绩效评估与环境建设研究"(15JJD790016)的资助下,我们对中国及长三角地区战略性新兴产业的发展状况及扶持政策的绩效进行了研究。本书是集体研究的成果汇集。

本书由12章构成,从不同的层面探讨战略性新兴产业的发展及扶持政策的绩效问题。第1章为本书的研究基础,梳理了现有关于战略性新兴产业的相关研究;第2章分析了中国战略性新兴产业的发展现状;第3章从宏观角度探讨不同补贴方式(产品补贴、研发补贴)对战略性新兴产业和传统产业发展的影响和效果;第4章主要分析研发投入和产权属性对战略性新兴产业绩效产生的影响;第5章分别从国家层面、省级层面、市级层面梳理了战略性新兴产业的相关扶持政策;第6章探讨了政府直接补贴和税收优惠两种扶持方式对战略性新兴产业的影响;"五年规划"是中国国民经济规划的重要组成部分,也是把握宏观经济调控目标的重要保证,第7章对中国省级层面的规划进行解读、评分,并基于地区层面、产业层面实证检验"五年规划"对战略性新兴产业发展的影响;第8、第9章分别探讨了补贴门槛调整和营商环境对战略性新兴产业发展的影响;第10章分析了战略性新兴产业集群的发展现状。从具体产业来看，先进制造业是战略性新兴产业的重要构成，因此，加快培育若干世界级先进制造业集群，本质上就是需要培育世界级战略性新兴产业集群。"十四五"规划中也指出要推动先进制造业集群发展，构建一批各具特色、优势互补、结构合理的战略性新兴产业增长引擎，培育新技术、新产品、新业态、新模式；第 11 章指出衡量战略性新兴产业发展水平的重要标准是产业控制力，总结我国战略性新兴产业缺乏控制力的主要表现及国外打压方式，在此基础上，提出增强我国战略性新兴产业控制力的战略对策；自 2018 年以来，中美贸易摩擦迅速升级，美国加速对华技术封锁，加剧我国产业链和供应链"断链风险"，严重影响关乎国家安全的高科技信息技术产业。对我国产业结构和产业链格局形成重大冲击，严重威胁我国的经济和产业安全。另外，贸易摩擦叠加国内制造成本上升，进一步加速了劳动密集型产业向印度、越南等东南亚国家转移。在此背景下，第 12 章专门就战略性新兴产业的安全问题进行探讨，并基于机会窗口的产业赶超视角提出增强产业安全度的相关建议。

江静教授负责设计了研究的总体框架和各个研究方向，从整体上把握整个研究内容并承担了第 1 章、第 2 章、第 4 章至第 7 章、第 9 章和第 10 章的写作；陈柳研究员负责了第 11 章和第 12 章的写作；王宇副教授承担了第 3 章和第 8 章的课题研究。此外，在研究过程中，南京大学商学院博士研究生丁春林、硕士研究生徐海洋、庄绪强、张婉婉和马伟伟也参与了部分章节的写作，在此一并表示感谢！

本书为产业政策促进战略性新兴产业发展提供了基础性依据，也为政府制定产业政策提供理论指导。本书可以作为学习和研究中国区域经济发展的参考资料，也可为各地区政府制定产业政策促进战略性新兴产业发展提供参考。

江　静
二〇二一年七月于安中楼

图书在版编目（CIP）数据

战略性新兴产业发展及扶持政策绩效评估/江静等著.
—北京：经济科学出版社，2021.5
（长三角经济研究丛书）
ISBN 978 - 7 - 5218 - 2553 - 4

Ⅰ.①战… Ⅱ.①江… Ⅲ.①长江三角洲 - 新兴
产业 - 产业发展 - 研究 Ⅳ.①F269.275

中国版本图书馆 CIP 数据核字（2021）第 091390 号

责任编辑：齐伟娜 赵 芳
责任校对：靳玉环
技术编辑：范 艳

战略性新兴产业发展及扶持政策绩效评估
江 静 陈 柳 王 宇 等著
经济科学出版社出版、发行 新华书店经销
社址：北京市海淀区阜成路甲 28 号 邮编：100142
总编部电话：010 - 88191217 发行部电话：010 - 88191540
网址：www.esp.com.cn
电子邮箱：esp@esp.com.cn
天猫网店：经济科学出版社旗舰店
网址：http://jjkxcbs.tmall.com
北京季蜂印刷有限公司印装
710×1000 16 开 16.75 印张 300000 字
2022 年 1 月第 1 版 2022 年 1 月第 1 次印刷
ISBN 978 - 7 - 5218 - 2553 - 4 定价：70.00 元
（图书出现印装问题，本社负责调换。电话：010 - 88191510）
（版权所有 翻印必究 举报电话：010 - 88191586
电子邮箱：dbts@esp.com.cn）